동아시아 개항장 도시의 로컬리티

|필자|

양흥숙 梁興淑 Yang, Heung-sook 부산대학교 한국민족문화연구소 HK교수. 한일교류사, 한국 지역사 전공.

강경락 姜京洛 Kang, Kyeng-lak 강남대학교 교양교수부 교수. 중국 근현대 화북 농촌사회 경제 전공.

차철욱 車喆旭 Cha, Chul-wook 부산대학교 한국민족문화연구소 HK교수. 한국 현대사 전공.

이시카와 료타 石川亮太 Ishikawa, Ryota 리쓰메이칸대학교 경영학부 준교수. 동양사 전공

김동철 金東哲 Kim, Dong-chul 부산대학교 사학과 교수. 조선후기 및 한일교류사 전공.

이치카와 토모오 市川智生 Ichikawa, Tomoo 상하이자오퉁대학교 문학부 사학과 강사. 일본 근대사 전공.

이상봉 李尙峰 Lee, Sang-bong 부산대학교 한국민족문화연구소 HK교수. 지역정치 전공.

이호현 李浩賢 Lee, Ho-hyeon 성균관대학교 현대중국연구소 선임연구원. 중국 근현대사 전공.

조정민 趙正民 Cho, Jung-min 부산대학교 한국민족문화연구소 HK교수. 일본 근현대문학, 일본학 전공.

부산대학교 한국민족문화연구소 로컬리티 연구총서 11

동아시아 개항장 도시의 로컬리티

초판인쇄 2013년 2월 10일 **초판발행** 2013년 2월 20일

엮은이 조정민 **펴낸이** 박성모 **펴낸곳** 소명출판 **출판등록** 제13-522호

주소 서울시 서초구 서초동 1621-18 란빌딩 1층

전화 02-585-7840 **팩스** 02-585-7848 **전자우편** somyong@korea.com **홈페이지** www.somyong.co.kr

값 26,000원 ⓒ 조정민 외, 2013

ISBN 978-89-5626-861-3 94910
ISBN 978-89-5626-802-6 (세트)

이 저서는 2007년 정부(교육과학기술부)의 재원으로 한국연구재단의 지원을 받아 연구되었음(NRF-2007-361-AL0001).

부산대학교 한국민족문화연구소
로컬리티 연구총서 11

동아시아 개항장 도시의 로컬리티

The Locality of East Asia Open ports

조정민 엮음

소명출판

책머리에

'동아시아 개항장 도시의 로컬리티'는 동아시아 권역 내에서 개항이 가지는 의미와 개항이 도시의 로컬리티 형성에 어떠한 영향을 미쳤는지에 대해 살펴보고자 마련된 기획이다.

로컬리티 연구는 특정 지역의 성격을 탐구하거나 그 지역만의 개별성과 다양성을 확인하는 데 그치지 않는다. 이보다는 새로운 시각과 방법론, 그리고 전망을 가지고 로컬의 새로운 의미 체계들을 읽어내려는 데 방점을 두고 있다. 본 기획 연구에 있어서도 동아시아 개항장은 특정 국가나 지역의 속성을 즉각 이해할 수 있는 대표성을 가진 지역으로 다루어 지지 않았다. 일종의 접경지Contact Zone인 개항장은 타자와의 조우가 이미 예견되는 장소로서 여기에는 로컬리티의 변화와 변모를 추동하는 내부적, 외부적 기제들이 작동하고 있었다. 개항 경험으로 인한 시공간의 중첩과 굴절을 복선적인 흐름과 유형으로 파악하고, 이것이 지역성 locality과 어떠한 연관을 가지는지 추적해 본다면, 본질적인 '지역' 연구가 아닌 관계로서의 '로컬' 연구로 이행할 수 있을 것이라 생각한다.

사실, 동아시아 각국이 직면했던 개항의 사정은 매우 상이하며, 더욱이 같은 국가 내에서도 각 개항장 사이에는 서로 다른 층차가 존재한다. 그럼에도 불구하고 동아시아 개항장을 '로컬리티' 연구라는 하나의 범주로 묶었던 것은 '로컬'의 시각을 통해 그동안 주로 국가적 사건으로 다루어져왔던 개항장 연구를 비판적으로 계승하고, 나아가 개항장 내의 다양한 긴장 관계와 문화 현상을 살펴, 개별 개항장이 국가 혹은 동아시아에 어떻게 능동적으로 개입하였는가를 고찰하기 위해서였다.

특히 여기에서 중요하게 다루고자 한 것은 개항장 주체들의 실천적 행위이다. 동아시아 개항장 내의 복선적인 흐름과 궤적은 경계를 넘나드는 이동과 새로운 정착으로 만들어지는 경우가 많았다. 그리고 개항장의 기존 질서와 규범은 타자로부터 거듭 도전을 받기도 하였는데, 이때에도 역시 개항장 주체들은 타자에 대처하고 교섭하는 일종의 정치자로서 중요한 역할을 수행하였다. 본 기획 연구에서 개항장의 네트워크나 문화적 경험, 그리고 개항 기억의 전승과 재현을 개항장 주체들의 해석 행위로 간주하고 재조명한 것도 바로 이러한 이유 때문이었다.

이 기획 연구는 3부로 구성되어 있다. 간단히 내용을 소개하면, 먼저 제1부 '개항장, 그 경계적 위치와 네트워크'에서는 개항장의 지정학적 위치와 인간 집단과의 연관에 대해 고찰해 보았다. 주로 사람의 이동과 정주, 새로운 네트워크 구성, 개항장 안팎의 충돌과 교섭 등을 다루었는데, 이는 개항장 로컬리티의 구성 주체이자 행위 주체인 '사람'의 권력관계와 그 다층적 연결 구조를 밝히는 것이 중요하다고 여겼기 때문이다. 「'신개항장新開港場' 목포의 공간과 조선인 네트워크」는 개항장 목포로 이주한 조선인과 일본인의 '잡거雜居'에 주목하면서, 특히 조선인들이 개항장 네트워크를 이용하여 근대문화를 수용하고 확산하는 매개자였다는 점에 주목하였다. 기존 개항장을 학습한 상인이 목포로 이주하여 적극적으로 네트워크를 형성하고, 또한 목포의 개항이 대한

제국의 칙령에 의해 능동적으로 이루어졌기 때문에 이와 같은 현상이 일어날 수 있었다고 필자는 분석했다.

「톈진의 개항과 새로운 네트워크의 형성」은 중국 톈진 조계 내의 상인 네트워크를 분석한 글이다. 톈진은 수도 베이징의 입구이면서 전통적인 물류거점도시였다. 개항 초기에는 서양 자본이 확대되었으나, 조계 내의 중국인들이 공업 분야와 교통망에 적극적으로 개입하면서 서양 상인들의 상권은 위축되기에 이르렀다. 다양한 계층의 중국인이 상호보완적으로 네트워크를 형성하면서 개항장의 경제적 권력 주체로 대두되어 가는 과정을 알 수 있다.

「개항기 인천의 일본인 정착과 관계망」은 인천으로 이주한 일본인들이 만들어가는 관계망에 주목하였다. 인천의 일본인들은 조선인과의 관계에 있어서 서울의 정치적 동향에 영향을 받는 경우가 많았고, 이러한 첨예한 대립 속에서 그들은 자신들만의 관계망을 배경으로 위기와 기회에 대응하고 반응하였다. 필자는 인천의 일본인 관계망이 정치적으로는 일본 국가주의 의식을 강화시켰고 경제적으로는 수도에 의존하도록 작동했다는 점을 지적하였다.

「인천을 둘러싼 화교 네트워크와 일본제국—러일전쟁 군표軍票 유입문제를 중심으로」는 러일전쟁 시기에 사용된 일본 군표의 흐름을 화교 네트워크를 통해 추적하고, 이를 통해 개항장 인천의 로컬리티를 구명하고자 한 것이다. 중국 산둥성, 인천, 상하이로 이어지는 군표의 이동과 교환에 있어서 인천이 거점으로 활용되었던 이유는 인천이 일본의 정치적 제도와 중국인의 네트워크가 중첩되는 결절점이었기 때문이다.

제2부 '접경지의 경험과 문화'에서는 개항장 공간에서 발생한 크고

작은 사건과 경험이 어떠한 과정을 거쳐 개항장 로컬리티 담론을 만들어 가는지에 대해 살펴보았다. 개항장의 경역境域적 위치로 인한 문화 접변 현상은 쉽게 예견할 수 있는 사안이지만, 여기에서는 특히 개항장 주체들의 이문화 수용 과정에 주목하고자 했다. 다시 말하면 근대의 이식과 수용에서 발생하는 긴장 관계를 확인하고 그 가운데 어떠한 문화적 지형 변화가 초래되었는지에 초점을 맞추었다. 「근대와의 만남, 말과 몸의 혼동混動─개항장 부산을 산 민건호의 삶」은 부산항 감리서 서기로 근무한 민건호의 사례를 통해 개항장에서 새로운 문화를 접한 조선인의 혼란스러운 심상을 분석하고자 했다. 개항장 부산에서 외국어와 서양 의학을 대면한 민건호는 익숙함과 낯섦 사이에서 방향성을 잃기도 했다. 필자는 이러한 민건호의 카오스적 혼돈 상태를 '혼동混動'이라 명명하고 이를 개항장 문화의 한 특징으로 발전시켜 논하고 있다.

「전염병 대책의 혼선─요코하마・나가사키・고베 외국인 거류지를 중심으로」는 전염병 대책을 둘러싸고 외국인 거류지와 일본 행정 당국이 서로 대치하거나 협력하는 양상에 대해 고찰한 것이다. 근대적 의미의 위생 관념과 의료 제도가 점차 개항장 주변의 일본인에게 확산되는 과정과 이로 인해 개항장 로컬리티가 변화하는 사례도 확인할 수 있다.

「개항장도시 하코다테의 근대적 도시경관─문화접변의 양상과 의미」는 개항장이라는 시공간에서 발생했던 근대성의 수용이나 유입문화와 수용문화 간의 문화접변 양상을 건축물, 도시 시설과 같은 경관요소를 통해 확인한 글이다. 필자는 일본 하코다테의 주요 경관을 이루는 건축양식에서 화양절충식和洋折衷式의 혼종성을 발견하고, 이를 통해 하코다테 개항장 주체들의 이문화 해석과 실천을 증명하고자 하였다.

제3부 '개항의 흔적과 기억, 그리고 로컬리티 재편'에서는 개항이라는 역사적 사건을 경험한 도시가 현재적 의미로서 개항을 어떻게 해석하고 있는지에 대해 탐색해 보았다. 역사학자 E. H 카가 '살아있는 현재적 관심만이 우리에게 하나의 가버린 사실을 연구하도록 만든다'고 말한 것처럼, 현재적 시점에서 새로운 로컬리티를 기획하고 구성하기 위해 개항 경험과 기억은 다시 발굴되고 전시되기도 한다. 개항 경험의 재현 방식과 그 메커니즘을 통해 개항장 도시의 로컬리티가 재편되는 과정을 확인할 수 있다. 「나가사키 개항 기억의 문화적 기획」은 나가사키 개항기념회가 1930년부터 지금까지 추진하고 있는 나가사키 항구 축제를 소재로 나가사키의 자기규정과 로컬 표상과의 관계에 대해 논한 것이다. 나가사키 개항을 위대하고 영속적인 '고전'으로 만들고자 하는 개항 기억의 전략적 전시는 나가사키의 로컬리티를 구상화시키기도 하지만, 다양한 나가사키 개항 서사를 '문화적 망각의 제물'로 전락시키고 있음도 간과할 수 없다.

　　「개항장의 소환―'라오상하이老上海' 열풍 속에 재현된 1930년대 상하이」는 1990년대 중반부터 유행한 1930년대의 상하이 표상을 비판적으로 검토한 것이다. '라오상하이' 열풍은 식민도시 상하이가 직면했던 제국주의의 모순보다는 모더니티가 도입되어 활발하게 작동한 장소성의 재현에 방점을 둔 것이다. 필자는 이러한 사회문화적 현상이 하나의 상품으로 소비되지 않고 진정한 상하이 로컬리티를 담지할 수 있는 방법을 강구하고자 했다.

　　마지막으로 「편재遍在된 기억이 로컬리티가 되기까지―일본 하코다테의 경우」는 국가사적 개항 서사에 포획되어 있으면서도 독자적으로 지역사적 개항 기억을 확보해 가는 사례를 분석한 것이다. 하코다테는 일본national의 일부이면서도 바다로는 열려 있어 유럽 취향을 수입할 수 있었다는 지역local의 위치성을 기반으로 개항 경험을 '하코다테스러움'으로 전경화시켰다. 개항 유산의 전시는 관광객을 유인하는 일종의 디스플레이기도 하지만, 한편으로는 편재되어 있는 개항의 기억들을 소환하고 집합시켜 로컬 이미지를 재구성하기도 한다는 점에서 중요한 의미를 가진다.

로컬리티 연구에서 개항장에 대해 주목한 이유는 동아시아 개항장의 지리적, 공간적 속성과 역사적 특징이 곧 해당 개항장의 지역성으로 구현되고 있다고 믿어서가 아니다. 물론 경계지境界地가 가지는 지정학적 의미와 전략이 본 연구의 바탕이 된 것은 사실이지만, 각 연구의 결론이 모두 여기에 수렴되는 것은 아니다. 각 개항장의 고유하고 상이한 경험들, 다차원적인 타자와의 역학 관계, 그리고 복잡하고 불균질한 개항의 기억 등, 이러한 것들은 개항장 주체들의 행위에 의해 변모해 가는, 여전히 유동적인 양태로서 존재하는 로컬리티라는 것을 확인할 수 있었다. 본 기획 연구에서 '지역', '지역성'이라는 말 대신 굳이 '로컬', '로컬리티'라고 표현한 것은 개항장이 단지 연구 대상으로서만 존재하는 것이 아니라, 그것이 지역과 국가, 그리고 동아시아를 사유하는 '방법'으로서 충분히 존재하고 기능할 수 있을 것이라 생각했기 때문이다. 여기에서 이루어진 치열한 고민들이 로컬리티 연구의 폭과 깊이를 더하는데 일조할 수 있기를 바란다.

본 기획 연구에는 로컬리티 연구단과 국내외의 전문가들이 다수 참여하였다. 오랜 기간에 걸쳐 세미나와 학술대회, 그리고 현지 조사 등을 실시하였고, 이를 통해 협동 연구와 현장 연구를 심화할 수 있었다. 동아시아 내의 많은 개항장 도시를 연구 대상으로 삼을 수 없었다는 점은 아쉬움으로 남지만, 동아시아 개항장의 로컬리티적 접근과 새로운 사례들의 발굴이 개항장 도시에 관한 개별 연구를 발전시키고, 나아가 개항장 도시와 동아시아 권역 사이의 관계망을 구명하는 데 참조가 되기를 기대한다.

2013년 2월
부산대학교 한국민족문화연구소
로컬리티의인문학연구단 조정민

차례

2부 ── 접경지의 경험과 문화

1부

개항장, 그 경계적 위치와 네트워크

'신개항장新開港場' 목포의 공간과 조선인 네트워크

양흥숙

1. 대한제국 첫 칙령 개항장

1876년 일본과의 병자수호조규丙子修護條規 체결에 의해 부산, 원산, 인천이 차례로 개항되고, 1888년 조러육로통상조약朝露陸路通商條約에 의해 경흥慶興이 개항되었다. 그런데 이후 개항장은 외국과 별도의 조약 체결 없이, 대한제국이 지정하였다. 즉 '칙령勅令'에 의한 것으로, 목포, 진남포(증남포), 군산, 마산이 1905년 이전에 개항되었다. 지금까지는 근대 개항장 성격이나, 이후 근대도시 형성을 논의할 때 '조약 개항장'과 '칙령 개항장'에 대해서는 큰 구분을 하지 않았다. 19세기 후반의 대한제국과 제국 열강과의 관계를 살펴보거나, 개항장의 무역구조 등을 살펴보면 전자와 후자의 성격이 크게 다르지 않았다는 것이다.

그런데 최근 목포에서는 '목포 개항은 대한제국에 의한 자주 개항이

〈그림 1〉 1906년 목포 일본인 거주지
『독일인 헤르만 산더의 여행』, 국립민속박물관, 2006, 245쪽.

다', '외국과의 불평등조약에 의한 강제된 개항이 아니라 고종의 칙령에 의한 것이다'라고 하고, 대한제국이 대외적으로 힘을 잃게 되는 1905년까지는 목포 도시화의 주도권은 조선에 있었음[1]을 강조하고 있다. 게다가 전근대 외국과의 교류 경험이 없었던 목포의 경우 개항은 목포의 전근대와 근대를 구분하는 기준점이 될 뿐 아니라 개항장은 전통과 단절된 공간으로 이해되었다. 이에 대해서도 '해항성'이라는 관점에서 보면 목포에서의 개항은 전통을 단절시키는 계기가 아니라 '대한제국의 준비된 개항'이었기 때문에 오히려 변화와 발전이라는 역사의 연속선상에 있었다[2]는 의견도 제시되고 있다. 외국과의 교류 경험이 없었던 목포이지만, 물류의 거점이었던 역사적 경험을 통해 개항을 적극 수용하고 발전할 수 있었다는 것이다. 이와 같은 목포 현지에서

---

1   목포개항백년사편찬위원회 편, 『목포개항백년사』, 목표백년회, 1997.
2   최성환, 「목포의 해항성과 개항장 형성과정의 특징」, 『한국민족문화』 39, 부산대 한국민족문화연구소, 2011.

의 목소리는 목포 개항을 조선 주도에 의한 것으로, 그리고 개항장의 변화, 목포 도시의 발전이 조선의 주도력에 의한 것으로 수렴되고 있다. 이를 통해 조약에 의해 개항된 부산, 원산, 인천과는 그 출발부터 달라서 칙령개항장에 대한 의미를 달리 해석해 보려고 한다. 비단 목포 뿐 아니라 목포 이후의 개항장에서도 고찰되어야 하는 논점이다.

칙령에 의한 개항장을 부각시킨다면 목포는 한국의 네 번째 개항장이자 첫 칙령개항장이다. 개항 후 8년(1905년까지)이라는 짧은 개항장시기를 가졌지만 개항장 개설開設부터 앞선 개항장과는 어떤 동질성과 차별성을 보이는지가 해명된다면 칙령개항장의 의미를 더욱 부각시킬 수 있을 것이다. 목포 개항장의 특성들을 살펴보기 위해서는 몇 가지 방안들을 찾을 수 있다. 첫째, 부산과 달리 외국과의 공식적인 교류 경험이 없었던 공간에서 '개항'이라는 역사적 사건이 주어졌을 때 개항장은 어떻게 만들어지는가이다. 이것은 원산이나 인천의 경우에도 마찬가지이지만 목포의 사례로 찾아볼 수 있다. 둘째는 개항의 경험이 어떻게 작용되는가의 문제이다. 개항 순서로 볼 때 부산, 원산, 인천이 먼저 개항되므로 앞선 개항장에서의 경험, 무수한 관계망들이 '신개항장新開港場'[3] 목포에서 작동되면서 경제적 발전과 사회적 변화를 추동할 수 있었을 것이다. 조선인이든 일본인이든 새로 만들어지는 개항장에 대해서는 관심이 많았을 것이다. 특히 조선인은 언제, 왜 개항장으

---

3   신개항장은 1876년 부산이 개항되고 난 후 이후에 설치된 개항장 마다 순차적으로 사용할 수 있는 일반적인 단어이다. 부산에서 보면 원산, 인천, 목포가 모두 신개항장이 되는 셈이다. 새롭게 설치된다는 단순한 시간의 의미를 담고 있지만 고종의 칙령에 의해 개항된 목포, 군산 등 이후의 개항장을 조약 개항장과 구분하기 위하여 사용하였다.

로 오는지, 새로 이주한 개항장에서 어떠한 네트워크를 형성해 나가는지는 살펴본다면 조선인이 개항을 바라보는 또는 근대에 대한 기대를 조망할 수 있다. 이러한 시각을 통해서 개항이라는 국가적 사건이 목포라는 지역에서는 어떻게 수용되고, 지역화되는지를 살펴볼 수 있다.

목포는 주지하듯이 고종의 칙령에 의해, 대한제국 광무光武 원년(1897)에 개항 되었다. 중국의 경우는 조약에 의한 것이 아닌 개항을 '자개개항自開開港'이라고 한다. 중국 내부의 의지에 따라 스스로 개항하였다는 의미이다. 중국의 자개개항장 형성은 1870년대 이후 열강 침탈에 대한 대응으로 나타났는데 1898년 변법자강운동 이후 구체화되었다.[4] 조선의 경우 목포가 1897년 10월 1일에 개항되었기 때문에 중국보다 빨랐던 것에 또 다른 의의를 둘 수 있다. 다만 지금까지의 연구성과에서는 목포 개항은 세계제국주의에 대한 저항이 아니라 단순히 관세 수입을 증대하기 위함이었다고 서술되고 있다. 또한 관세는 대한제국의 열악한 재정문제를 타결하기 위해 필요했던, 외국 차관을 도입하기 위한 담보였음을 밝히고 있다. 또한 여전히 조선이 국제정세에 어두워서 생긴 일이라고 치부되기도 했다.[5] 중국의 예처럼 열강에 맞서기 위한 저항으로서의 자주 개항이 아닌 외국 열강의 돈을 빌리기 위한 개항이라는 의미가 된다. 대한제국의 의지에 따른 개항이기는 해도 그 목적이 외국 열강을 힘을 빌리고자 한 것이라면 앞서 개항된 부산, 원산, 인천과 조선의 개항장 성격을 구분하는 것은 무의미할 뿐이다.

---

4 楊天宏, 『口岸開放與社會變革』, 中華書局, 2002, 緒論 1쪽.
5 배성무, 『목포개항사 연구』, 느티나무, 1994, 23쪽.

그러나 목포 개항을 전후한 시기는 갑오개혁, 아관파천, 대한제국 광무 연호 사용 등 일련의 사건을 통해 대한제국이 세계의 제국 사이에서 국제적 균형을 이루고, 자주국으로의 의지를 높였을 때였다. 당시의 조선 의정부가 제출한 안에서도 '통상교섭을 넓히는데 도움이 되고, 또한 장차 우리나라에도 유리할 것이라고 확신하기 때문에 10월 1일로 날을 택하여 개항하였다. 일체 준비해야할 일들과 관세 등 여러 업무는 모두 이미 개항된 곳의 장정章程을 살펴서 처리할 것'이라고[6] 하였다. 시대적 분위기와 대한제국의 의지는 중국발中國發 자개개항장 개설 의지와 일면 상통될 수 있지 않을까 한다.

이러한 국가의 의지는 목포각국조계장정木浦各國租界章程을 만드는 데에도 영향을 미쳤다. 개항장을 새로 설치할 때마다 해당 개항장의 규모, 부두, 지역 분할, 지조地租, 조계공사租界公司 등 각종 규칙을 명시한 조계장정租界章程이 만들어졌다. 목포각국조계장정(또는 목포증남포각국조계장정)은 각국의 총영사, 공사들이 공동하고 의정하고 만든 것이었다. 개항일인 10월 1일이 지나서 장정을 공포해야하는 즈음에 조선의 외부外部는 조계장정 제1조의 수정 요청을 각국에 하였다. 각국의 조계 확장에 대한 조항이었다. 이것은 인천 조계의 부지가 협소하여 발생한 토지 분쟁 등에서 기인하여, 목포의 장정을 마련할 때 추가시킨 것이었다. 조계 확장이 필요할 경우 장정을 갱신하는 것이 아니라, 장정을 만들 때부터 아예 조계를 확장할 수 있다는 조항을 넣는 것이 각국의 입장이었다. 이에 대해 조선 측은 목포는 넓어서 추후 조계 확

---

6   『고종실록』 34년(1897) 7월 3일.

장이 필요 없다는 입장이었다. 만약 조계를 확장해야 하는 일이 발생하여, 각국의 뜻대로 조계를 확장하면 기존의 조계에 있던 상가, 점포들을 확장될 조계로 옮겨야 하는 등 번거로운 일도 많이 발생할 수 있었다. 그러므로 조선에서는 해당 조항을 처음부터 삭제하자는 의견을 제시하였다. 넓은 조계를 마다하는 국가는 없겠지만 조선에서 요청한 수정된 목포각국조계장정에 대해 10월 16일, 조선을 비롯한 6개국에서 동의하였다.[7] 조계 확장은 인천조계장정에서도 찾아볼 수 없는, 목포각국조계장정에서 추가로 넣으려고 한 항목이었다.

또한 일본이 지속적으로 목포개항을 요청하면서 목포에서 확보하려고 한 것은 일본전관조계日本專管租界였다. 인천에 일본전관조계를 만들었지만 이후 설치된 각국조계의 규모도 컸다. 또한 각국조계를 기반으로 중국과 구미 세력이 인천에서 크게 확장되었기 때문에 일본은 인천에서의 이러한 상황을 큰 수치라고 판단하였다. 그러므로 '인천의 전철을 밟지 말라'라는 것이 목포 개항을 앞둔 일본인 사이의 하나의 경구였다. 이에 따라 목포에 일본상인의 이주를 장려하고, (조계 내) 부지확보를 위한 토지경매의 필요자금도 미리 확보하는[8] 등 인천에서 낮아진 위상을 높이려는 일본의 노력이 목포 개항 초기에 많이 시도되었다. 그러나 목포에서 일본전관조계는 공식적으로 설치되지 않았다.

---

7 『주한일본공사관기록』 1897.10.6(목포증남포각국조계장정은 1897년 10월 16일자로 각국 조인을 마치고 완성되었다).
8 목포지편찬회, 김정섭 역, 『목포지』, 목포문화원, 1991, 49~50쪽.

2. 예고된 개항장과 본국조계本國租界의 조성

1) 예고된 개항장

조선과 일본이 1894년 체결한 「잠정합동조관暫定合同條款」에는 전라도 지역을 개항한다라는 조항이 있어, 목포는 이미 개항장 후보지에 올라 있었다. 이를 계기로 그해 7월 일본에서는 바로 목포 개항을 요청하기도 하였다. 이후로도 일본에 의한 목포 개항은 줄곧 요구되고 있는 상황이었다. 목포가 개항될 것이라는 것은 곧 현실화될 일이었기 때문에 신개항장에서의 새로운 상업, 선교를 기대하는 사람들은 목포를 찾았다. 그리고 개항 전부터 목포와 그 주변 일대의 토지 매매를 서둘렀다. 이것은 각국의 외국인뿐 아니라 조선인들도 목포 개항장에 대해 다양한 기대들을 품었으리라 생각된다.

외국과의 직접적인 교류는 없었지만 개항 전의 목포는 부산과 인천이라는 두 개항장을 잇는 해로 중앙에 위치하였기 때문에 외국 기선이 정박하면서 '외국'이 간접적으로, 일부분 체험되고 있었다. 또한 1876년 개항 후 일본 선박이 부산항을 출발하여 해로를 통해 서울까지 도착하는데 있어 조선 바다의 측량과 조사는 무엇보다 중요하였다. 그래서 1877년 목포 인접 지역인 진도珍島 주변을 측량할 수 있도록 조선 측에서 허락한 바 있었다. 이를 기회로 일본 선박은 목포 앞바다까지 자주 출몰하여 조선 조정의 우려를 낳기도 하였다.[9]

---

9 『승정원일기』 14년(1877) 10월 15일.

일본의 경우는 1894년 이후 목포를 개항시키기 위한 준비로, 목포 시찰을 해왔었고, 개항에 임박해서는 인천에서 활동하던 계림장업단 鷄林奬業團 등이 이미 목포에 들어와 있었다. 일본인의 경우 목포 개항 첫날에 7명이 모여 축하 의식을 거행하고, 무인도를 개척하는 것과 같은 큰 뜻을 품고 목포항의 새 출발을 축하하였다[10]고 한다. 일본인들은 누구보다 빨리 목포로 이주하였다. 1896년 2월에는 목포가 장차 개항될 것이라는 소문을 듣고 미국 선교사들도 목포를 찾았다.

목포 개항 전부터 해로상 중요지로 여겨지고 — 비단 근대 개항 이후만이 아니라, 이미 조선시대 목포진이 설치된 곳으로 목포는 해상의 요충지였다 — 개항 예고지였기 때문에 목포 외부로부터의 개항이 준비되고 있었다.

한편 목포 내부의 상황을 살펴보면 당시 개항 직전 개항장 부지에 살았던 조선인은 24~25호, 30~40호, 40여 호, 132호, 156호로 조사되었다. 대부분 농업 또는 어업에 종사하면서[11] 살았던 사람으로 추측되고 있다. 또한 군진軍鎭이 있었던 곳이기 때문에 다수의 군인도 거주하였다. 여기에 개항할 것이라는 소식을 듣고 이미 개항된 부산, 인천, 경성, 원산 등지에서 오는 조선인이 있었다. 또한 목포는 주변 섬과 부근 군현을 아우르는 거점 지역이었기 때문에 나주, 영암, 해남, 무안 등지에 사는 조선상인들도 개항 전에 개업 준비를 서두르고 있었다.[12] 목포에는

---

10 목포지편찬회, 김정섭 역, 앞의 책, 46쪽.
11 고석규, 『근대도시 목포의 역사 공간 문화』, 서울대 출판부, 2004, 46~48쪽. 30~40호의 인가는 『주한일본공사관기록』 1895.1.31 참조.
12 목포지편찬회, 김정섭 역, 앞의 책, 45~46쪽; 박이준, 「목포 개항장 상인층의 존재양태와 그 성격」, 『지방사와 지방문화』 9-1, 역사문화학회, 2006, 64쪽.

부산, 인천 등지의 기개항장에서 상업활동을 하던 객주 등 상인들이 이주해 왔다는 것은 이미 알려져 있으나 목포 주변 지역민의 이주는 많이 알려지지 않았다. 개항이라는 역사적이고 국제적 사건이 목포에서 일어났고 게다가 예고까지 된 상황이었기 때문에 목포는 물론, 인근 군현의 지역민들이 개항에 적극 대응하였을 것으로 짐작된다. 더군다나 부산이 개항되고 난 후 이미 20년의 시간이 흐른 후였기 때문에 기개항장의 경제, 생활, 문화 관련 소식은 전해 들었을 것이다. 특히 목포와 인근 지역의 경우는 해남 출신의 부산 감리서 서기 민건호閔建鎬와의 인연으로 부산 개항장이 소식이 구체적으로 알려지고 있었다. 민건호는 1883년 9월 고향인 해남에서 부산 감리서의 신설 소식을 접하고 서울로 올라갔다. 감리서의 서기로 임명받아 11월 부산으로 파견되었다가 3년 만에 휴가를 받아 해남에 왔다. 1885년 12월 9일 출발하여 21일에 해남에 도착하였다. 두 달을 해남에 머물다가 2월 15일 해남에서 부산으로 돌아왔다. 해남의 각 지역과 강진, 영암 등지를 돌아다녔고, 각 지역의 친인척은 물론이고 수령, 좌수, 향리 등과 교유하였다.[13] 또한 부산-해남 사이의 수많은 인편, 편지를 통해 부산 개항장 소식이 전라도 지역에 알려지고 있었다. 뿐만 아니라 목포가 개항되기 전인 1892년 윤6월에는 민건호 본가의 하인인 권호權浩가 다리의 부종을 치료하기 위해 부산에 왔다. 주인인 민건호의 주선으로 일본인 병원, 서양인 병원을 출입할 수 있었다. 권호가 해남에 있을 때에도 민건호는 약을 구해서 고향으로 보내곤 하

---

13 민건호, 『海隱日錄』(영인본), 부산근대역사관, 2006, I-369~389쪽(1885년 12월 7일부터 2월 15일까지의 일기).

였다.[14] 이러한 네트워크는 비단 집 하인에 국한된 것은 아니었다.

그러므로 목포는 물론 목포 인근 지역의 지역민도 다른 지역에서 목포로 오는 이주상인 못지않게 개항에 대응했으리라고 짐작된다. 목포 개항장에는 목포 주민, 목포 인근 주민, 기개항장에서 오는 이주상인, 일본상인, 외국인 선교사 등이 모여들었다. 또한 목포는 국제무역, 교류 경험이 전무하였기 때문에 기존에 행해지는 상거래 방식이 없었다. 그러나 목포로 이주하는 상인들은 대개 이전 개항장에서의 상거래 방식에 익숙하고 이 방식을 그대로 신개항장에서 유지하려고 했기 때문에 각각 상습관의 차이에서 오는 갈등도 일어났다. 즉 다양한 계층의 사람들이 모이고, 생활양식이 다른 사람들이 모여들었기 때문에 개항장 안팎의 사람들이 공조해야 하는 상황이 생기기도 하여 개항 초기 목포에 다양한 관계가 형성될 것이 예견되었다.

2) 양항良港으로 소개되는 목포

개항 이전에 이미 해상 네트워크의 중심지였던 목포는 개항 후에도 일본인들에게 우수한 항구, 발전 유망한 항구로 소개되었다.

개항 전 목포는 고부古阜와 추가 개항장 후보지로 물망에 올랐다. 고부와 목포는 모두 전라도의 양항이었으나 큰 선박이 출입하는 데에는 목포가 낫다는 평가를 받았다. 특히 거류지를 조성하는데 고부는 경비

---

14 위의 책, III-87 · 101 · 105 · 110 · 123 · 127쪽(1892년 6월 9일, 윤6월 7 · 16일, 7월 1 · 28일, 8월 4일).

가 많이 든다는 것이고 육로 의존도가 크다는 것이 문제되었다. 목포는 신시가지가 들어서는데 적당한 땅이 있고 용수用水 구하기가 고부보다 나았다. 무엇보다 목포는 큰 강의 하류에 위치하고 있어 조선 내륙으로 들어가는데 편리한 항구였다.[15] 아직 철도가 건설되기 전이므로 수운水運의 편리성이 개항장 선정에 중요한 지표가 되었으므로 목포가 유력한 개항장 후보지로 거론되었다.

개항 직전에 소개된 목포는 영산강의 수운, 호남평야와 관련성, 조밀한 인구, 부산과의 거리, 블라디보스톡과 나가사키 사이의 지정학적 관련성으로 경상도를 제외하면 전국 제일의 항구, 농업과 수공업의 발달을 기대하는 지역이었다.[16]

1904년에 편찬된 『최신조선이주안내最新朝鮮移住案內』에[17] 실린 목포에 대한 설명도 비슷하다. '목포는 조선반도의 서남쪽에 있다. 앞에는 다도해, 뒤에는 호남 평원이 있어 농업생산물이 풍부하고 어업에 유리하다. 항만은 수심이 깊고 (…중략…) 기선은 연안에 나란히 붙일 수 있어 천연의 양항이다. 그리고 기후가 온화하고 풍광은 빛나서 다른 곳과 비할 수 없다'라고 하였다. 농업과 어업을 하기 좋은 땅으로 소개하면서 일본 이주를 권장하고 있다.

비슷한 시기에 저술된 『최신의 한반도最新の韓半島』(1906)에는 목포가 유망하다고 소개되어 있다. 그 이유로 전라도 영산강 하구에 위치하여 배후에 호남의 평원을 끼고 해륙의 물산이 풍부한 무역항으로 1897년

---

15 『주한일본공사관기록』 1895.1.31.
16 『동경경제잡지』 887호, 1897.7.31, 269쪽.
17 山本庫太郎, 『最新朝鮮移住案內』, 民友社, 1904.

에 개항된 것을 들고 있다. 부산에서 192해리 떨어져 있는데 만이 깊고 파도가 적어서 한국 바다 중 가장 좋은 항만이다라고도 기록되어 있다. 또한 목포는 상업지라고 말하지만 농업지로서도 유망한 곳으로 단언하면서 농업 경영의 희망이 있는 사람은 반드시 와서 시찰해야 할 곳으로 소개되었다.[18] 『목포지木浦誌』(1914)에도 (한국) 부의 원천의 중심지인 전라도에 있고 조선 전체 연안 중에 드물게 보는 양항이다[19]로 적고 있다. 대부분 목포를 대대적으로 홍보하여 산업에 종사할 이주민을 장려하려는 의도가 많기 때문에, 한결같이 목포를 양항으로 소개하고 있다. 1900년대 초에 발간되는 각종 안내책자들에서는 한반도의 어느 지역을 가릴 것 없이 지역의 장점을 최대한 부각시키려는 의도는 대동소이하다.[20] 그러나 영산강 수운, 호남평야, 대도회大都會 인접지라는 유리한 입지조건은 단순히 이미지로 표출된 것은 아니었다.

이상과 같이 목포는 호남평야 및 곡창지대와 관련성, 무역과 직접 관련이 있는 기선 또는 선박 정박문제, 해안의 조건을 제시하면서 좋은 무역항으로 소개되고 있다. 무역항으로의 좋은 입지 조건을 갖추었을 뿐 아니라 목포 배후지인 나주, 광주와 같은 큰 도시에 들어갈 수 있

---

18 鹽崎誓月, 『最新の韓半島』, 靑木嵩山堂, 1906, 36~38쪽(경인문화사 영인본).
19 목포지편찬회, 김정섭 역, 앞의 책, 27쪽. 목포항의 공간적 조건은 최성환, 「開港 初期 木浦港의 日本人과 海上네트워크」, 『한국학연구』 26, 인하대 한국학연구소, 2012에 자세하다.
20 당시 일본 정부의 선전정책에 따라 조선에 이주한 일본인 중에는 기대와는 달리 조선에서 할 일을 못 찾거나 소외당하는 일본인들도 있었다고 한다. 당시 출판된 안내책자들은 일본 정부의 선전정책에 호응하여 발간된 것이었다(이헬렌, 「'식민지 이주자'의 목소리, '이민자'의 목소리」, 『이동의 텍스트 횡단하는 제국』, 동국대 출판부, 2011 참조). 안내책자의 이미지는 해당 지역에서 가장 내세울 수 있는, 장점인 점을 부각시킨다. 그러므로 이 글에서는 안내책자에 담긴 선전전략은 차치하고, 목포의 이미지를 부각할 때 가장 강조하는 점이 良港이라는 것에 주목한 것이다.

는 창구, 호남평야 사이의 농업 거점 지역으로 알려졌다. 영산강과 호남평야를 가진 목포가 부산과 인천의 개항장과는 다르게 발달할 것이라고 예상할 수 있다.

실제로 목포에서는 개항 직후부터 조선인과 일본인 단체들 간의 협의가 많이 이루어지는데 농산물을 거래하기 위해 각 단체 간의 이견을 좁히는 내용들이었다. 조선인과 일본인 사이의 관계가 농산물 거래를 통해 형성되고 강화될 수 있음을 찾을 수 있다. 농산물의 생산지와 좋은 항구의 결합은 신개항장 목포를 다른 개항장과 차별화해 갔다.

3) 본국조계, 조선인 마을

본국조계는 조선을 뜻하는 본국과 외국인 거주지를 뜻하는 조계의 합성어로, 한 단어로 형성될 수 없는 것이다. 그런데 목포 개항장을 이해하는데 가장 중요한 자료 중의 하나인 『무안보첩務安報牒』에는 조선인 마을을 뜻하는 본국조계, 아한조계我韓租界, 본항조계本港租界, 아민거류지我民居留地라는 단어가 종종 사용되었다. 또한 외국인 거주지인 각국조계各國租界와 대비함으로써 조선인 마을을 표현하였다.

조선인 마을에 조계라는 용어를 사용하다 보니 오해도 발생하였다. 목포의 조선인들은 인천항의 예를 들어 '본항조계 십리내구호총十里內舊戶總 156호'의 호포戶布와 신호포新戶布를 면제해 달라고 무안감리에게 호소한 일이 있었다. 이미 부산항에서 감리를 지낸 바 있는 무안감리 진상언秦尙彦은 인천항과 부산항에 호포를 면제한 예가 있다고 탁지부에 알리고 조선인 156호의 호포를 감해 달라고 요청하였다. 탁지부에서 온 지령指令은 '본국조계에 호포를 부과한 적이 없다. 조계는 외국인 거류지이므로 호포를 거둘 곳이 없는 것은 당연하고, 조계 밖에 10리 이내는 다른 항에서도 호포를 면제한 예가 없다'고 하였다.[21] 이로써 각국조계 밖 조선인 156호에 대해 호포를 징수하였다.

당시 목포항의 지세는 구 목포진을 중심으로 각국조계가 설치되었고 각국조계 밖 10리까지 본국조계라고 불리는 조선인 마을이 있었다. 그 조선인 마을을 조선인 조계 즉 본국조계라고 하면서 호포가 부과되지 않는 각국조계에서의 조계와 혼동하였던 것이다.

이 일이 있은 후에도 목포에서는 조선인 마을을 뜻하는 본국조계라는 용어를 사용하였다. 본국조계는 목포항과 인접한 7개동 즉 남교동, 죽동, 온금동, 북교동, 양동, 신창동, 연치동으로 개항 초기 죽동, 만복동, 남교동 세 마을에서 출발하였다. 이 마을은 원래 수백의 무덤이 있던 곳으로 비용을 들여 이장한 후에 조선인들이 살도록 한 것이다.[22] 개항 당시에는 목포진과 쌍교동에 조선인들이 마을을 이루고 살았으나 곧 죽동, 만호동, 남교동, 양동, 신창동, 연치동 등이 개항과 더불어 건설되었다고 일컬어지기도 한다.[23] 곧 개항 직후부터 조선인이 빠르게 이주해 왔고 이에 따라 조선인 마을들이 형성되었다. 이 마을은 각국조계와 경계를 접하고 있으면서 목포항 내 가장 요충지에 해당하는

---

21 박찬승 · 고석규 역, 『務安報牒』(국역), 목포문화원, 2002, 50~51쪽(1898. 10. 11 · 11. 6).
22 고석규, 앞의 책, 64~65쪽에는 유연고 무덤 53기, 무연고 무덤 100여기가 있었다고 하고 조선인 마을은 무덤 위에 조성된 마을이라고 하였다.
23 목포지편찬회, 김정섭 역, 앞의 책, 45쪽.

곳衝要處[24]이었다. 본국조계와 각국조계의 경계가 요충지로 여겨진 것은 두 지역간의 왕래가 크게 증가했다는 것을 의미한다. 실제로 본국조계와 각국조계가 서로 인접한 상태였을 뿐 아니라 두 조계를 잇는 중심 도로를 건설한 바 있다. '각국조계 밖에서부터 본국조계 10리 이내에 이르는 도로를 만들기 위해(自各國租界外 止本國租界十里內에 道路平治ᄒ기 爲ᄒ야)' 개항 다음해인 1898년 공공도로가 개설되었다.[25] 공공도로를 건설하는 비용을 조선 측이 부담한 것이 아니라 비용의 일부를 일본 상민商民이 출자하는 것으로 보아 상업 영역을 확대하려는 일본인들이 각국조계와 본국조계를 연결하는 간선도로 건설을 서둘렀던 것으로 보인다.

조선인 마을에 굳이 조계라고 명칭을 붙인 것은 무엇 때문이었을까? 부산 감리를 지낸 진상언이 외국인의 각국조계와 조선인 마을을 구분하지 못할 리가 없었을 것인데 서울에 보내는 공문서 본국조계란 단어를 공공연히 사용하였다. 외국인 조계에 대해 자국인의 공간도 조계라고 붙였거나, 외국인 조계에 대응하는 자국인 공간으로 만든 것을 중국의 예에서 찾아볼 수 없을까?

중국의 개항장인 톈진天津의 사례에서 그 단초를 찾을 수 있다. 톈진의 조계가 급속한 발전을 이루자 도시의 중심이 구성舊省지역 ― 화계華界 ― 에서 조계로 옮겨갔다고 한다.[26] 이러한 도시 변화에 대한 대응

---

24 『황성신문』 2247호, 1906.8.1.
25 『무안보첩』(국역), 47쪽(1898.10.11).
26 이 책에 수록하는 강경락, 「톈진의 개항과 새로운 네트워크의 형성」의 제2절 톈진 근대 도시로의 발전 참조.

으로 화계의 공간을 정비하고 확대하였다. 외국인 조계에 대응하기 위해 화계를 조성하고 도시 발전의 균형을 이루도록 한 것이다.

이처럼 개항장에서의 각국조계가 발전하는 모습을 수차례 본 조선에서, 각국조계 외곽지역에 각국조계와 같은 도시공간을 설계 계획하였을 가능성이 높다.[27]

개항 초에 부部로부터 장량교사(丈量敎師, 측량사)가 파견되어 각국조계 내의 도로와 조계 밖 우리 백성의 거류지我民居留地 내와 조계로 통한 도로를 모두 측량하여 도면으로 그려 본 감리서에 비치하온바, 공용우마도로公用牛馬道路의 넓이는 12미터이고, 공용도로는 8미터로 확정하더니 개항 7년 만에 본 감리서에 보관하였던 도면이 소실되어 증빙자료가 없음을 개탄합니다. 관청으로부터 처음에 표식(경계)을 인정받지 않고 백성들의 가옥이 곳곳에서 도로를 침탈하여 점용하였으나 관청이 개의치 않고 금하지 않았습니다.[28]

라고 한 것에서도 조선의 개항장 주변 건설 계획을 찾아볼 수 있다. 개항 초에 외국인 조계뿐만 아니라 조선인이 살아야 하는 지역의 도로도 측량하고 또 도면으로 그려 놓아 조선이든 외국이든지 공간 계획을 확인할 수 있도록 하였다. 공용도로의 존재는 두 공간이 모두 사용하는데 편리하도록 건설된 도로로서 그만큼 잦은 왕래를 예측할 수 있

---

27 고석규는 앞의 책, 65~66쪽에서 목포 조선인 마을에 대한 공간계획은 있었으나, 관청의 감독 부실, 근대적인 도시건설에 대한 무지, 도시건설에 대한 여력 부재 등의 이유로 조선인 마을은 낙후되었다고 설명하고 있다.
28 『무안보첩』(국역), 340쪽(1903.11.1).

다. 또한 그 도면을 감리서에서 보관하였다는 점은 조계 안팎 공간에 대한 공인公認의 의미도 담고 있다. 특히 조선인들이 공간을 사용하고자 할 때에는 관청으로부터 사전 승인을 받도록 한 점도 새로운 공간계획에 따라 공간이 만들어지도록 하려는 조선 측의 의지라고 할 수 있다. 또한 1903년 당시의 무안감리인 김성규는 각국조계 밖 조선인 공간이 너무 낙후해지자 애초 세워둔 계획을 알아보기 위해 도면을 증빙자료로 찾았지만 분실한 것을 알았다. 무안감리서 내에서는 도면이 존재한다는 것을 알고 있었던 바, 조선인 공간이 이미 설계되어 있었던 것도 알려진 바였던 것이다.

이러한 점에서 보면 각국조계 밖 10리 이내에는 본국조계라고 지칭한 계획된 조선인 공간이 있었던 것으로 생각된다. 초대 무안감리인 진상언이 본국조계란 단어를 공공연히 사용한 것도 개항 초기에는 이러한 본국조계 계획이 유효한 시점이었을 것이다. 그리고 이후 부임한 감리들은 더 이상 본국조계란 단어를 사용하지 않았지만 조선인 마을이 계획된 공간이었음을 주지하고 있었다.

개항 초기 각국조계와 본국조계로 구분하여 외국인과 조선인이 거주하였고, 두 조계 사이에는 공용도로가 계획되었고, 또한 개항 직후 일본인에 의해 도로가 건설되었다. 그러므로 두 조계 사이의 잦은 왕래, 긴밀한 관계 맺기를 짐작할 수 있다. 그리고 목포각국조계장정은 공포 직전에 조계 확장에 대한 조항이 삭제되었기 때문에 임의적인 외국인들의 조계 밖 진출이 예고되었다. 각국조계로부터 본국조계 사이의 경계지境界地, 본국조계와 여타의 조선인 마을, 목포 외곽 지역에서 외국인과 조선인의 섞임, 잡거雜居는 예상되었다.

3. 조선인과 외국인의 잡거雜居

1) 조선인 마을에서의 잡거

일본인들은 조계 밖 조선인 마을을 한인정韓人町이라고 불렀다. 1902
년에 기록된 한인정의 모습은 아래와 같다.

> 쌍교리, 신장동, 만복동, 온금리 등에 인가가 조밀한 한 시가市街가 있다.
> 그것이 곧 한인정으로 가호수는 5~600호, 인구는 이천 사, 오백 명이라고 한
> 다. 옛날과 같이 낙후된 것도 있고 굉장한 건축이 있는 것도 많아서 지금은
> 훌륭한 시가를 형성하고 있다. 관아로는 감리서, 경무서가 있고 쌍교리에 해
> 관서海關署, 우체사郵遞司, 전보사電報司, 만복동에도 있다. 미국과 프랑스의
> 교회당은 신장동 방면에 있고 또 일본인도 많이 거주하고 있다. 거류지의 발
> 달과 함께 한인정도 역시 따라서 성황에 이른다는 것은 사실이다.[29]

위는 목포 개항 후 5년이 지난 조선인 마을의 모습이다. 낙후된 건물
과 세련된 건물이 공존하는 공간이었으며, 개항장의 업무와 관련된 관
공서와 근대 통신과 관련된 관공서가 함께 있을 뿐 아니라 서양인이
세운 교회, 일본인 가옥이 들어선 모습이다. 또한 500~600호란 가호
수, 2,400~2,500명이란 인구는 『목포부사』(1930)의 가호수, 인구수와
비교하여 크게 차이가 나지 않는다. 게다가 조선인 마을을 낙후되고

---

29 香月源太郎, 『韓國案內』, 青木嵩山堂, 1902, 301쪽.

차별적인 공간으로 서술되지 않고 근대적 시가지로 변하고 있음을 지적하고 있다.

종교시설의 경우 개항 전인 1896년 2월 전라도에 새 선교구를 설치할 목적으로 목포에 온 유진 벨 목사와 관련이 깊다. 벨 목사는 개항장 내 쓸 만한 부지는 이미 일본인들에게 다 팔려서, 남은 부지가 없다고 하고, 시가지 외곽에 위치한 2에이커의 땅을 51엔을 주고 구입하였다. 개항 직전에 일본인들의 개항장 토지 선점이 암암리에 이루어지고 있었던 것도 주목할 만한 것이나, 개항 전이므로 서양인의 경우에도 토지 매매를 성사시킬 수 없었는데도 유진 벨 일행은 토지를 구입하였다. 개항 전에 서양인 선교사의 토지 매매가 가능할 수 있도록 한 네트워크가 존재하였음을 알 수 있다. 이들은 목포 개항 후 1897년 11월 말에 다시 와서 토지를 구입하였는데 그 때도 2달 전에 개항된 목포 개항장 부지는 모두 다 팔렸으며 6일간 돌아다녀도 좋은 자리를 살 가망이 없었다[30]라고 할 정도였다. 이러한 이유로 서양인이 세운 교회가 조선인 마을에 등장하게 된 것이다.

각국조계의 외국인 가운데 대다수를 차지한 일본인들도 조선인 마을로 점차 진출하였다. 조선인 마을로는 개항 초기부터 접근하기 시작하였는데, 개항장의 생활환경 때문이었다. 목포 개항장은 개항 초기 외국인들이 살기에는 일상생활에 필요한 기반이 전무한 상태였다. 그러므로 개항 초기에 정주定住하려는 사람들은 생활의 불편을 많이 겪

---

30 양림교회 역사편찬위원회 · 광주양림교회, 『양림교회 100년사(1)−1904〜1953』, 양림교회 역사편찬위원회, 2003, 86 · 94쪽.

었다. 특히 식생활과 관련하여 '개항 이후 푸성귀를 구하기 어려워 외국인들이 채소절임을 식탁에 올리는 것은 불가능하였다. 이것과 물 부족은 부인들이 특히 뼈에 사무치게 절실한 것이었다. 당시 물자를 구입하려면 크고 작은 것을 막론하고 삼향, 혹은 몽탄, 외읍 등의 장날을 기다려 수십 리를 멀다하지 않고 사러가지 않으면 안되었다'라고[31] 할 정도로 개항 초기에는 외국인들이 불편을 겪고 있었다. 일상식을 해결할 수 있는 시장이 조계 내에 생기기 전에는 목포 밖에서 열리는 오일장에서 물품을 구입할 수밖에 없었다. 5일장이라는 조선의 장시 체계에 외국인들은 생활 리듬을 맞추고 익숙해져야 했다. 조계 내 거주하는 일본인들이 장을 보기 위해 30리 이상 떨어진 무안까지 다니면서 조선인 마을을 경유하게 되고, 조선인과의 소통의 여지를 만들었다.

목포 주변 지역의 오일장은 무안의 남창장(삼향), 공수장(몽탄), 읍내장(외읍)으로 각국조계에서 30리, 50리, 70리나 떨어져 있었다. 외국인들이 조선인 시장을 자주 찾게 되면서 주요 고객이 되자, 조선인들은 각국조계 가까이에 시장을 조성하였다. 개항 다음해인 1898년에 각국조계 외곽의 조선인 마을인 신창동에 2일에 서는 장이, 남교동에 7일에 서는 장이 들어섰다. 쌀, 소금, 생선, 과일, 숯, 종이, 포목, 담배 등 극히 일상적인 물품을 구입하는 장이었는데 조계에서 1km 이내에 있었다.[32]

각국조계라는 새로운 판매처가 생기면서 무안이나 목포의 조선인들은 상업 이익을 취득하기 위해 각국조계 밖 조선인 마을로 모였다.

---

31 木浦府, 김정섭 역, 『木浦府史』(완역), 목포문화원, 2011, 857쪽(餘談一束).

32 위의 책, 465쪽(제4편 산업경제 제1장 상업); 박이준, 앞의 글, 70쪽.

조선인은 시장을 만들어 일본인 소비자를 적극 유치하고 일본인은 신설된 조선인 시장을 다니면서 생활의 편의를 제공받았다. 시장은 언어, 화폐, 물품, 습관, 기호가 모두 표출되고 공유되는 공간이었기 때문에 각국조계 밖 조선인 시장은 외국인과 조선인 간의 일상과 문화를 공유하는 장이었다. 개항 초기 외국인들이 개항장에 생활의 틀을 갖추는 동안 조선인 마을과 일정한 교류 관계를 가지면서 거주의 경계는 조금씩 허물어지고 있었고, 잡거도 수반하게 되었다.

조선인 마을에 외국인의 잡거가 증가한 것은 조계 내의 인구가 증가한 것과도 관련이 있다. 5년마다 인구를 조사한 표에는 1897~1902년까지 목포 개항 초기에 일본인 인구가 크게 증가하는 것을 볼 수 있다.

<조선인과 일본인, 외국인의 가호수와 인구수>[32]

	조선인		일본인		외국인		합계	
	가호수	인구수	가호수	인구수	가호수	인구수	가호수	인구수
1897년	520	2,600	45	206			565	2,806
1902년	790	3,655	266	1,045	27	55	1,083	5,203
1907년	1,078	5,205	733	2,851	29	83	1,840	8,354
1912년	1,846	7,645	1,350	5,323	34	160	3,242(3,230)	13,262

표와는 별도로 목포는 개항 1주년이 되지 않아 목포 거주 일본인이 수천 명에 달했다라고 일컬어질 정도였고, 일본인 스스로도 다른 지역에서는 유례를 찾아볼 수 없는 진보進步라고 여겼다. 1902~1907년 사이에는 증가율이 더디다가 러일전쟁 직후에 목포에 오는 일본인이 급증하여 조계 밖에서 뒤섞이는 사람이 대단히 많았다. 각국조계와 경계지

---

33 『목포부사』(완역), 679쪽.

인 죽동의 사찰 구역 뒷골목에는 일본인을 쫓아 생긴 유곽遊廓까지 허가 되었다.[34] 조계 내에 인구가 증가하고 건물부지가 부족하여 유곽을 외부에 세웠다기보다 그들의 거주공간과 차별시키고 분리하기 위해 그들의 경계 밖에 세운 것이다. 일본인은 그들의 조계 외곽에 유곽을 세운 것이지만 조계 외곽이 곧 조선인 마을이었으므로 일본 유곽문화가 조선인 마을로 전파됨을 의미하기도 하였다.

이상과 같이 본국조계(조선인 마을)와 각국조계의 인접성, 두 조계간의 연결 도로의 건설, 조계 구역 내의 부지 부족, 인구 증가, 개항 초기 개항장의 생활 기반 부족 등으로 조선인 마을에 일본인을 비롯한 외국인들이 잡거하였다. 이는 일본인이 전라도 내륙 쪽으로 활동 영역을 확대하는 것에 따라 더욱 가속화되었다.

2) 각국조계 내의 조선인 출입과 잡거

각국조계 내에 외국인은 일본인이 90% 이상이었고 중국인과 약간의 구미인이 있었다. 영사관 부지 구성만 보아도 목포의 각국조계는 일본인의 전관조계와 같은 양상이었다. 영사관 부지는 일본, 영국, 러시아가 확보하고 있었는데 1902년 당시 영사관 운영을 하고 있던 곳은 일본뿐이었다. 중국의 경우 인천의 영사가 목포 영사를 겸직하고, 러시아의 경우 마산 영사가 겸직하고, 영국은 여전히 개항 준비를 하지 못한 상태였다.[35]

---

34 『주한일본공사관기록』, 1899.5.17; 『목포부사』(완역), 806쪽.
35 香月源太郎, 앞의 책, 295쪽.

그러므로 조계 내의 왕래는 대부분 조선인과 일본인 사이에서 이루어졌다. 개항 초기 개항장의 시설미비는 앞서 언급한 바 있는데, 목포의 경우 각국조계 부지만 설정해 놓았을 뿐 물적 토대는 전혀 마련되어 있지 않았다. 옛 목포진을 중심으로 살아가던 조선인은 각국조계 외곽으로 옮겨야 했고, 조선인이 살던 곳에 일본인이 거주해야 했다. 그런데 조선인과 일본인의 거주 공간을 바꾸어야 하는 개항 초기부터, 조선인과 일본인은 조계 내에서 함께 기거해야 하는 상황이 발생하였다. 개항 직후 조선인 감리가 근무할 감리서가 아직 들어서지 않았고, 일본 영사가 근무할 영사관도 세워지지 않은 때가 있었다. 옛 목포진 만호영 청사萬戶廳에 감리와 영사관의 직원이 함께 기거하게 되었는데, 목포의 개항 초기 모습을 온전히 보여주고 있는 것이다. 초기에 목포에 들어온 다른 일본인도 사정은 마찬가지였다. 초기에는 만호청 주변의 조선인 가옥에서 먹고 생활하였다. 1897년 겨울부터 1898년 봄을 거치면서 작은 집이라도 세울 수 있을 정도였고, 점차 일본식 생활을 해나갈 수 있었다.[36]

또한 목포각국조계장정에는 제9조 '조계 안에 있는 한인들의 가옥이나 묘지는 본 장정이 발효된 날로부터 2년 이내에 모두 철거해야 한다'에 따라 조선인들이 각국조계를 벗어나는 것은 2년의 유효기간이 있었다. 특히 자신의 토지, 집안의 묘지 등이 각국조계 지역에 포함되어 있어도 제대로 보상이 이루어지지 않았을 경우, 조선인은 그곳을

---

36 위의 책, 287쪽; 『목포부사』(완역), 71쪽. 일본 영사관은 3주 만에 일본인 澁谷龍郎의 계림장업단 건물로 이동하였다. 3개월 거주 후에 다시 영사관이 이동하였다.

벗어나지 못하고 조계 속의 타자로 남아 있는 경우도 있었다. 조선인들은 1898년 말부터 1899년 초에 이르러 각국조계 밖에 조선인 마을을 조성하였다. 각국조계 밖 조선인 마을에 새로운 집들을 건설하면서 각국조계 안에 남아 있던 조선인들도 철거하였다.[37]

이처럼 개항 초기 조계 내의 거주공간, 업무공간이 마련되지 않았던 것에서 조선인, 외국인, 일본인의 잡거가 비롯되었다. 외국인들이 조선인 마을에서 잡거를 한 것처럼 조선인도 각국조계 안으로의 출입이 잦아지더니 잡거하는 양상도 나타났다.

각국조계 내로 출입하는 것은 조선상인이 많았지만 그에 못지않은 직업군들이 존재하였다. 다양한 직업이 파생하면서 당시의 물가표物價表에는 각종 인건비를 기록해 두었다. 1902년의 경우를 보면 인부 1일 일급日給 현황 중 일본인 짐꾼은 80전錢, 조선인 짐꾼은 200문文이었다. 하녀 급료는 3원 이상~5원까지였다. 조선인 짐꾼 대부분은 항구에서 무역품을 나르는 운반업에 종사하는 조선인 모군募軍들이었다. 이들은 운반 외 부두 측량에도 종사하고, 부두 외 외국인 거주공간에도 자주 출입하였다. 목포의 인구가 갑자기 증가하면서 개항장 내에 있던 기존의 3~4개 우물로는 물 수급이 극히 어려웠다. 각국조계 내에 수도 시설이 보급되기 전에는 수천 명의 일본인들이 조선인을 고용하여 음료수와 일반 사용수를 퍼오도록 하였다.[38] 그 외에도 일본인이나 서양인 집의 하녀, 비서 등으로 종사하는 조선인 여성들도 있었다. 조선인들

---

37 목포지편찬회, 김정섭 역, 앞의 책, 52쪽.
38 香月源太郎, 앞의 책, 298쪽; 「木浦港」, 『韓國釜山平壤鎭南浦及木浦水道敷設計劃一件』 (1905), 일본 국립공문서관 아시아역사자료센터.

은 처음에는 조계 내로 조선인 여성이 출입하는 것은 꺼려했다고 한다. 외국인에 대한 경계를 완전히 해소하지 못한 결과였다. 조계를 출입하는 조선인 남성에 의해 조계 내부 사정이 점차 알려지면서 조계 내로 조선인 여성들이 출입하기 시작하였다. 조계 내에서 생활하면서 점차 조선인 여성들은 활동 영역을 확대하기도 하였는데 조계 내에서 쌀, 솜, 해조류 등을 판매하기도 하는데 그 일을 독점적으로 해 나갈 정도로 세력을 키웠다.[39]

이상과 같이 각국조계 내에서 일본인, 외국인의 생활 편의를 위해서, 혹은 경제적 협조에 따라서 출입하는 조선인이 많았다. 왕래가 많아지자 조계 내에서 거주하는 조선인도 나타났다. 조계 내 있는 일본인의 집을 임대하여 기거하면서 술과 음식을 파는 상인들[40]이 있었다. 이들은 조계 출입을 위해 일본 영사관에 발급하는 확인증(낙패烙牌)까지 가지고 다녔다. 일본인과 거래가 많은 조선인 객주도 마찬가지였다. 객주는 처음에는 조계 밖에 자신의 집에서 날마다 통근하였는데 상선이 조계의 내 해안에 정박하였기 때문에 거래 상담도 조계 해안에서 진행하였다. 그래서 조계 내의 일본인 가옥(대부분 일본상인의 집)을 빌려서 객주 출장소를 두기도 하였다. 조계 내의 각국거류지회各國居留地會도 상업을 번영시키기 위해 조선인의 조계 내 생활을 묵인하는 실정이었다.[41] 상인 외에도 부두의 조선 노동자들을 관리하는 조선인 십장什長들이 조계 내 일본인 소유의 집을 빌려 거주하였다.

---

39 『목포부사』(완역), 865쪽.
40 『무안보첩』(국역), 292쪽(1903.3.5).
41 『목포부사』(완역), 463쪽.

〈1903년 각국조계 내에 거주했던 조선인 현황〉[41]

이름	유형	직업	소유주	이름	유형	직업	소유주
장봉래	주택	객주	모리타 긴조森田金藏	정덕순	주택	객주	야마모토 만지로山本萬次郎
박길선	주택	객주	후쿠다 유조福田有造[43]	김인옥	주택	십장	야마우치 헤이스케山内平助
배화일	주택	객주	야마노 시부조山野澁藏	정여옥	주택	십장	요시다 오토마쓰吉田音松
정문선	주택	객주	기무라 후쿠지로木村福次郎	장학서	주택	십장	마쓰다 유지로松田邑次郎

　　이것은 조계 내에는 조선인이 머물 수 없다는 조계장정의 일반적인 지침을 위배하는 것이었다. 조계 내에 일본인 외 다른 국가의 외국인이 많았다면 이러한 조선인의 잡거 현상은 조계 내에서 용인될 수 없는 상황이었을 것이다. 목포의 조계는 명분상 각국조계이지만 유일하게 일본영사관만이 실제적인 활동하는 일본전관조계와 같았기 때문에 경제적 관계에 의한 이러한 조선인의 잡거가 형성될 수 있었다.

　　목포 조계 내에서의 잡거는 정책이나 권력에 의해 의도된 것은 아니었다. 더욱이 조선인을 약자로 인식하거나, 수탈의 대상이라고 여겨 생겨난 것도 아니었다. 조계의 설정은 원칙적으로 조선인과의 잡거를 배제하는 것이었으나 물리적 공간의 사정, 생활의 편의, 경제적 협조에 의해 함께 뒤섞여서 거주하게 된 것이다. 잡거는 조선인 사회가 일

42　『무안보첩』(국역), 365쪽(1903.12.12). 조선인 모군들이 조계 내로 들어가 파괴한 집 중에 조선인이 기거했던 가옥의 현황이므로 실제적으로 이보다 많은 수가 조계 내에서 거주하고 있었을 것이다. 이처럼 잡거는 경제적 관계나 생활의 편의에 의해 이루어졌지만 조선인과 일본인 사이에 분쟁없는 관계만 있었던 것은 아니고 갈등도 다분히 존재하고 있었다.

43　후쿠다 유조는 부산의 대자본가인 후쿠다 조헤이福田增兵衛의 양아들로, 아버지로부터 무역상을 물려받은 후 목포로 왔다. 목포전등회사 발기인이 되는 등 목포에서 기업을 육성하는데 큰 역할을 한 인물이다. 목포상업회의소 회두會頭, 목포거류민회 의장으로 선출된 바 있다. 아버지 후쿠다 소베가 사망하자 부산으로 돌아갔다. 그는 목포로 올 때부터 상업, 무역을 하는데 탄탄한 기반을 가진 상인이었고 곧 목포의 유지가 되었다.

본인 사회를 만나고 수용할 수 있는 기회가 된다. 또한 일본인 사회가 조선인 사회를 알아가는 기회였다. 시공간을 함께 한다는 것은 단선적일 수 있는 경제적 관계가 일상으로의 관계로 확대되고 심화됨을 의미한다. 다만 이러한 잡거가 양국 교류의 장으로 미화만 되는 것은 아니다. 상이한 문화가 만나게 되면서 갈등의 요소는 여전하고, 다양한 권리 다툼과 분쟁의 시발점이 되기도 한다.

4. 조선인 네트워크의 양상

1) 네트워크의 형성과 갈등

목포는 부산이 1876년 2월 개항된 후 23년 8개월 만에 형성된 개항장이다. 그러므로 조선인이든 일본인이든 목포 개항장으로 이주하는 사람들은 이미 개항장의 '맛'을 경험하였고 또 그것을 유지하거나 새롭게 획득할 것을 상상하였다. 앞선 개항장에서 온 이주상인 뿐 아니라고 해도 목포에는 나주, 영암을 비롯한 주변 지역의 사람들도 들어와 다양한 상습관商習慣을 표출하였다.

목포가 개항될 때 부산의 상인들이 부산 상권이 위축될 것이라고 우려한 것처럼[44] 1899년 군산이 개항될 때 목포의 상인들도 똑같은 우려를 하였다. 그러나 1899년 5월에 군산이 개항되어 일부 상인들이 군산으로 옮겼으

---

44 오미일, 「開港(場)과 移住商人」, 『한국근현대사연구』 47, 한국근현대사학회, 2008, 65쪽.

나 일시적 현상이었고 목포-군산 간에 본점-지점 등과 같은 새로운 관계들이 형성되면서 목포에는 상인의 이동과 정주가 교차되고 있었다.

상인이 이주, 정주하는 개항장에서는 조선인과 일본인의 네트워크는 객주를 중심으로 형성되었다. 개항 당초 목포 밖에서 무역을 위해 개항장으로 오는 조선상인과 조계 내 일본상인을 연결하는 조선인 객주들은 상객주회商客主會를 조직하였다. 조계 내 일본상인은 목포상화회木浦商話會를 조직하였다. 두 기관은 양국의 상인을 대표하였는데, 문제가 발생할 때마다 교섭하고 절충안을 제시하였다. 목포상화회가 설립된 이유 중의 하나는 조선인과의 거래에서 아직 일정한 규칙이 마련되어 있지 않았기 때문에 그때그때 일이 이루어지는 형편에 따라 거래가 이루어지고 있었다. 아무런 질서나 절제도 없었기 때문에 무역업자나 일반인이 입는 불이익이 적지 않아서 양국의 거래 규칙을 통일하여 각가지 폐단을 없애려는 데 있었다.[45]

이것은 목포에 앞선 개항장에서 모여든 조선인과 일본인이 각각 가진 상거래 방식의 차이 때문이었다. 조선인의 경우 목포 오기 전의 생활 터전인 경성, 인천, 원산, 부산 등의 상습관을 각각이 고수하자 혼란이 야기되었다. 이에 각지의 장단점을 선택하고 절충하여 목포에 맞는 새로운 상거래 규칙을 세워야한다는 필요성에서 제기되었다. 1898년 일본상인의 목포상화회, 잡화상 조합 등이 성립되고 조선상인의 상객주회가 조직되어 상호 협의를 해나갔다.[46]

---

45 『목포부사』(완역), 479쪽; 오미일은 위의 글, 67쪽에서 일본인들이 木浦商話會를 조직한 것은 목포에서 상거래가 일정하지 않아 부산파 상인과 인천파 상인의 주장을 조화·절충한 것으로 파악하였다.

일본인이 조직한 잡화상 조합의 경우도 목포상화회와 비슷한 이유로 조직되었다. 개항 초기 목포에서는 양국 상인 간, 양국 상인과 소비자 간의 거래를 연결시켜주는 통역인이 많이 확보되지 못하였다. 서로 말이 잘 통하지 않자 통역을 겸한 중개인이 활동하였다. 그런데 판매자인 일본인 잡화상에게는 물건값을 깎을 대로 깎아놓고, 물건을 사는 조선인 소비자에게는 물건값의 몇 배를 받아내는 중개인의 횡포가 적지 않았다. 거기다가 중간 폭리를 노리는 조선인 거간이 우후죽순처럼 생겨나기도 하였다. 그 대응책으로 일본인 몇몇이 발의하여 잡화상 조합을 조직하고 조선인 도매상에게는 일정한 판매 수수료를 주더라도 조선인 거간에게는 절대 구전을 주지말자고 결의하였다. 이는 1898년에 잡화상 조합이 창설된 숨은 이야기로 전해진다. 일본상인은 조선인 객주와는 거래를 유지하되, 거간들과는 관계를 끊어버리자, 객주들은 거간을 두지 않고 장부를 담당할 서사와, 통변通辯을 두었다. 통변은 통역과 상담을 겸하는 조선인들이었다. 이렇게 단체를 설립하여 상인을 조직화하고 안정적인 상거래를 유지하려고 하였던 것은, 개항장에만 머무는 것이 아니라 개항장 밖에서도 일어났다.[47]

개항장으로 오는 모든 상인이 새로운 상거래 방식에 적응하고 안정적으로 상업을 해나가는 것은 아니었고, 실패하는 사례도 있었다. 1902년

---

46 『목포부사』(완역), 489쪽.
47 『목포부사』(완역), 852쪽. 목포에서는 거간을 시장패라고 불렀다(463쪽). 개항 후 전근대 수탈방식을 벗어나지 못하고 생산자인 어민과 상인 간의 관계를 끊고, 생산품 등을 수탈하는 관리, 아전 등이 여전히 존재하였다. 우뭇가사리를 매매하는 상인들은 이러한 중간 수탈을 막고 일본상인과의 안정적인 거래를 위해 全羅南道加沙里會社를 설립하였다(『무안보첩』(국역), 461쪽(1903.5.2)).

목포의 쌀값이 등귀하여 항구에 미곡상인米客商이 들어오지 않는다는 것이 신문에 보도되었다. 조선인 객주 중에는 자신의 자본없이 일본인의 자본을 선금을 받아 시작하는 이들도 있었다. 다른 지역에서 곡식을 싣고 목포의 객주들에게 가면 객주는 그 곡식으로 일본인의 빚을 갚아버렸다. 그리고 쌀값을 받지 못하고 낭패를 보는 미곡상인이 종종 생겼다고 한다. 그래서 미곡상인이 목포에 들어가지 않자 목포의 쌀값이 등귀한 것이다. 무안감리서에서는 고시告示를 붙여 자본없는 사람들은 객주를 하지 말라고 권유하기도 하였다.[48] 이것은 조선인 이주상인과 일본상인 사이에 행해진 왜채倭債 거래에 적응하지 못했거나 '자본이 없는 자가 객주를 한다'라는 점에서 전라도에서 처음 생긴 개항장에서 상업이익을 취하기 위해 목포로 온 신흥 상인들도 있었던 것으로 보인다.

더욱이 목포 객주들이 상객주회를 조직하게 된 이유 중의 하나가 객주를 경유하지 않고, 직접 일본상인과 거래를 하려는 조선상인을 적발하고, 또 직거래를 원하는 일본상인을 견제하려는데 있었다.[49] 객주들이 기득권을 위협받을 정도의 신흥 조선상인의 존재들도 짐작할 수 있고 이들 역시 객주를 중심으로 하는 상거래 방식에 포섭되지 못하고 실패했을 가능성도 있다. 새개항장에서 목포 객주와 이에 대항하는 신흥 조선상인 간의 갈등관계, 목포 객주와 일본상인의 갈등관계가 내재하는 상황 속에서, 기왕의 맺어진 상인네트워크를 형성하고 유지하는 방안에는 '협의'가 동원되었다.

---

48 『제국신문』 25호, 1899. 2. 2.
49 목포지편찬회, 김정섭 역, 앞의 책, 318~319쪽; 박이준, 앞의 글, 67쪽.

개항 후 각자가 가진 이해관계를 절충하는 과정에서 네트워크를 형성하고, 협의하는 체계를 이루었는데 이것은 목포상화회가 목포 일본인상업회의소로 바뀐 이후에도 지속되었다. 또한 객주의 단체인 상객주회가 목포사상회사木浦士商會社로 바뀌어도 일본인상업회의소 간의 협의가 지속되었다.

조선과 일본의 두 단체 간의 협의는 쌀의 안정적인 거래와 관련된 것이 많았다. 일본이 목포 개항에 대해 주목했던 이유 중의 하나도 호남평야의 쌀이었다. 쌀 거래량에 영향을 줄 수 있는 수도법受渡法과 도량형에 대해 협의를 이루고 있다. 처음에는 벼를 거래할 때 벼에 함께 섞여 있는 불순물을 감안하여 1할을 빼고, 나머지 9할을 대금으로 조선상인에게 지급하는 방식이었다. 이러한 벼 수도법에 폐단이 발생하자 쌀 수도법으로 바꾸었다가 다시 새로운 벼 수도법으로 개정하였다. 이러한 갱신 과정을 일본 측이 일방적으로 주도한 것은 아니었다. 수도법을 다시 개정해야 할 때가 오자 일본인상업회의소측은 목포사상회사와 협의를 거치고 개정하였다. 양자 간의 부정한 거래를 막기 위해 두 단체는 따로 세칙을 정해두기도 하였다. 더욱이 각 개항장에서 쌀의 품질, 가마니의 중량 등 각종 문제가 발생하였을 때에도 목포는 곡물상조합, 수출상조합, 도정업조합 등을 망라하여 각각 동의를 구하여 가장 독창적 방법으로 쌀의 검수檢受를 마쳤다.[50]

이상과 같이 일본 측은 자신들이 작성한 『목포부사』에, 상거래 분야의 협의를 강조하고 있다. 조선에서 개항장이 설치되고 23년 만에 목포

---

[50] 『목포부사』(완역), 489~494쪽.

가 개항되었으므로, 목포에 모여든 상인들은 자신이 활동하던 기존의 개항장에서 다양한 무역경험을 가지고 있었다. 게다가 외국과의 상거래에 익숙하지 못한 지역 상인들까지 더해지면서 목포 경제계는 혼란에 이를 수 있었다.

개항 초기부터 목포는 일본전관조계와 같은 각국조계였으므로 조선인과 일본인의 네트워크 형성이 어느 개항장보다 강했다고 볼 수 있다. 기존의 개항장에서 벌어진 시행착오와 다양한 경험을 통해 장단점에 대한 '고르기'가 진행되었다. 양국 상인들 사이에서는 기존의 것에서 탈피하여 새로운 목포식의 상습관을 만들고자 협의 구도를 만들고 이러한 공조체계는 일제 강점기에도 지속되었다.

목포 개항장에서 조선인 네트워크는 상인들만이 형성한 것은 아니다. 당시 목포 조선인 인구의 반 이상을 차지할 정도로 노동자가 많았기 때문에[51] 이들이 형성하는 조선인-조선인, 조선인-일본인 네트워크도 많았다. 또한 네트워크라고 할 수 없는 부두노동자쟁의도 전국에서 처음으로 일어났다. 목포부두노동자쟁의는 개항 이후 최초의 조선인 부두노동자쟁의로 평가받는데, 이 이면에는 조선인 대 일본인이라는 단선적인 갈등관계만 내포된 것은 아니었다. 1898년 2월 처음 노동자 임금쟁의가 발생하였을 때 일본인과 조선인 거간이 연합하여 쟁의가 더 이상 확대되지 못하도록 했다든지, 그해 9월 조선인 노동자가 일

---

[51] 이철우, 「광무연간의 목포부두노동운동연구」, 『학술논총』 7, 단국대 대학원, 1983, 346쪽에는 1909년 당시 목포의 부두노동자는 657명이라고 하고 당시 목포 조선인 인구의 반이상을 차지한다고 하였다. 또 부두노동자는 1900년 200명, 1903년 약 500명 등으로 목포항의 무역량 증대에 따라 노동자 수도 증가하였다고 한다.

본인과 조선인 거간에게 임금인상을 요구한 것이라든지 등은 조선인 내부에도 계층 갈등이 있었다는 것을 의미한다. 이러한 갈등관계가 있자 무역품 운반에 막대한 영향을 미치는 모군募軍 즉, 조선인 부두노동자의 불법적인 행동을 막고자 조선 측에서는 1898년 6월 목포에 '모군십장청募軍什長廳'을 만들었다. 모군 위에 이들을 관리할 두목頭目과 십장을 둔 것이었다. 즉 조선인 사이의 관리자와 피관리자라는 관계가 갈등관계로 발전할 가능성이 많았다. 모군의 역할에 따라 부두군埠頭軍과 두량군斗量軍으로 구분되고 각각 십장을 두면서 십장들을 관리하는 검찰檢察을 추가 설치하는 등 조선인 내부의 갈등이 고조될 수 있었다. 십장들이 노동자의 임금을 갈취하는 등 폐단이 많아졌기 때문이었다. 이렇게 되자 조선인 노동자 63명이 일본인에게 고용되어, 조계 내에서 거주하는 일도 있었다. 이는 조선인 노동자와 일본인의 연대가 성립되고 십장이 배제되는 관계였다. 또한 일본인에게 고용된 조선인 노동자와 그렇지 못한 조선인 노동자와의 갈등관계가 또다시 형성된 셈이다. 1901년 1월의 조선인 노동자의 임금쟁의는 일본인 노동자보다 낮은 임금에 대한 불만이었다. 이때에는 조선 목포상객주회와 일본인상업회의소 간의 갈등과 중재가 반복되었다. 1903년 1월 이후에는 조선인 노동자가 개항장을 출입할 때 일본 영사가 발급하는 '거류지패居留地牌'를 착용하도록 주장하는 조선인 십장층과 감리서가 발급하는 '감자패監字牌' 착용을 주장하는 조선인 노동자 사이에서 물리적 마찰도 일어났다. 분규가 끊이지 않자 감리서에서는 십장을 해고하고 문제를 일으키는 십장은 감리서에 가두기도 하였는데, 일본 영사를 위시하는 일본 상인들이 십장을 구출한다는 명목으로 감리서를 공격하고, 모군들을 구타하는 일이 발생하였다.[52] 이처럼 부두노동자쟁의 내에서는 노동자 조직이 강화되고, 또한 노동분야가 세분화되면서 조선인 내부에서 갈등이 유발되고, 경우에 따라서는 조선인 노동자나 십장들이 일본인들과 연대를 강화해 나가기도 하였다.

이처럼 개항장에서는 다양한 직업군의 조선인과 일본인이 모여들면서 조선인 대 일본인 사이의 단선적인 우호적인 관계나 획일적인 민족 간의 갈등 관계만 있었던 것이 아니라 중층적이고 복잡한 네트워크가 형성되었다.

2) 무안감리, 김성규金星圭의 네트워크

목포는 부산의 예처럼 개항 이전에 도로, 건물, 각종 시설이 갖추어진 물리적 공간이 없었다. 또한 왜관倭館이 있을 때부터 일본인과의 무역을 주도하고 문화를 공유해온 조선인이 없었다. 개항장의 모든 것을 처음부터 만들어 나가야 했으므로 개항장 사람들은 모두가 '개척자'가 되어야 했다. 개항장에 와서 개항을 체험한 조선인들은 근대 문화를 수용하고 자신의 네트워크를 통해 근대를 확산시켜 나갔다.

개항을 체험한 사람들 중 목포에서 가장 지위가 높고 권력이 있었던 것은 무안감리務安監理라고 할 수 있다. 일본인의 눈에는 개항장의 관리와 목포 주변 지역의 군수郡守에게 개항장과 관련하여 '방방곡곡에

---

52 목포지편찬회, 김정섭 역, 앞의 책, 406~449쪽; 『무안보첩』(국역), 36・145・351~372쪽.

붙여 모든 백성이 알게 하라'식의 훈령訓令을 내리는 감리가 위세있게 보이기도 하였다. 또한 조선의 주권을 지키려는 신념과 일본인과의 돈독한 관계 속에서 갈등하는 사람으로[53] 비춰지기도 하였다. 근대 일본과 조선의 현실 속에서 갈등하는 신파적인 인물로 평가되기도 하였다. 감리 외에도 감리서나 해관에 근무한 조선인들은 근대를 체험하고 이후 각종 근대 사업에 참여하였다.

무안감리를 역임한 김성규(1863~1935)는 무안(목포) 출신은 아니지만, 전라도에 부임한 것을 계기로 장성과 목포에서 왕성한 활동을 한 인물이다. 김성규의 활동을 통해 근대를 이해하는 목포의 지식인, 네트워크의 양상, 그리고 그의 실천들을 살펴보면 조선 양반층 혹은 지식인층의 개항 이후의 행보를 가늠할 수 있다. 비단 근대의 경험이 특정 계층에 한정되는 것은 아니라 이들에 의해 근대문화가 확산되면서 일반 민들도 근대를 수용할 수 있었다는 점에서 김성규의 네트워크와 그 실천은 의미가 있다고 할 수 있다.

김성규는 당시의 신지식이었던 산술算術에 능했고, 광무국 주사鑛務局 主事를 지냈다. 장성군수, 고창군수 등 지방관을 역임하였고 목포 개항 이후 전라남도 양무감리量務監理로 임명되면서 전라도와 인연을 맺었다. 1903년 3월부터 12월까지 무안감리務安監理를 역임하였다. 관직에서 물러난 이후에는 장성에서 기거하다가 1906년부터 약 11년간 목포에 거주하였다. 김성규는 '근대적 봉건인'으로 지칭되면서 봉건성과 근대성을 모두 가진 사람으로 평가되고[54] 그의 사상은 제국 열강이 침

---

53 『목포부사』(완역), 850쪽.

략해 오는 현실을 타개하기 위한 학문을 하고, 실학적 전통 위에 부학父學을 계승하고 서양사상을 받아들여 종합하는 것이라고 평가된다.[55] 그는 개항장 목포에서 감리로 생활하고, 이후 고향으로 돌아가지 않고 전라도에 거주하면서 그의 사상과 학문의 실천적 양상은 확대되었다. 그의 활동에서 눈에 띄는 점은 학교의 설립이다. 장성에 선우의숙先憂義塾을 세워 실용학문과 농업을 가르쳤다.[56] 농업이 상업보다는 근간산업이라고 이해했으므로 그의 아들 김우진金祐鎭을 일본의 농업학교로 유학을 보내었다.

1903년 김성규가 무안감리로 있을 때 해관海關 관리였던 이종원李鍾元, 권용철權龍澈은 목포 교육을 진작시키기 위해 사립일신학교(私立日新學校, 또는 목포일신학교)를 세우는 데 주도하였다. 이종원은 직접 교사가 되기도 하고, 김성규는 지역 유지들과 함께 학교 설립에 함께 참여하여 학생을 모으는데 힘을 썼다. 학생은 수십 명에 달했고, 영어, 일어, 보통학을 배웠다.[57] 이종원 — 1905년 이종원이 병이 들어 죽자 다음해에 김성규가 그를 애도하는 묘문墓文을 지었다 — 은 해관의 방판幫判을 역임하면서 무안감리였던 김성규와 친분을 쌓게 되었다. 1906년 1월 김성규는 '노남제일사립학교규칙서蘆南第一私立學校規則序'를 지었는데, 이 학교는 덕행, 문학, 정사政事, 언어 등을 가르치는 학교였다.

---

54 장선희, 「근대전환기 新 · 舊 文化의 衝突과 受容에 관한 연구」, 『古詩歌硏究』 16, 한국고시가문학회, 2005.

55 김용섭, 「광무양전의 사상기반 – 양무감리 김성규의 사회경제론」, 『아세아연구』 15-4(통권 48), 고려대 아세아문제연구소, 1972, 216쪽.

56 장선희, 앞의 글, 246쪽.

57 김성규, 『草亭先生文集』 2(영인본), 경인문화사, 1997, 59쪽; 목포지편찬회, 김정섭 역, 앞의 책, 174쪽.

김성규는 서문에서 자신이 수십 년 동안 세계 각국과 소통交通을 하니 깨달은 바가 있고, 실용학문인 속학俗學을 알아야 한다고 하였다. 자신이 전권공사全權公使의 서기관, 무안감리를 지내면서 각지의 외국인을 만나면서 가졌던 소회를 적은 것이었다. 같은 해 6월에는 '나주군사립 금성학교 개교서羅州郡私立錦城學校 開校序'를 지었다. 당시 나주군수였던 민태영閔台泳은 금성학교를 창립하자는 뜻을 김성규에게 보였고, 민태영이 이임移任된 후 나주 유지 3명 — 오학준吳學濬, 양인환梁仁煥, 기동렬奇東烈 — 이 김성규에게 교무校務의 일을 부탁하고 그는 학교의 교장이 되었다. 그는 교장으로서 나주 39개면의 유림들에게 학교 설립과 신교육의 취지를 알리는 글을 보내기도 하였다. 1907년에는 무안부목포항사립여학교 취지서趣旨書를 지었다. 이 학교는 일본인 여자교사를 초빙하기도 하였는데 목포의 유지들이 '힘을 모으고 재물을 나누는集力捐財' 형세를 보였다. 김성규의 학교 설립 활동에서 볼 수 있는 것은 그 스스로가 근대교육의 필요성을 제기하고 있다는 점이다. 그는 중세적 성격[58]을 유지하면서도, 목포에서의 근대 체험을 살려 조선인 교육에서 일본인도 적극 참여시키기도 하였다. 김성규와 비슷한 행보를 보인 이로 송성인宋誠仁이 있다. 송성인은 감리서 주사와 감리 서리까지 역임한 후 목포에서 학교의 부교장副校長을 맡았다. 송성인은 역사, 지지地誌, 한문, 어학 등 여러 과목을 가르치는 전남무안부진흥학회全南務安府進興學會를 설립하였는데, 설립자 11명 모두 조선인이었다. 그는 교장

---

58 김성규는 1931년 발간된 무안향교지의 서문을 적기도 한다. 지역 유림과의 관계를 형성하면서 정착하는 이주 지식인의 한 단면이라고 할 수 있다. 김성규의 학교 설립 관련 문건은 『초정선생문집』 2, 77~78 · 146~149 · 152쪽 참조.

으로 있으면서 마츠오 즈네마츠松尾常松란 일본인을 교사로 임명하였다. 이 학교는 무안부윤 참서관 박성환朴星煥의 지원, 공립목포보통학교장, 무안감리서 전 주사들, 통역관 등의 재정적 지원도 있었고, 일본인들의 물품 지원도 따랐다. 일본인 야마니시 아키라山西陽는 『일한통화日韓通話』 2권, 고지마小島는 "수첩手帳" 42권을 기증하였다.[59] 『일한통화』는 1893년에 일본에서 편찬된 조선어 학습서였다. 이 학교에서 어학 과목이 있는 것으로 보아 일본어 수업시간에 사용되었을 것이다. 목포 근대학교에서 기부금 찬조자, 조선인 교사의 이력, 일본인 교사의 활동, 일본 학습서의 유입 등은 목포의 근대문화가 수용되고 조선인과 일본인의 네트워크가 발전되어 나가는 양상을 찾을 수 있다. 특히 목포의 경우는 김성규와 같이 감리서 근무자들이 대거 참여하면서, 일본인과의 네트워크를 확대하고 있는 점이 주목된다.[60]

김성규의 경제활동을 통해서도 그의 네트워크 형성과 실천의 양상을 볼 수 있다. 그는 스스로 상업을 경영하지 않고 농업에 힘쓰는 것은 농업이 근검함에 가깝기 때문이다[61]라고 한 것처럼 농업 진흥에 대한 노력이 많았다. 그런데 그는 1929년 목포 북교동(45번지)에 토지 기타

---

59 「全南務安府進興學會 설립전말서」, 『황성신문』 2515호, 1907. 6. 25(양). 목포에는 목포사상회사가 1905년에 세운 일본어학교, 미국선교사들이 1903년에 세운 영흥학교, 정명학교 등 근대학교가 있어 근대교육과 근대문화가 조선으로 수용되는 상황을 다양하게 찾을 수 있다.

60 이강민, 「1893年刊 『日韓通話』의 日本語」, 『日本語文學』 17, 한국일본어문학회, 2003; 김성규의 근대 학교 설립과 관련한 내용은 『草亭先生文集』 1·2, 경인문화사, 1997 참조.

61 목포재판소 법무보좌관 나가하마 세이사부로長濱盛三郎가 1908년 광주로 이임되고, 재판소 판사 미야기 긴지見矢木欽爾가 1910년 대구로 부임되어 가게 되자, 목포의 사람들은 슬퍼한다는 내용으로 김성규는 전별시를 지었다(김성규, 『초정선생문집』 3, 378쪽). 한시漢詩라는 전통적인 문화로, 근대 개항장에 만난 일본인을 전별하였다. 만약 그가 목포와 멀리 떨어진 고향 문경이나, 개항장 사람들을 만날 수 없는 지역으로 돌아갔다면 그의 네트워크는 지속되지 못하고 중단되었을지도 모른다.

부동산의 매입, 토지의 경영 및 매매, 농업·임업·잠업 및 이와 관련된 사업, 농업·임업·잠업의 생산물 제조와 판매, 금전 대출 등을 하는 상성합명회사祥星合名會社를 세운 사업가로 변모하였다.

그는 1906년 7월에 있었던 광주농공은행 창립총회에 참석하여 '일본인이 고문관으로 있기 때문에, 조선인들은 일본인은 조선인에게 이익되는 일은 실행하지 않을 것이라고 오해한다. 지금 농공은행이 설립된 이후 각 주주들에게 그 이익이 나누어지니 전날의 의구심은 없어질 것이다. 나는 20년 전에 외국에 머물면서 동서양 재산가의 은행, 공사公司, 상점을 보았다. 그래서 내가 관직에 오르면 우리나라 사람도 이같이 활동할 수 있는 지위에 오르도록 하였다. (…중략…) 전남의 각 지방 사람들은 의구심, 공포심을 버리고 용감한 마음, 전진하는 마음을 일으켜 이번 실업가實業家 사회를 더욱 근면하게 힘쓰도록 하오'라고 연설하였다. 조선인이 돈을 모으기 위해서는 선입견을 버리고 적극 기업에 참여해야 한다는 것이 요지이다. 또한 5월에는 목포사상회사木浦士商會社에 공문을 보내어 목포 객주들이 광주 농공은행 주주로 참여할 것을 독려하였다. 김성규는 '목포항 신상(紳商, 객주)의 일은 곧 자신의 일'이라고 하고 광주관찰사, 재무국 다카쿠 도시오高久敏男와 협의하여 목포 객주를 주주로 받아들이기로 하였다. 조옥승曺玉承이 모집위원으로 선정되었는데, 1902년 내부 위생국위원으로 임명되고, 그해 목포 죽동으로 이사를 온 사람이다. 김성규와는 목포에서 만나서 지기知己로 있었다. 후일 목포공립학교 학무위원, 금융조합설립위원 목포부 방역위원 등으로 활동한다. 또한 목포 객주들에게 은행의 주주 참여를 직접 설명하러 다닐 사람은 박상래朴尚來였다. 박상래는 후일 함평의 공전영수원公錢領受員으로도 활동한다.[62] 김성규는 목포에 있으면서 목포 객주들과 광주의 은행을 연결시켰다. 이 일을 성사시키기 위해 자본, 회계 전문가를 동원하는 한편, 객주들이 신뢰할 수 있는 목포의 관리들을 매개자로 삼았다. 김성규는 근대 교육, 기업에 조선인들의 적극적인 참여를 독려하여 조선의 '실력양성'을 도모하였다. 사상과 학문적 기반, 개항장 목포라는 공간, 근대 문화의 경험은 근대를 기반으로 한 김성규의 네트워크 형성 뿐 아니라, 배타적일 수 있는 조선인-일본인 사이의 네트워크가 형성되는데 적극 활용되고 있었다.

5. 목포 개항장의 프리즘

1843년 중국, 1854년 일본, 1876년 한국이 개항되면서 동북아시아 삼국은 모두 열강에 의해 개항을 맞게 되었다. 특히 목포는 우리나라 네 번째 개항장이자, 조약이 아닌 칙령에 따라 개항된 첫 개항장이다. 일본의 욕망, 러시아의 견제, 대한제국의 자강이 맞물리면서 개항된 공간이 목포이다. 목포에 개항장을 만들려는 계획은 일본이 세웠다. 일본이 부산, 원산, 인천에 이은 개항장으로 목포를 주목한 것은 일본으로의 쌀 수출항과 어업 기지 확보라는 데에서 비롯되었다. 그러나 일본을 견제하려는 러시아의 추가 개항 반대, 명성황후 시해 사건 등으로 목포가 쉽게 개항되지는 못하였다. 반면 탁지부 고문이 개항의

---

62 김성규의 근대 은행과 관련한 내용은 『초정선생문집』 1·2 참조.

경제적 효과를 피력하면서 대한제국의 개항 의사가 확고해졌다. 열강의 간섭과 견제 속에서 대한제국은 칙령에 의한 개항을 일방적으로 외국 공사들에게 통보하였다. 이러한 국가사적인 개항 과정은 목포의 로컬리티 형성에 큰 영향을 미쳤다. 목포 개항이 예고된 채 몇 년 동안 지체되면서 개항 전부터 외국인들의 목포 '간보기'가 시작되고, 조선인 관리를 매개한 토지 점유도 많이 발생하였다. 특히 일본의 경우는 인천에서 각국공동조계, 중국조계 때문에 조계 내에서 큰 힘을 발휘하지 못한 것을 반성하면서 목포 개항을 더욱 서둘렀다. 목포 개항장에는 각국공동조계가 설치되었지만 조계 내 일본인의 수가 90%를 훨씬 상회하였다. 또한 영사관이 운영되는 것이 일본뿐이었기 때문에 각국공동조계는 실제로는 일본전관조계와 다름없었다. 그러나 일본전관조계가 있었던 부산과는 개항장에서의 외면과 내면이 모두 상이하였다. 부산의 전관조계는 조선시대 이래 왜관 부지여서 어느 정도 시가지 구획의 기반이 마련되어 있었고, 영선산, 복병산, 보수천 등으로 자연적인 경계가 형성되었고, 조선인 마을과도 분리되어 있었다. 무엇보다 부산의 경우 11만 평이라는 큰 부지 위에 들어서 있었다. 그래서 부산의 경우는 개항 초기부터 조선인과 일본인과의 잡거는 이루어지지 않았다. 인천의 경우는 서울 외곽이라는 지리적 위치 때문에 각국공동조계의 규모가 크고, 중국 화상의 활동이 왕성하여 조계 안팎으로 일본의 영향력이 독점적이지 못하였다. 그렇기 때문에 일본은 인천에서의 실패를 만회하기 위해 목포 개항에 더욱 주력하였다. 호남평야의 쌀집산, 영산강 주변의 넓은 배후지, 어업 기지 및 양항良港이라는 조건은 일본이 주도하는 목포 개항장의 발전을 예견하는 것이었다.

목포의 정치, 무역, 산업 등이 하나같이 일본인의 손에 의해 이루어 졌다고 일본인 스스로 자화자찬할 정도였다. 그러므로 개항장 시가지 의 외관은 조선 내의 어느 도시와 분위기가 달랐는데 이것은 목포의 독특한 현상이라고 간주되었다.

그러나 목포가 첫 칙령개항장이었으므로 목포에는 대한제국의 의 지도 투사되었다. 개항장 내의 조계 건설 뿐 아니라 조계 밖의 조선인 마을 즉 본국조계에 대한 도시 계획도 시도되었다. 조선인 마을의 도 시화는 즉시 이루어지지 못했지만 첫 칙령개항장이라는 의의를 찾을 수 있는 의미 있는 시도였다.

목포 개항장은 일본인 주도로 건설되어 나가지만 목포는 부산처럼 근대 개항장이 들어설 만한 물적 토대가 마련되어 있지 않아 개항 직 후부터 일본인들은 조선인의 협조, 협의, 연대가 필요하였다. 그러므 로 조선인과 일본인의 잡거가 개항 초기부터 나타났고, 각국조계 안팎 에서 나타났다. 각국조계 내의 조선인 거주는 조계장정租界章程의 조항 을 근본적으로 위배하는 것이었다. 개항 직후 개항장을 떠나야 하는 조선인과 개항장으로 들어와야 하는 일본인이 각각의 거주 공간을 확 보할 때까지는 개항장 내에서 함께 거주해야 했다. 또한 목포항의 지 리적 특성과 부두 노동자의 출입, 일본가옥에서의 조선인 고용살이, 조선인 객주와 일본상인 간의 경제적 관계 등은 조선인이 조계 내에 거주하는 것이 가능하도록 하였다.

각국조계 밖의 조선인 마을에는 개항 후기 일본인의 일용품, 생필품 을 조달하기 위한 시장이 형성되면서 일본인의 조선인 마을 출입이 증 가하였다. 또한 조계 내에 부지를 확보 못한 외국인의 거주공간과 그들이 세운 종교시설이 들어섰다. 특히 조계와 조선인 마을 사이에는 연결 도로가 건설되어 있었고, 조계 내 인구가 증가하면서 조선인 마을에 거주하는 일본인이 증가하였다.

조선인과 일본인의 잡거는 공간의 인접성, 일상의 공유를 가능하게 하면서 다양한 네트워크를 발현시켰다. 또한 네 번째 개항장인 만큼 이주상인들이 가지고 있던 기개항장의 습관들이 부딪치면서 상호간의 타협이 요구되었다. 이는 조선인과 일본인 모두에게 요구되었다. 그러므로 기왕에 형성된 네트워크는 우호적인 것 뿐 아니라 갈등을 내포하면서 한층 복잡하고 중층적인 새로운 네트워크를 형성시켰다. 개항장을 경험한 관료층은 개항장에서 맺은 네트워크를 충분히 이용하면서 근대를 수용, 확산시키는 데 적극 활용하였다. 이들은 개항장을 경험한 일부 조선인에 지나지 않지만 근대 교육, 기업 설립에 적극 참여하면서 일반민들이 근대 문화를 수용하는데 매개자 역할을 해 나갔다.

기존의 한국 개항장에 대한 연구는 수탈과 식민성 발견에 주목한 바가 크다. 최근에는 식민지 조선을 살아간 조선인들이 근대 문화를 수용하면서 발생하는 간극에 주목하기도 한다. 이 글은 개항이라는 국가적 사건을 맞이하여 개항이 목포 도시 형성에 어떠한 영향을 미쳤는지를 공간과 네트워크 측면에서 살펴보았다. 부산이 최초로 근대 개항된 지 20년이 지나서 목포는 개항되었다. 그것도 대한제국의 칙령이라는 형식을 통해 개항되었다. 이는 목포가 그 전의 이미 개항된 도시와는 달리 차별적인 로컬리티를 형성해 나가는데 의미 있게 작용하였다.

참고문헌

『고종실록』,『승정원일기』,『주한일본공사관기록』.

『동경경제잡지』,『제국신문』,『황성신문』.

김성규,『草亭先生文集』(영인본), 경인문화사, 1997.

목포부, 김정섭 역,『木浦府史』(완역), 목포문화원, 2011.

박찬승·고석규 역,『務安報牒』(국역), 목포문화원, 2002.

목포지편찬회·김정섭 역,『목포지』, 목포문화원, 1991.

민건호,『海隱日錄』(영인본), 부산근대역사관, 2006.

고석규,『근대도시 목포의 역사 공간 문화』, 서울대 출판부, 2004.

김용섭,「광무양전의 사상기반―양무감리 김성규의 사회경제론」,『아세아연구』15-4
        (통권 48), 고려대 아세아문제연구소, 1972.

목표개항백년사편찬위원회 편,『목포개항백년사』, 목포백년회, 1997.

박이준,「목포 개항장 상인층의 존재양태와 그 성격」,『지방사와 지방문화』9-1, 역사
        문화학회, 2006.

배성무,『목포개항사 연구』, 느티나무, 1994.

양림교회 역사편찬위원회·광주양림교회,『양림교회 100년사(1)―1904~1953』, 양
        림교회 역사편찬위원회, 2003.

오미일,「開港(場)과 移住商人」,『한국근현대사연구』47, 한국근현대사학회, 2008.

이강민,「1893年刊『日韓通話』의 日本語」,『日本語文學』17, 한국일본어문학회, 2003.

이철우,「광무연간의 목포부두노동운동연구」,『학술논총』7, 단국대 대학원, 1983.

이헬렌,「'식민지 이주자'의 목소리, '이민자'의 목소리」,『이동의 텍스트 횡단하는 제
        국』, 동국대 출판부, 2011.

장선희,「근대전환기 新·舊 文化의 衝突과 受容에 관한 연구」,『古詩歌研究』16, 한국
        고시가문학회, 2005.

최성환,「목포의 해항성과 개항장 형성과정의 특징」,『한국민족문화』39, 부산대 한
        국민족문화연구소, 2011.

_____,「開港 初期 木浦港의 日本人과 海上네트워크」,『한국학연구』26, 인하대 한
        국학연구소, 2012.

山本庫太郎, 『最新朝鮮移住案內』, 民友社, 1904.

楊天宏, 『口岸開放與社會變革』, 中華書局, 2002.

鹽崎誓月, 『最新の韓半島』, 靑木嵩山堂, 1906.

香月源太郎, 『韓國案內』, 靑木嵩山堂, 1902.

『韓國釜山平壤鎭南浦及木浦水道敷設計劃一件』(1905), 일본국립공문서관 아시아역
　　사자료센터.

톈진의 개항과
새로운 네트워크의 형성

강경락

1. 전통도시 톈진과 근대의 만남

근대 역사 변화의 중심은 도시였다. 중국에서 근대 도시가 발전하는 데 영향을 미치는 요인은 여러 가지가 있지만, 가장 중요한 영향을 미친 것은 개항이었다. 개항은 근대사의 기점이자, 근대 도시 형성에 중요한 키포인트로 작용하였다. 동시에 개항은 대륙 중심의 내향적 중국을 해양 지향의 외향적 국가로 변모시키는 계기를 만들었다.

그러나 개항이 모든 지역에 균질하게 영향을 미친 것은 물론 아니다. 1842년 난징조약이 체결되면서 광저우廣州 외에 상하이上海, 닝보寧波, 푸저우福州, 샤먼廈門 등 5개 항구를 통상항구로 개항한 이래 1930년까지 모두 115개 개항장이 만들어졌다. 이들 개항장은 조약에 의해서 개방된 곳이 82개, 중국 스스로 개항한 자유 개항장 — 自開商埠이 33개이었다.

톈진이 속한 화북 지역의 경우는 총 10개의 개항장이 있어, 전체에서 8.6%를 차지했고, 自開商埠는 6개로 전체의 18%를 차지하고 있다.

20세기 초에 실시된 自開商埠 정책은 대외무역을 중심으로 근대중국 사회에 직접적 영향력을 미치는 접촉점이자 새로운 네트워크가 시작된 개항장을 중국 정부가 통제하고자 실시한 정책이었다. 그러나 自開商埠 정책에도 불구하고 개항장으로 대표되는 근대도시의 발전은 상하이를 중심으로 하고, 지역적 거점도시 — 톈진, 다롄大連, 한커우漢口, 광저우, 샤먼 등을 핵으로 한 지역 경제권을 형성하며 불균형 발전이 심화되었다. 이러한 불균형은 중층적이었는데, 상하이의 발전과 집중은 다른 지역적 거점 도시를 주변화 시켰고, 지역적 거점도시는 지역 내 도시를 주변화시켰다.

톈진은 북방의 대표적 전통도시이자, 10개의 개항장이 있는 화북 경제권의 거점도시이다. 그러나 톈진은 1860년대 개항했지만, 20세기 초까지 대외무역에 있어서 직접수출보다는 간접수출의 비중이 높아 상하이에 의존적인 무역항이었다. 근대 경제적 역량에서 톈진은 상하이에 비교할 수 없었다. 전통도시로 볼 때 톈진은 중국의 대표적 도시 중 하나였지만, 반면에 현성에 불과했던 상하이는 개항을 통해서 근대 중국을 대표하는 근대도시로 보다 빠르게 성장하였다.

이러한 개항 이후 나타나는 중국 근대 도시 성장의 차이는 어떻게 보아야 할 것인지는 중국근대에서 지역의 로컬리티를 이해하는 중요한 관건이다. 이러한 차이를 보는 관점은 제국주의의 수탈로 보는 입장과 중국사의 停滯性에서 찾는 입장으로 나눌 수 있다. 그러나 개혁개방 이후 중국의 급속한 변화와 발전에 불구하고 이러한 차이가 극복되지 않는 현실 속에서 두 가지 관점은 차이 — 불균형을 인정하고, 차이를 발생시킨 원인의 다양성을 규명하여 불균형을 완화시킬 방향으로 수렴되는 경향을 보이고 있다.

따라서 개항이후 톈진이 어떻게 화북경제권의 거점으로 성장하게 되고, 다른 거점도시와 차별성을 보이는가를 살펴보는 것은 톈진의 로컬리티를 이해하는 중요한 관건이 될 것이다.

1) 개항 이전 전통도시 톈진의 형성

톈진은 대표적인 근대도시이자 개항장이다. 그러나 도시로의 역사는 결코 짧지 않다. 전통도시로서의 톈진의 면모는 톈진이 근대도시로 성장하는데 중요한 기반이 되었다.

톈진은 역사적으로 북송과 금대부터 발전하기 시작하였는데, 최초로 역사 기록에 등장하는 것은 金史에 '直沽寨'라는 지명이었다.[1] 1153년 금왕조가 베이징을 수도로 정하면서, 톈진 — 直沽는 조운과 군사상으로 중요한 지위를 가지게 되었다. 1271년 원왕조는 조운을 통한 식량 공급이 원활하지 못하자, 해운을 이용하게 되었다. 즉 동남연해를 거쳐 톈진으로 들어온 식량이 운하를 거쳐 베이징으로 운송하는 체계였다. 이후 톈진은 해운과 하운이 전환되는 거점으로 급속히 발전하게 되었다.[2] 인구가 증가하고, 상업 등 각종 업종이 발전하여 북방의

---

1 羅謝偉 主編, 『近代天津城市史』, 中國社會科學出版社, 1993, 2~3쪽.
2 張利民 主編, 『解讀天津六百年』, 天津社會科學院出版社, 2003, 1~2쪽.

무역중심지로 발전하였다. 특히 삼분하 입구를 중심으로 대규모가 상가가 집중적으로 형성되기 시작하였다.

텐진이 전통도시로 성장하게 된 시기는 명나라 때였다. '텐진'이라는 지명이 출현하는 것도 명나라 때이다. 정난의 역으로 황제의 자리에 올랐던 영락제가 베이징으로 천도하고, 1404년 텐진을 베이징의 문호인 '天津衛'로 지칭하고, 위성을 건축하였다.[3] 위성은 三岔河 서남쪽으로 북운하와 남운하 근처에 건설되었다. 초기에는 토성이었지만, 이후 磚城으로 바뀌었고, 明淸 양대에 걸쳐 수차례 중수되었다. 1725년 중수과정에서 텐진성은 약간 남쪽으로 이전되었다. 동시에 수도에 부근에 위치한 군사요지인 '衛'에서 '州'로 변경되었고, 1731년에는 天津府로 승격하였다. 성 내부에는 府衛, 縣衛, 運河公署, 左營, 右營 등이 설치되었고, 명대 황무지이었던 南城에 주민이 거주하였다.

텐진은 조운의 중심지로 남북의 상품 집산지가 되었다. 조운으로 올라오는 상품을 제외하고, 기타 상선에서 취급하였던 상품으로 주요한 것은 다음과 같다. 먼저 복건과 광동 지역의 당, 藍靛, 차, 해산물, 목재, 각종 과일, 강소 절강의 비단과 면포, 경덕진의 도자기, 강남의 죽제품, 직예 각지의 면화, 배, 대추, 보리, 콩 등이 대량으로 텐진에서 유통되었다.[4] 이들 상품은 다시 베이징으로 운반되어 소비되거나, 기타 지방으로 판매되었다. 한편 요동의 콩과 두병은 텐진으로 운반되었다가, 다른 지방으로 재차 판매되었다. 따라서 텐진의 운하 일대에는 각종 상점이 번성하였다.

---

3 1404년을 기준으로 하여, 2004년에 텐진은 건성 600주년을 기념하는 각종행사 및 책 등을 출판하였다.
4 李文治·江太新, 『淸代漕運』, 中華書局, 1995, 507쪽.

이러한 톈진의 전통도시의 발전은 명말 왕조의 교체에 따른 전쟁으로 인해서 일시적으로 후퇴하였다. 그러나 청조가 비교적 빠르게 안정을 찾으면서, 오히려 톈진은 군사적 성격 이외에 경제적 상업적 성격을 가진 전통도시로 성장하였다.[5]

톈진이 청대에 이렇게 빠르게 성장한 원인은 첫째로 정치적 군사적 기능이 지속적으로 강화되었다는 점이다. 수도 베이징을 보호하기 위한 일련 군사적 조치로 3,000여 명이 주둔하는 水師營이 설치되고, 포대가 설치되었다.

두 번째 원인은 경제적 역할과 위상의 급속한 발전에서 기인하였다. 수도 베이징에 근접한 톈진은 이를 바탕으로 경제적으로 급속한 발전을 이룩하였다. 동시에 화북 지역을 배후지 시장으로 하는 경제 중심 시장으로 성장하였던 것이다. 이러한 경제적 위상과 역할의 급속한 발전에는 우선 漕運이 중요한 역할을 하였다. 청정부는 조운을 위한 체제 관리와 운하 정비에 힘써서, 조운의 양이 증대되었다. 따라서 이에 종사하는 인원 역시 증원되어서, 대략 14만 명 정도가 이에 관여하였고, 조운선 만여 척, 조운식량 400만 석에 달했다. 조운된 식량 중 350만 석이 소선에 옮겨져서, 베이징으로 운송되었다. 이러한 과정에 관련된 상업활동의 중심지가 바로 톈진이었다. 또한 토산물 역시 이 조운의 과정에서 톈진에 모여져서, 일부는 베이징으로 일부는 화북 내지 시장으로 운송되어 소비되었다.

---

5 高艶林, 「試論天津由'衛'改'府,縣'之人口原因」, 『近代華北區域社會史』, 天津古籍出版社, 2005, 22쪽.

세 번째로 海運을 통한 무역으로 내외무역의 통로 역할을 하였다. 청조는 1683년(강희 22년) 대만을 평정하고 이를 계기로 1683년(강희 23년)부터 4곳의 항구에 海關을 설치하였다. 이로써 해금이 완화되었고, 조공을 수반하지 않는 비교적 자유로운 무역이 허가되었다. 이에 따라서 청대 전기 중국의 해운업은 급속한 성장을 이루었다. 1731년(雍正 9年)에는 톈진을 중심으로 한 무역 범위가 복건, 대만 등으로 확대되었다. 건륭 5년에 톈진에 도착한 선박은 70여 척에 달했고, 이듬해에는 90척으로 증가하였다. 건륭 8년에는 4월 28일에서 7월 17일까지 105척의 배가 복건에서 톈진으로 올라왔다. 동시에 서양의 무역선 역시 크게 증가하였다. 각종 서양 상품이 일단 복건과 광동에서 거래된 후 다시 광동과 복건의 상선에 실려서 톈진에 도착하였다. 톈진에는 이미 서양 상품을 다루던 양화행이 있었으나, 화물의 수가 늘어서 9개의 양화국잔이 추가로 설치되었다.

청대 상업이 발전하면서, 톈진의 위상도 함께 상승하였다. 톈진부성이 건축되고, 명대 河西務의 鈔關을 톈진으로 옮겨서, 운하상선과 복건 및 광동해선에 대하여 관에서 세금을 부과하였다. 따라서 北門外大街에서 상점가가 형성되었고, 동문 밖 宮南과 宮北大街와 이어지게 되었다. 성벽과 강을 따라서 초승달 형태의 상업 지대가 형성되어, 톈진에서 가장 번성한 곳이 되었다. 이러한 상업지대가 형성되면서, 성 밖에 거주하는 인구가 성내에 거주하는 인구를 점차 초과하게 되었다.

청대 후기 성내 거주민은 95,000여 명이었다. 성내 대소 가항은 총 114개에 달했다. 성내 거주하는 신사들의 호수는 288호로 전체의 44%, 염상 중 성내에 거주하는 호수는 159호로 전체의 42%, 상인鋪商은 3,132호로 대상인이 많았다.

북문 밖에는 162개의 대소 가항이 있었다. 수에서나 밀도에 있어서, 성내보다 높았다. 톈진관은 북문 밖 남운하 연변에 설치되어, 운하를 올라온 선박과 바다로 온 광동과 복건의 선박들을 검사하고 관세를 부과하였다. 이곳은 톈진에서 가장 번화한 지역으로 針市街, 估衣街, 竹竿街, 小洋貨街, 茶葉店街, 西雜粮店街 등 유명한 상점가가 있었다. 전 구역의 거주민은 6,600호로 염상이 52호, 기타상인이 3,196호이었다. 옹정연간에 針市街에 창무초상점이 개설되었다. 이들은 해선 17척을 가지고 있었으며, 전문적으로 광동과 복건간의 교역에 종사하였다. 외래에서 온 객상들은 톈진에 회관을 건설하였는데, 閩粤會館, 江西會館, 山西會館이 개설되었다.

東門外에는 북문 다음으로 많은 상업시설이 들어서 있었다. 7,000호가 거주하는 이 지역에서 가장 중요한 것은 식량과 소금 관련 사업이었다. 염상이 110호, 상업에 종사하는 호구가 2,975호이었다. 宮南, 宮北大街가 최대 번화가이었다. 瑞恒, 端牲 등 銀號가 다수 있었고, 은호 공소는 天后宮의 財神殿이었다.

東北城角은 남북운하와 海河가 합류는 삼분하구이다. 이 구역은 대소가항이 96개, 2,600여 호에 13,000여 명이 거주하였다. 西北城角은 가항이 58개가 있고, 2,300호에 10,000여 명의 거주민이 있다. 이 지구의 자세한 통계는 없는데, 대략 소상인들이 다수를 차지하고 있다.

현성 서문외, 남문외는 4,200여 호에 14,000여 명이 거주하는 곳으로 이들 지구는 환경이 나쁘고 척박하여서, 상점은 적고, 가항 역시 적었다. 톈진은 개항되기 직전인 1840년 관할하는 인구는 총 442,000명에 달했다. 현성인 도시에 거주하는 인구는 그 절반에 해당하는 198,000

명으로 톈진은 인구 20만의 거대 도시로 발전하였다.[6]

2) 개항장 톈진의 형성과 변화

(1) 베이징조약과 톈진의 개항

영국은 제 1차 아편전쟁을 통해 장강 이남의 5개 항구를 개항시켰다. 그러나 영국은 경제적으로도 만족할만한 성과를 거두지 못했고, 중국 시장의 개방에서도 만족하지 못했다. 개방이후 영국의 대중국 무역총액은 1844년에 230만 파운드로 정점에 도달한 뒤 점차 감소하다가 1856년에 222만 파운드로 회복되는데 지나지 않았다. 1854~58년 중국의 대영 무역총액은 916만 파운드, 영국의 대중국 수출은 196만 파운드라는 불균형 상태에 있었다. 일반 상품 무역이 침체 상태에 있었음에 반해, 아편 수입량은 1840년의 15,000상자에서 1856년의 58,000상자로 급속히 증가하고 있었다.

이러한 무역상의 부진 때문에 영국의 산업자본은 다시 중국 시장의 확대를 요구하였다. 1856년 10월 애로우Arrow호 사건을 계기로 프랑스와 함께 함대를 중국에 파견하였다. 영불 연합군은 1858년 1월에 광저우를 점령하고, 5월에는 톈진天津을 점령하여 청조를 압박하였다. 양국의 군사적 압력에 굴복한 중국은 6월에 톈진조약 체결요구에 일단 동의하였다. 외교관의 베이징주재, 내지에서의 외국인 여행통상의 자유,

---

6 『津門保甲圖說』 참조.

아편무역의 공인, 기독교 포교의 자유, 11개 지역의 추가 개항 등 요구
사항을 수용하였다. 그러나 청조는 사실상 조약을 이행하지 않으려 하
였으므로, 영불 연합군은 베이징에 공략하여 1860년 베이징조약을 체
결하였다. 베이징조약에서 양국은 톈진조약을 재확인시키고, 톈진 개
항, 영국에의 구룽九龍반도 할양 등을 추가로 중국에 요구하여 관철시
켰다. 이러한 과정에는 러시아와 미국의 중개가 있었고, 그들 역시 중
개의 대가로 영구과 프랑스와 동일한 특권을 획득하였다.[7]

　　베이징조약을 통해서 톈진이 비로소 개항하게 된 것이다. 영국과 프
랑스는 화북 경제의 중요한 거점이자, 정치 · 군사적 요지인 톈진을 개
항시킴으로서 베이징을 어느 정도 통제할 수 있게 되었고, 북방 7개 성
에 진출할 수 있는 중요 거점을 확보하게 된 것이다.[8]

(2) 조계의 형성

　　개항은 전통도시 톈진에 변화에 중요한 전기가 되었다. 영국은 베이징
조약 이후 곧 바로 청나라에게 상하이와 같은 조계 설정을 요구하였다.
조계는 중국에 있어서 개항이 야기한 새로운 변화의 중심축과 같은 역할
을 하는 곳이다. 이곳을 중심으로 세계 시장에 편입되게 되고, 개항장을
중심으로 새로운 네트워크가 형성하게 되는 것이다. 그러나 각각의 조계
는 그것이 속한 지역적 특성에 따라 각기 다른 특색을 보이고 있다.

7　베이징조약의 주요 내용은 다음과 같다. ① 톈진조약이 완전히 유효하다는 것을 승인한
　　다. ② 톈진을 개항할 때, 외국인의 거주, 경제활동, 선교활동의 자유를 허락한다. ③ 중
　　국인 노동자의 출국을 정식으로 허가한다. ④ 구룽을 영국령으로 할양한다. ⑤ 영국과 프
　　랑스에 각각 800만량을 배상한다. 『中外條約彙編』, 商務印書館, 1936, 11쪽.
8　『天津歷史資料』第2期, 1964, 9쪽.

텐진 조계의 형성 과정은 크게 세 개 시기로 나눌 수 있다. 제1기는 베이징조약을 통해서 텐진 조계가 탄생하는 시기로 영국을 필두로 프랑스, 미국 조계가 수립된 시기이다. 제2기는 청일전쟁 이후 일본과 독일 조계가 수립되는 시기이다. 제3기는 1900년 의화단 사건 이후 텐진에 러시아, 이탈리아, 벨기에, 오스트리아의 조계가 수립되어 총 9개 국가의 조계가 모두 수립된 시기이다.

먼저 제1기의 조계 성립 과정 및 특징에 대하여 살펴보고자 한다. 베이징 조약을 체결한 직후인 1860년 11월 영국은 H. S. Parkes를 파견하여, 조계로 삼을 지역을 조사하여 확정하였다. 영국은 텐진성 동남쪽 5~6리 떨어진 紫竹에서 下園까지 이르는 지역에 있는 400여 畝 해당하는 면적을 요구하였고, 청정부는 이에 동의하였다.[9] 한편 프랑스는 1861년 6월에 청정부와 조계 확정을 합의하였다. 프랑스 조계는 남쪽으로 영국조계와, 북으로는 해하에 맞닿아 있었다. 면적은 영국과 비슷한 439무였다. 한편 미국은 영국이 조계를 확정할 때 청정부에 비슷한 요구를 통해서 영국 조계 인근에 131무를 획득했다.[10]

영국, 프랑스, 미국의 조계가 확정될 무렵 천진 조계에는 일부 민가가 있었지만, 대부분이 밭인 미개발 지역이었다. 그러나 이 지역은 바로 海河에 연결되고 배후에는 베이징으로 이어지는 海大道에 연해서,

---

9 天津檔案館, 『天津租界檔案選編』, 天津人民出版社, 1992, 5쪽. 영국 조계의 정확한 면적에 대하여는 여러 가지 설이 있다. 중국 측 사료에는 400무에서 489무, 445무, 493무 등 다양한 수치가 나오고 있고, 영국 측 자료에서는 489무로 적고 있다.

10 실제로 미국은 이때 획득한 조계를 국내 사정으로 인해서 제대로 관리할 수 없었기 때문에 사실상 주인 없는 상태로 영국이 통제하는 상황이었다. 1880년 미국이 포기를 선언했지만, 이에 대한 관할 문제는 미묘한 정치적 갈등을 낳았다. 이후 1902년 정식으로 영국 조계로 결정되었다.

잠재적 발전 가능성을 가진 요지였다.

제2기는 청일전쟁을 전후한 시기였다. 청나라가 청일전쟁에서 패배한 이후 맺어진 마관조약으로 일본이 요동반도의 할양을 요구하자, 독일은 프랑스, 러시아와 함께 삼국간섭을 통해서 이를 저지시켰다. 독일은 이를 빌미로 청정부에 톈진에 조계를 요구하였다. 이에 1895년 10월 독일과 청나라는 톈진의 독일 조계에 대한 협정을 합의하였다. 동쪽으로는 海河를, 북쪽으로는 미국 조계와 연해있었고, 면적은 900여 무에 달했다.[11]

청일전쟁에 승리했던 일본도 청정부에 조계를 요구했다. 문서상으로는 1896년 9월에 상하이, 톈진, 샤먼, 한커우 등지에 전관 조계를 설치하도록 하는 조약을 맺었다. 마관조약 이후 중국 내 여론에 밀려 실제적 과정은 상당히 지체되었다. 따라서 톈진의 일본 조계에 관한 협정은 1898년 8월에 맺어지게 되었다.[12] 동북으로 海河와, 동남으로 프랑스 조계와 연해있는 일본 조계는 1,667무에 달했다.

한편 영국은 독일이 영국 조계 면적의 2배가 넘는 조계를 획득하자, 영국 조계 확장을 청나라에게 요구하였다. 영국은 1887년에 청정부와 1,630무의 새로운 조계를 확정하는데 합의하였다.

톈진 조계 형성의 마지막 단계는 의화단 사건으로 8개국 연합군이 1900년 여름부터 1902년까지 톈진을 점령한 시기였다. 이 시기 가장 먼저 조계를 설립한 나라는 러시아였다. 1900년 12월 러시아는 청정부

---

11 天津檔案館, 앞의 책, 161쪽.
12 위의 책, 191쪽.

를 압박하여, 톈진조계설정에 대한 조약 체결을 요구하였다. 1901년 3월 정식으로 조계 지역을 확정하는데 동의하였다. 러시아의 조계는 海河 동쪽의 5,474무에 해당하는 넓은 지역을 차지하였다. 다만 山鐵路의 老龍頭 철도역을 포함하고자 하였으나, 영국 측 반대로 철도역은 청정부의 관할에 놓이게 되었다. 이로 인해 러시아 조계는 동서 양지구로 분할되었다.

1902년 6월에 이탈리아 조계장정이 정식으로 체결되었다. 이탈리아 조계는 동쪽으로는 러시아 조계와 서쪽으로는 오스트리아 점령지와, 남쪽으로는 해하와, 북쪽으로는 철도와 연해있는 면적 780여 무의 구역으로 정해졌다.[13]

청정부는 오스트리아와 1902년 11월에 오스트리아조계설립계약을 체결하였다. 오스트리아 조계는 동쪽으로는 철로, 서쪽으로는 해하, 남쪽으로는 이탈리아 조계, 북쪽으로는 北河와 연해있는 면적 1,030무의 구역으로 정해졌다.[14]

마지막으로 벨기에는 1902년 12월에 청정부와 벨기에 조계 계약을 체결하였다. 747무의 벨기에 조계는 러시아 조계와 독일 조계와 연해있으며, 가장 동쪽으로 치우친 지역에 위치하였다.

한편 이미 조계를 가지고 있던 영국, 프랑스, 일본, 독일 등도 기존의 조계를 보다 확장하는데 주력하였다. 영국은 1903년 1월에 조계를 확장하는 告示에 청정부와 합의하였다.[15] 이를 통해서 3,928무 면적이

---

13 위의 책, 397쪽.
14 위의 책, 436~438쪽.
15 위의 책, 18쪽.

증가하였고, 미국과의 협상을 통해서 미국 조계 131무를 영국 조계로 편입하여 총 4,059무가 증가하였다.

2. 톈진 근대도시로의 발전

1) 조계발전에 대한 화계의 대응

조계의 발전은 기존 톈진 도시 지역 —華界와의 불균형을 심화시켰다. 조계의 급속한 발전과 대외무역의 발전으로 인해 도시의 중심이 점차 舊城 지역 — 화계에서 조계로 옮겨가게 되었다. 이러한 변화에 대응하여 도시 공간의 정비와 확대가 화계를 중심으로 제기되었다. 결정적 계기되었던 것은 1900년 8개국 연합군의 톈진 점령이었다. 새롭게 직예총독이 된 위안스카이袁世凱는 파괴된 톈진성을 복구하지 않고, 조계와 경쟁할 수 있는 규모로 도시 구역을 확대하여, 근대적 도시로의 변모를 시도하였다.

도시 공간의 확대는 조계의 설치에 따른 대응이라는 양태로 관 주도하에 이루어졌다. 즉 조계의 급속한 발전은 중국인이 거주하는 전통적 상업지역의 쇄락을 낳았는데, 이에 대한 대응으로 중국인 거주 상업지역을 활성화할 필요가 증대되었다. 이를 위해서 톈진성의 북동쪽에 河北新區를 건설하였다. 이는 남동쪽에 위치한 조계에 대응하기 위한 조치로, 중국 최초로 관주도하에 서구식 도시 개발 계획이 수립되어 실시되었다. 이런 과정 속에서 하북 신구의 발전과 톈진 인구의 증가

가 급속히 이루어졌다.[16]

　한편 급속한 도시의 성장은 주변 농촌 지역을 도시의 구역으로 편입
하는 방식으로 진행되었다. 1920년대 급격한 인구 증가로 인해 1928년
天津縣에서 天津特別市가 되면서, 주변 20개 농촌지역을 시 구역으로
편입하여 그 공간을 확대하였다. 이 후 1934년과 1936년 다시 주변 농촌
지역을 3차례에 걸쳐 편입시켜, 총 49개 촌장에 인구 64,222명을 포함하
는 외적 확대가 이루어졌다.

2) 도시 공간의 확산과 발전

　이렇게 확장된 물리적 공간은 사람들의 생산 활동과 생활공간의 기
본이 되는 里港으로 새롭게 구획되어졌다. 톈진의 이항 건설 역시 1860
년 이후 급속히 이루어졌다. 1860년에서 1899년까지 651개가 건설되면
서 본격적으로 확대되기 시작했다. 이후 1910년에서 1919년까지 817개,
1920년에서 1929년까지 1,011개가 만들어져 최고조에 달했다. 1860년
이전까지 450년 간 485개가 건설되었던 것에 비해 1860년에서 1949년
까지 약 90년 간 3,923개가 건설되어 약 7배의 이항이 건설되었다.

　이러한 이항과 이항을 연결하는 도로가 건설되어 새로운 관계망을
형성하였다. 1860년 개항 이전까지 톈진에는 54개의 도로가 있었다.
1860년 이후 39년간 건설된 도로만도 54개로 1949년 이전까지 건설된

16　張利民 主編, 『解讀天津六百年』, 天津社會科學院出版社, 2003, 82~83쪽.

총 도로수는 435개로 1860년 이전에 만들어졌던 도로 수의 10배에 해당하는 도로가 이 시기 집중적으로 건설되었다. 다음 표는 근대 도시의 간선이라 할 수 있는 도로의 확장 건수를 정리한 것이다.[17]

<표 1> 톈진의 역대 도로 개설 상황

년도	河北	河東	虹橋	南開	河西	和平	총계
1860~1899	11	1	12	8	8	14	54
1900~1909	41	28	10	9	2	32	122
1910~1919	17	12	13	10	21	27	100
1920~1929	3	20	9	10	2	52	106
1930~1939	3	14	4	8	3	11	26
1940~1949	3	7	9	2	2	4	27
총계	78	82	57	47	38	140	435

도시의 공간 확대와 더불어 이 공간에서 삶을 영위하게 되는 인구의 증가를 수반하게 된다. 새로운 네트워크를 만들어내게 되는 인구 성장에 대해서 보고자 한다.[18] 톈진 인구는 20세기 들어서 본격적으로 증가하기 시작한다. 20세기 초반 성벽이 없어지고, 시구역이 확대되면서 주변 농촌지역을 흡수하였지만, 인구의 증가에 있어서 실제로 이들이 차지하는 비중은 상대적으로 적었다. 인구 발전의 주요 원인은 외부로부터의 인구 유입이었다.[19]

---

17 高艶林, 『天津人口硏究』, 天津人民出版社, 2003, 90쪽.
18 인구에 관한 연구로는 張利民, 「論近代天津城市人口的發展」, 『城市史硏究』第四輯, 天津社會科學出版社, 1991; 高艶林, 『天津人口硏究』, 天津人民出版社, 2003 등이 있다.
19 실제로 표에서는 지속적인 인구증가가 있었던 것으로 보이지만, 인구가 감소한 시기도 존재한다. 전체적 추세를 보이기 위해서 있는 자료 중 특정한 년도를 선택하였다.

<표 2> 톈진의 역대 인구 변화

년도	인구수	자료내원
1846	198,715	『津門保甲圖說』
1903	326,552	候振彤 譯, 『20世紀初的天津槪況』
1906	424,556	『天津志』 明治 42年
1917	719,896	『中華民國省區全志』
1928	869,139	『天津社會局統計彙編』 1931년
1937	1,132,263	『天津市政府工作槪況』 1945년
1948	1,860,818	『天津市民政局工作報告』 1947년

앞서 언급한 1928년의 농촌 지역 유입으로 인해 증가된 인구는 대략 8만 명 정도였다.[20] 1934년과 1936년의 편입된 인구는 오히려 1928년에 비해 적어, 총 12,449호에 6만 4천 명 정도였다. 1903년 이후 1928년까지 인구가 2배 이상 증가하였는데, 이는 주변으로부터의 도시 확대로 인한 증가이기보다 다른 지역으로부터의 인구 유입에 따른 증가로 볼 수밖에 없다. 원래 톈진이라는 도시의 성장은 다른 성으로부터의 이민을 바탕으로 만들어졌다. 1932년과 1933년의 조사 자료를 보면 인구 증가의 주요 요인이 외부부터의 이입이었음을 알 수 있다. 출생에서 사망 인구를 뺀 자연 인구 증가가 1932년과 1933년에 각기 마이너스를 보이고 있다. 반면에 전출과 전입 인구의 차이를 보면, 1932년에는 886명, 1933년에는 10,753명이 더 전입하였음을 알 수 있다. 따라서 자연적 인구 증가보다는 여전히 인구 이입에 의해 톈진의 인구가 증가하고 있음을 알 수 있다. 또한 1947년 원주민의 원적자료를 보면 다음과 같다.[21]

---

20 『天津縣實業調査報告』附統計資料, 民國 17년. 단 당시는 아직 촌장의 경계에 불분명하여, 대강의 윤곽을 조사하는 수준이었다. 따라서 대략 18,093戶에 80,273명이 거주하는 것으로 조사되었다.
21 楊子慧 主編, 『中國歷代人口統計資料硏究』, 改革出版社, 1996, 1405쪽.

<표 3> 天津市 居住民의 原籍構成(1947)

성구	인구수	비중(%)	성구	인구수	비중
合計	1,710,910	100.00	廣西	418	0.02
天津	688,661	40.25	浙江	7,486	0.44
河北(北平)	805,995	47.11	江蘇	16,847	0.98
山東	143,909	8.41	安徽	4,365	0.26
山西	13,047	0.76	福建	638	0.04
熱河	137	0.01	江西	674	0.04
察哈爾	438	0.03	臺灣	304	0.02
綏遠	259	0.02	遼寧	5,856	0.34
河南	13,879	0.81	吉林	1,379	0.03
湖北	1,374	0.08	黑龍江	448	0.03
湖南	901	0.05	西南	777	0.05
廣東	2,890	0.17	西北	228	0.01

출처 : 『天津市統計總報告』, 34쪽

전체 인구의 60%가 외부로부터 유입되었음을 알 수 있다.

텐진 인구에 대한 또 다른 다른 자료는 텐진 공업에 종사하는 인구의 출신지를 조사한 자료이다. 주로 1920~30년대에 이루어진 이들 자료에 따르면, 절반이 넘는 57%가 하북성 출신으로 이루어져 있으며, 그 외에 텐진이 19.66%, 산동성이 10.87% 등 주로 화북 지역 출신으로 이루어져 있다. 상대적으로 텐진 출신은 그 비중이 낮은 편이다. 따라서 외부로부터 유입이 인구 증가와 도시 팽창의 주요인이었음을 보여주고 있다.[22] 한편은 도시 인구 증가 가운데 나타나는 하층민 중 빈민에 관한 자료에서도 역시 같은 경향을 보여주고 있다.[23]

---

[22] 方顯廷, 『天津地毯工業』, 南開大學社會經濟研究委員會, 1930; 吳甌, 『天津市紡紗業調查報告』, 天津社會局 1931; 方顯廷, 『天津針織工業』, 南開大學經濟學院, 1931.

[23] 天津社會局, 『天津特別市統計彙編』, 民國 17年, 社會病弊 統計.

3. 서양의 톈진투자와 새로운 경제망의 형성

1) 대외무역의 발전과 양행의 톈진 투자

먼저 조계를 중심으로 새로운 네트워크가 형성되기 시작하였다. 양행의 대 톈진투자는 상공업에 있어 새로운 관계망의 형성을 야기하였다. 자본주의적 성격을 가진 양행의 투자와 전통상공업과의 접촉은 톈진 경제에 영향을 미쳐, 새로운 변화와 변형을 야기할 수밖에 없었다.

초기의 이러한 관계를 매개한 것은 바로 매판이었다.[24]

이러한 새로운 네트워크의 성장은 초기에는 빠르게 진행되지 못했다. 1866년 해관보고에 따르면, 톈진에는 9개의 영국 양행과 4개의 러시아 양행, 1개의 미국 양행, 1개의 독일양행, 기타 국가 2개의 양행 등 14개의 양행이 있을 뿐이었다. 이중 중요한 영국 양행 중 3개는 상하이 양행의 대리점이었고, 4개의 러시아 양행 역시 비슷한 성격을 가지고 있었다. 이러한 양상은 초기 톈진 무역이 상하이로 수입된 서양 상품 ―특히 면포를 판매하는 간접무역의 형태이었기 때문이었다. 단순히 중계를 통해서 서양 상인들이 이익을 독점하자, 톈진의 중국 상인들도 상하이 양행과 직접 구매하는 방식으로 새로운 상업망을 만들었다. 1880년대에 이르면 톈진의 서양 상품 무역은 대부분 톈진 중국 상인에 의해서 장악되게 된다.[25]

---

24 비록 1860년 개항 이전에 서양 상인이 舊城 지역이나 天后宮南이나 宮北지역에 아편무역을 했지만, 정식 상업기구는 없었다. 따라서 양행의 등장은 새로운 상업 네트워크가 형성되기 시작하였다고 할 수 있다. 天津市政協文史資料硏究委員會, 『天津的洋行和買辦』, 天津人民出版社, 1987, 2쪽.

이미 수입된 서양 상품의 재판매가 톈진 중국 상인과 경쟁에서 밀리면서, 톈진 양행들이 새로운 돌파구를 모색하면서 톈진의 본격적인 대외무역이 시작되었다. 외국인이 가지고 있던 대외무역상의 우위를 이용하여, 본격적인 수출무역에 관심을 가지게 된 것이다. 즉 외국 상인은 2.5%의 子口稅를 내면, 일체 다른 세금의 부담 없이 중국 내지의 상품을 항구까지 가져와 수출할 수 있었기 때문에 톈진 배후지 시장의 값싼 각종 농축산물의 수출에 이점을 가졌던 것이다. 1870년 독일 양행이 子口三聯單을 이용해서 낙타털과 양모를 구입한 이래 가죽, 각종 가축 털의 수출이 증가하였다. 예를 들어 1869년 300담에 불과하던 낙타털 수출은 1874년에는 10배인 3100담, 1875년에는 5500담으로 급증하였다. 따라서 톈진의 양행 수도 증가하여, 1879년에는 총 26개가 되었다. 그 중 9개가 영국, 8개가 러시아, 4개가 독일이었고, 기타는 덴마크, 미국, 프랑스, 네덜란드 등이었다. 1890년에 양행의 수는 47개로 증가하였다.

이러한 대외무역 확대와 관련되어 새로운 네트워크가 형성되는데 그것이 매판이다. 단순히 언어, 풍속 상 문제뿐만 아니라, 중국의 상업상 특성 특히 각 지역마다 다른 화폐제도로 인해서 상품구매에 어려움이 있다. 따라서 이를 중계하는 중개인이 필요한데, 이를 매판이라 한다. 물론 1860년 개항 이후에 양행을 대리하는 상인이 없었던 것은 아니다. 그러나 이들은 단순한 대리인이었고, 양행과 구체적인 계약관계를 가지지는 않았다.[26] 제대로 된 계약관계를 가지면서, 독자적 네트

---

25 羅謝偉 主編, 『近代天津城市史』, 中國社會科學出版社, 1993, 196～197쪽.
26 天津市政協文史資料硏究委員會, 『天津的洋行和買辦』, 天津人民出版社, 1987, 3쪽.

워크를 가지고 양행과 관계를 가지는 매판은 본격적인 대외무역이 발전하기 시작한 1880년대에 등장하기 시작하였다. 조계가 급격히 팽창하고, 톈진의 대외무역이 빠르게 발전하던 1895년 이후 매판은 안정적으로 자리 잡게 된다. 청제국 말기 톈진을 대표하는 4대 매판은 광동과 닝보 출신이 주를 이루었다. 이들이 주를 이룬 것은 매판 제도가 바로 광동에서 기원하였다. 광동 출신 매판들은 아편전쟁 이후 중국 대외무역의 중심이 상하이로 이동하면서, 상하이를 중심으로 현지의 닝보 출신들과 경쟁하였다.

톈진의 광동방 출신으로는 怡和 洋行의 梁炎卿, 陳祝齡, 太古洋行의 鄭翼之, 仁記洋行 陳子珍, 독일의 禮和洋行의 馬商盤, 老世昌 梁仲雲, 은행에는 俄華道勝銀行 羅道生, 독일계 德華銀行 嚴兆禎 등이 있다. 닝보방은 광동방에 비해 다소 늦게 등장했다. 닝보방의 시작은 王銘槐이었다. 이외에도 禪臣洋行 嚴蕉銘, 永興洋行 葉星海, 信記洋行 李組才, 永豐洋行 王聘南, 恒豊洋行 徐企生, 美豊洋行 李正卿 등이 있다.[27] 매판을 매개로 해서 만들어진 새로운 관계망 속에서 양행들의 톈진에 대한 투자가 본격화되었다.

조계 양행의 투자는 크게 3개의 시기로 나눌 수 있다. 먼저 제1기는 1874년에 시작되어 1902년까지이다. 〈표 4〉는 이시기 중요 외자기업을 정리한 것이다. 개략적인 통계에 따르면 22개의 기업이 설립되었다. 이들이 톈진에 투자한 금액은 4,464,400량에 달했다.

최초의 기업은 1874년에 수립된 大沽駁船公司로 당시 해하에 있던

---

27 위의 책, 7~8쪽.

텐진항구로 예인하는 거룻배를 운영하는 회사였다. 이 시기 수립된 기업은 大沽駁船公司처럼 대부분이 무역과 관련된 업종이나 공공서비스업이 주를 이루었다. 이중 대형 기업은 1902년에 세워진 天津電車電燈公司와 濟安自來水公司와 같은 공공사업부문이었다. 투자된 총자본의 65.9%가 이 분야에 집중되었다. 무역관련 운송, 포장 분야에 총 투자자본의 15.7%가 투자되었다.

상대적으로 공업 부분에 해당하는 계란 가공과 음료 공장과 같은 식품가공업부문과 성냥제조업은 자본금이 적었다. 계란 가공 분야는 수출관련 가공 분야로 수출 무역과 연관되어 등장한 근대적 식품가공업이었다. 그런데 텐진에서 계란이 수출되기 시작한 것은 1904년이었다.[28] 따라서 瑞興蛋廠은 내수용으로 규모도 작았고, 오래지 않아 문을 닫았다고 한다.[29] 반면에 성냥제조업은 근대 화학산업으로 비교적 진입이 쉬운 분야이었고, 국내 수요도 있어서 수입대체형 산업이라 할 수 있다. 성냥제조업에 대한 투자는 일본 자본으로 자본 규모는 중형이었다.

〈표 4〉 1874~1902년 텐진 주요 외자기업

설립연도	기업명	자본금(兩)	국가	분야
1874	大沽駁船公司	500,000	영국	항운
1881	高林洋行打包	216,000	영국	무역포장
1887	瑞興蛋廠	288,000*	프랑스	계란가공
1887	德隆打包廠	216,000	독일	면화포장

---

28 강경락, 「20世紀 前半期 天津近代貿易과 農産物市場」, 『中國近現代史硏究』 45輯, 2010, 33쪽.
29 http://www.big5.tjdfz.org.cn/tjtz/zjz/wzgy/

1890	天津煤氣公司	30,900	영국	가스
1894	天津印字館	70,000	영국	인쇄
1896	平和洋行天津分行	14,400	영국	무역포장
1897	天津自來水公司	198,800	영국	수도
1900	仁記洋行洗毛廠	144,000	영국	무역포장
1901	天津萬國氣水股份公司	37,500	영국	음료수
1902	隆茂洋行天津分所	15,000	영국	무역포장
1902	天津法租界工部局電燈房	85,000	프랑스	발전
1902	天津濟安自來水公司	2,800,000	독일	수도공급
1902	三友銅精煉廠	57,600	일본	성냥제조
1902	東和印刷局	28,800	일본	인쇄
1902	茂泰洋行硝子廠	21,600	일본	초석제조
자본금 합계		4,723,600		

* 이 자본금은 톈진과 무한에 동시에 투자된 것이 구분되지 않고 기재되어 있다. 투자의 대부분은 무한 쪽으로 투자된 것으로 보이나 구분할 자료가 없어 그대로 두었음.
출처 : 王學海, 「舊中國外商在天津設廠行名錄」, 『天津歷史資料』 19, 天津社會科學院歷史研究所.

제2기는 톈진 조계의 형성이 완료된 1903년에서 제1차 세계대전 직전까지의 시기이다.

전반적으로 외국인의 톈진 투자는 이전 시기에 비해 축소되었다. 1903년에서 1912년까지 수립된 외국계 기업은 26개로 총 투자액은 5,608,724元에 불과하였다. 전시기와 비교하면, 공장 수에서는 증가하였지만 자본투자액은 元을 兩이으로 환산하면 전 시기에 비해 10% 정도 줄어들었다. 이들 외자기업들의 투자는 주로 의화단 사건이 끝난 1902년과 1903년에 집중되었다. 1905년 미국이민법으로 야기된 미국 상품 보이코트 운동의 여파로 주춤하던 자본 투자는 1908년 이후 활발해지면서, 주요 기업 중 절반이 이 시기에 설립되었다.[30]

투자 분야에 있어서는 이전 시기와 마찬가지로 공공분야에 해당하는 발전분야가 전체 자본투자의 1위로 58%가 투자되었다. 투자 2위는 전 시기와 마찬가지로 무역관련 분야로 26.7%를 차지하였다. 여기에 자본금이 빠져있는 독일과 일본계 가공 포장 업체를 합치면 그 비중은 더 커질 것이다.

식품공업 분야에서는 착유 분야에 2개 공장이 수립되었고,[31] 2개의 계란 가공공장이 독일계 자본에 의해서 1905년에 설립되었고,[32] 마지막으로 1912년에 그리스 자본이 음료수 회사를 설립하였다.[33] 이 시기 톈진에서 수출된 계란은 주로 신선란이었기 때문에 독일계 공장은 조계생활을 위해 수립된 공장으로 보여진다. 기름 — 특히 낙화생유도 이 시기 톈진 수출품에서는 빠져있어서, 조계에서 소비되기 위한 상품을 생산한 것으로 보인다.

마지막으로 이 시기 일본계 자본에 의해서 2개의 비료공장이 설립되었다. 하나는 武齊洋行骨粉工廠이고, 다른 하나는 大町洋行肥料廠이다. 골분은 가축의 뼈를 갈아 만든 것으로 당시에는 천연비료로 사용되었다. 이 시기 새롭게 등장한 수출품목 중에 골분 혹은 그 원료인 뼈가 있다. 1903년에 수출된 獸骨은 4,717擔이었지만, 1908년에 가면 136,387담으로 급증하게 된다. 이후 톈진의 중요 수출품으로 자리 잡게 된다.[34] 일본계 자본이 설립한 공장은 수출되는 獸骨을 이용하여

---

30 『20世紀初的天津槪況』, 18~19쪽.
31 착유공장 중 프랑스 자본이 세운 공장의 자본금은 알 수 없다.
32 계란가공 공장은 2개 모두 자본금을 알 수 없다.
33 『近代工業史資料』第2輯.
34 각년 해관보고에서 작성.

골분을 생산하는 공장이었다. 그런데 이들 공장에서 생산된 골분은 대부분 톈진부근에서 소비된 것으로 보인다. 武齊洋行骨粉工廠이 톈진부근에서 소비되는 골분비료의 1/4을 담당한다고 한다.

〈표 5〉 1903~1913년 중요 외자기업

연도	회사명	자본금(元)	국가	분야
1903	天津使館界發電所	260,000	영국	발전
1903	新泰興洋行	1,500,000	영국	수출무역포장
1903	協和烟草工司	500	희랍	연초
1904	天津比商電車電燈股份公司	250,000	벨기에	발전
1904	浪花鉛字局印刷工廠	224	일본	활자 제조
1905	天津德租界電燈房	260,000	독일	발전
1906	英租界工務局發電部	250,000	영국	발전
1907	武齊洋行骨粉工廠	200,000	일본	골분 제조
1907	三井機器公司	30,000	일본	선박수리
1908	德國北辰電業公司	260,000	독일	발전
1908	天津日租界電燈房	2,000,000	일본	발전
1908	正華油廠	100,000	일본	식용유 제조
1909	大町洋行肥料廠	30,000	일본	골분 제조
1909	永信料器工廠	32,000	일본	유리기기 제조
1910	正昌烟公司	400,000	희랍	궐연 연초
1912	光潤華俄造胰公司	16,000	러시아	비누
1912	明星汽水公司	10,000	희랍	음료수
1912	仲野洋行印刷部	10,000	일본	인쇄
자본금 합계		5,608,724		

출처 : 王學海, 「舊中國外商在天津設廠行名錄」, 『天津歷史資料』 19, 天津社會科學院歷史研究所.

제3시기는 1919년부터 1936년까지이다. 1919년을 기점으로 이전 시기에 비해 무역의 증가속도가 더욱 빨라져서 톈진무역의 최전성기에 해당한다. 이 시기 톈진 근대공업의 발전은 크게 두 개 시기로 나눌 수 있다. 먼저 톈진 근대공업의 발전기인 1914년에서 1928년까지이다. 두 번째 시기는 1929년 이후로 톈진 공업의 위축쇠퇴기이다.

먼저 톈진공업의 전성기인 1914년에서 1928년까지를 보면, 이 시기 톈진공업의 특징은 대형 공장이 급속히 발전하였다는 것이다. 수입 대체형 공업인 면사, 성냥, 제분업에서 대형 공업이 발전하여, 톈진을 대표하는 공업이 되었다. 두 번째로 경공업 중심의 공업 구조가 前時期에 이어서 고착화되었다. 방직업분야와 식품분야가 전체 자본의 2/3를 차지하면서, 과도한 집중이 나타났다. 결국 이러한 집중은 이 시기 비교적 다양한 분야의 공업이 나타났지만, 다른 분야에 대한 투자가 적어서 공업의 균형 있는 발전이 어려웠다. 양행 자본의 투자는 톈진공업 전체에서 보면 중요한 역할을 수행하지 못하였다. 중국계 자본이 1천 개가 넘는 공장을 설립했던 것에 비해서, 외국 자본은 49개의 공장을 수립하는 그쳤다. 제1차 세계대전 때문에 서양의 다른 국가들은 상대적으로 톈진에 투자하기 어려운 상황이었기 때문 일본과 미국이 주를 이루었다. 일본이 14개, 미국이 13개로 전체 설립 공장의 절반을 넘었다. 일본은 주로 면사, 제분, 성냥, 연초, 피혁 등의 분야에 투자하였고, 미국은 주로 카펫 제조업, 기름, 자동차 수리업 등에 투자하였다.[35] 일본과 미국이 투자한 면사, 제분, 성냥, 카펫은 톈진공업을 대표하는 6대 분야 중 4대

---

35 王學海, 「舊中國外商在天津設廠行名錄」, 『天津歷史資料』 19, 天津社會科學院歷史研究所 참조.

분야로, 1920년대 후반이 되면서 톈진 경제에 영향력을 확대하였다.

　1929년 이후 톈진 공업은 무역과는 상반되게 쇠퇴와 위축의 시기였다. 이 시기 톈진공업은 전반적 구조조정이 이루어졌다. 자본이 집중되었던 대형공업 부분 — 면사, 제분, 성냥 제조업 등에서는 구조조정에 직면하였다. 월등한 자본력을 가진 일본은 구조조정기를 이용해 톈진 경제에 적극적으로 진출하였다.

2) 조계 내 새로운 네트워크-자치제의 발전과 변화

　개항과 더불어 생성된 각국조계는 본국 정부의 통제라는 원칙하에 사실상 자치체 형태를 띤 조직을 형성하였다. 초기 조계의 거주 인구는 아주 적었다. 1866년 톈진에 거주하는 영국인은 58명, 기타 미국인 14명, 독일인 13명, 러시아인 13명, 프랑스인 10명, 이탈리아인 2명, 기타 2명에 불과하였다.[36] 따라서 최초의 자치제가 구성되는 1862년에는 더 적을 수밖에 없었을 것이다. 영국의 경우 최초의 자치 이사회 임원은 톈진 영사가 12명의 이사를 지정하였다. 이사는 5인 이상 9인으로 구성되는데, 반드시 5명은 영국 국적을 가져야 한다고 규정하고 있다. 이후 각국 조계 역시 비슷한 방식의 이사회를 구성하여 자치를 실시하였다. 1877년에는 175명, 1896년 700명에서 1900년에는 2,000명으로 비약적으로 증가하였다.[37] 20세기 들어선 이후 톈진의 외국인 인구는 비약적

36　吳弘明 編譯, 『津海關貿易年報』, 톈진사회과학원출판사, 2006, 24쪽.
37　위의 책, 110쪽.

으로 증가하여, 1906년에 6,341명으로 3배 이상 증가하였다. 1920년대에는 1만 명을 넘었고, 1930년대 후반에는 2만 6천 명, 1940년대에는 7만 8천 명의 외국인이 거주하였다. 이들 모두가 조계에 거주한 것은 아니지만, 다수가 조계에 거주하였다. 이러한 조계의 인구 증가 추세 속에서 각 조계의 이사회 임원은 토지 소유자와 房主의 선거로 선출되었다. 각 국의 선거인 자격은 동일하지 않았지만, 영국의 예를 보면 초기에는 4무 이상의 토지를 소유한 자에게 자격을 주었다. 인구가 증가하면서 납세액을 기준으로 20량에 1표, 80냥에 2표, 240냥에 3표, 480냥에 4표까지 행사하고 房主의 방의 임대료가 480냥인 경우 1표, 3,000냥 2표, 1만 냥 3표를 행사할 수 있도록 규정하였다. 모든 규정은 영국인과 외국인에 한정되었는데, 1886년 제정된 톈진토지장정 및 통행장정에서 중국인은 조계 내 토지를 소유하지 못하게 규정하였기 때문이다.

그러나 1897년 영국조계 확대되고, 대외무역이 발전하면서 다수의 중국인 상인들이 새로운 조계에 투자하게 되면서, 조계에 거주하는 중국인 수가 증가하게 되었다. 다음은 1911년 각국 조계에 거주하는 인구 통계표이다.

〈표 6〉 톈진 조계 인구(1911)

	해당 조계 국민	기타 외국인	중국인	총계	중국인 %
영국	1,664	325	3,446	5,435	63.4
프랑스	453	285	4,153	4,891	84.9
일본	1,987	36	7,154	9,177	78.0
독일	535	51	4,841	5,427	89.2
러시아	324	51	2,533	2,908	87.1

오스트리아	204	57	14,946	15,207	98.3
벨기에	55	17	1,321	1,393	94.8
이탈리아	251	9	5,348	5,608	95.4
합계	5,473	831	43,742	50,046	87.4

출처 : 『天津人口史』, 574쪽.

이러한 조계 내 중국인의 비율은 1929년의 개략적 통계에 따르면, 전체 거주인구는 150,780명 중에서 중국인이 140,400명으로 전체의 92.1%를 차지하였다.

이러한 조계 내 중국인 인구 증가 추세 속에서 영국 조계 당국은 부득불 중국인의 거주를 현실적으로 인정하지 않을 수 없었다. 20세기 초까지 중국인의 조계에서 지위는 현실적으로 인정하지만, 법적으로는 모호한 존재였다. 제1차 세계대전 이후 급속한 중국인의 증가로 영국 조계당국은 장정을 변경하지 않을 수 없었다. 다만 조계의 중국인의 경우는 차별을 받아서, 납세액이 240냥 혹은 방의 임대료가 3,000냥인 경우 선거인에 등록할 수 있었다. 이러한 차별 속에서 1920년 이후 많은 북양군벌인사, 해외나 남방에서 톈진 조계 지역으로 이주한 기업인, 은행가들이 비약적으로 증가하여 수적 증가뿐만 아니라 질적 증가가 수반되었다. 여기에 북벌로 야기된 조계 회수 운동 등의 영향으로 1928년 영국 조계당국은 납세액은 200냥으로, 임대료는 600냥을 한 표로 하고, 최고 표수의 제한을 두지 않는 것으로 변경하였다. 동시에 10인의 이사회 임원 중 5인을 영국 국적인으로 선발하되, 나머지 임원의 경우 중국인도 가능하도록 변경하였다. 외국인과 중국인 공식적으로 조계 안에서 하나로 연결되는 새로운 네트워크가 완성된 것이다.

이러한 조계의 자치체 조직과 운영은 청말 위안스카이가 주도하였던 '北洋新政' 시기의 지방자치운동에 영향을 미쳤다. 또한 1920년대 조계에 들어왔던 북양군벌 정치가의 거주지나 사무실 ─ 北洋寓公을 가졌던 북양군벌의 정치가, 군인, 청말 황족이나 귀족들은 조계당국의 보호를 받으며, 조계 중국인 사회와 중국사회에 큰 영향력을 행사하였다. 톈진 조계가 만들어낸 독특한 네트워크의 한 단면을 보여주는 것이라 할 수 있다.

4. 톈진과 화북의 새로운 네트워크 형성

1) 근대적 교통망의 형성

개항이후 영국, 프랑스, 미국은 조계에 바다에서 해하로 이르는 항로를 위해서 자죽림 부두를 건설하였다. 해하는 폭이 넓고 수심이 깊고, 간만의 차이가 7~11척尺 정도로 대형 기선(윤선)이 진입하기에 무리가 없었다. 영국 조계 부두는 모두 5곳, 프랑스 조계 부두는 1곳이 건설되었다. 1883년에 조계 부두와 톈진성 지역을 잇는 石路가 건설되면서, 톈진 선운의 중심이 三岔河에서 자죽림 조계지역으로 변경되었다. 1892년에서 1901년 사이에 영국은 조계 부두를 확장하여, 1039피트의 부두를 확장 개설하였다. 1910년에는 대형 기중기가 설치되었다. 프랑스도 비슷한 시기에 2,900미터의 부두와 창고 등을 확장 개설하였다. 기타 독일, 오스트리아, 벨기에, 러시아 등도 부두를 개설하였다.[38]

개항을 통해서 형성된 새로운 항구는 톈진근대 도시 형성에 크게 영향을 미쳤다. 톈진은 전통도시 때부터 중요 수로망의 요지였다. 수운의 중심이었던 대운하가 1855년 황하의 하구가 변화되면서, 산동성 제령에서 임청으로 이르는 부분이 막혔다. 반면에 연해를 따라서 운행하는 해운은 빠르게 성장하고 있었다.

개항은 이러한 항운업에 커다란 전기로 작용하였다. 초기에는 개항으로 조계에서 활동하게 된 양행들이 중요한 역할을 하였다. 즉 상하이에서 이미 항운업을 하고 있던 양행 부속 항운사들로 영국계 이화양행과 태고양행 소속이었다.

이화양행은 1867년 자죽림 조계에 부두를 건립하고 항운업을 개시하였는데, 4척의 기선으로 톈진에서 상하이까지 노선을 개설하였다. 1881년 정식으로 이화윤선공사톈진분공사가 성립되었고, 6척의 기선을 소유하였다. 이들은 중국 沿海, 沿江뿐만 아니라 英印輪船公司를 대리하여 랑곤에서 말레시아, 홍콩에서 톈진에 이르는 노선을 운행하였다.

태고양행은 1881년에 톈진에 분행을 설립하였다. 1892년까지 태고양행이 운행한 중국내 노선은 모두 17개였는데, 그 중 톈진을 기점으로 하는 것은 톈진-상하이, 톈진-광저우 2개 노선이었다. 이외에도 미국, 독일, 프랑스 등의 항운기업이 톈진항에 노선을 개설하였다. 1870년대가 되면, 톈진은 북방항운의 중심지로 부상하게 되었다.

한편 청정부는 1872년 항운업의 중요성을 인지하고, 관독상판의 근대항운기업인 초상국을 성립하였다. 자죽림 조계 남쪽 沿河에 초상국

---

38 李華彬, 『天津港史(古·近代部分)』, 人民交通出版社, 1986, 114쪽.

전용 부두와 창고를 건설하였다. 톈진에서 중국의 각항구로 이르는 노선 이외에, 일본 및 동남아 노선도 수립하였다.

초기 톈진의 대외무역은 주로 상하이에서 수입된 상품을 소비하고, 일부 배후지 상품을 상하이로 운송해서 해외나 중국내 다른 지역으로 수출하는 간접 무역이 주를 이루었다. 따라서 초기에는 주로 연해를 운행하였던 범선으로도 충분히 이러한 역할을 감당할 수 있었다. 실제로 제2차 아편전쟁을 전후 한 시기 톈진을 포함한 화북 지역에는 1만 4천에서 2만 척 정도의 범선이 운행되었던 것으로 추정되고 있다. 1860년 범선은 톈진항으로 들어온 화물톤수의 50%를 담당하였다. 톈진의 대외무역이 본격적으로 발전하게 된 1880년대에 이르게 되면, 범선의 수는 117척에 36,916톤으로 척수에서는 1/3, 톤수에서는 1/6에 불과하였다. 반면에 기선은 292척에 209,944톤에 달했다. 1890년에는 범선은 52척, 기선은 533척이 되었고, 1900년대에 이르면 범선은 1~2척 수준으로 사실상 사라지게 되었다.[39]

명청시대에 톈진이 화북 경제의 중심 도시로 성장할 수 있었던 것은 운하 및 내하를 이용한 조운 및 해운에서 비롯되었다. 그러나 톈진 배후지 국내 시장에 대한 접근이 운하와 내하의 정비가 제대로 이루어지지 않으면서 효율이 떨어지기 시작하였다. 이때 이를 대신하여 철도가 새로운 운송 수단으로 등장하였다. 철도가 1888년 처음으로 톈진 지역에 개설된 이후 중요한 운송수단으로 자리 잡게 된 것은 20세기 초였다.

1899년 시작된 平漢鐵路가 1906년에 완공되었다. 총 1,214km에 달

---

39 樊如森, 『天津港口貿易与腹地外向型經濟發展(1860~1937)』, 夏旦大學校, 30쪽.

하는 평한철도는 베이징에서 正定, 石家莊, 鄭縣을 거쳐 漢口에 이르는 노선으로 한커우와 톈진의 무역에 큰 영향을 미쳤다.[40] 1907년 10월에 는 석가장에서 太原에 이르는 正太鐵路이 개통되었다. 1909년 9월에 중국이 설계하고 건설한 京張鐵路가 개통되어, 서부 내륙의 물산이 모 일 수 있게 되었다. 여기에 1910년 12월에는 津浦鐵路의 북단인 톈진에 서 황하 북안의 樂口에 이르는 342.6km의 철로가 개통되었다.[41] 이 철 도는 이미 1904년에 개통된 교제철로와 연결되었다. 1912년 津浦線이 완성된 이후 철도의 배후지 시장에 대한 운송 분담률은 50%대가 넘어 섰고, 1920년대에 들어서면 모든 교통수단 중 확실하게 우위를 차지하 게 된다.[42]

톈진은 개항장 중 가장 완벽한 배후 물류 철도망을 가진 항구였다. 따라서 톈진의 대외 무역 역량은 배가될 수밖에 없었다. 톈진을 중심 으로 한 화북 지역의 근대무역이 중국 대외 무역에서 차지하는 비중은 1895년 이전에는 평균 3.6%에 불과하였다. 물류망이 갖추어지는 1905 년을 전후한 시기에 가면 9%대로 상승하였다. 화북이 차지하는 비중 은 1896년에서 1913년까지는 평균 7.7%, 1914년에서 1921년까지는 11.4%, 1922년에서 1931년까지는 13.1%로 확대되었다. 이러한 화북지 역의 경제적 지위의 향상에는 물류망을 완비한 톈진무역의 발전이 중

---

40 張瑞德, 『平漢鐵路與華北的經濟發展』, 中央硏究院近代史硏究所, 1987, 59~70쪽 참조.
41 馬里千・陸逸志・王開齊 編, 『中國鐵路建築編年簡史(1881~1981)』, 中國鐵道出版社, 1988, 13~26쪽.
42 1925년이 되면, 국내 정세의 불안과 내전으로 인하여 철도운송에 장애가 발생한다. 따라서 1925년 이후 한동안 철도의 운송 분담률은 떨어져서 50% 아래로 내려가기도 한다. 『1925~ 26年 津海關貿易報告』.

요한 역할을 하였다. 또한 20세기 이전 화북 지역에 주요 개항장이 3개에 불과했던 시기 톈진항이 화북 지역 수출입 총액에서 차지했던 비중은 평균 79.3%에 달했다. 독점적 위치는 20세기 초 다소 둔화되었지만, 물류망이 완비되면서 톈진의 비중은 1913년 이후 다시 60%대로 회복되면서 화북 경제의 중심 개항장이 되었다.[43]

2) 배후지 시장과 새로운 네트워크의 형성

따라서 새로운 교통-물류망을 통해서 보다 강고한 배후지 시장과의 네트워크가 형성하게 되었다. 특히 시장네트워크가 중요한 역할을 하게 된 것이다. 전통시기 톈진의 배후지 시장 범위는 직예, 산동, 하남, 산서, 섬서, 수원성 일부가 개략적으로 그 범위 안에 들었다. 津海關 常關報告와 貿易報告에 보이는 지역별 상품 판매 현황 분류를 보게 되면, 역시 직예, 산동, 하남, 산서, 섬서 등이 주된 배후지 시장으로 보고되고 있다.

그런데 1902년부터 1904년까지 톈진이 배후지 시장에 판매한 상품 총액 중 직예 지역이 차지하는 비중은 각각 68~70%로 절대 우위를 차지하고 있다. 다음은 산서 지역으로 17~20%이었고, 산동과 하남이 각각 4~6% 정도를 차지하였다. 톈진의 배후지 시장은 직예 지역과 산서 지역에 집중되었다. 따라서 전통시대에 비해서, 상대적으로 산동과 하남 지역의 비중이 약화되고 있음을 알 수 있다.

---

43 各年海關報告에서 작성.

1905년에 가면, 톈진이 직예와 산서 지역에 판매한 상품은 화북지역 총무역량의 80%를 차지하였고, 하남과 산동은 漢口에 밀려서 각각 2% 대에 머물렀다. 반대로 새로운 배후지 시장으로 지린吉林과 펑톈奉天 지역이 각각 7%, 5%를 차지하면서 새로운 시장으로 등장하였다. 1910년에도 기본적으로 톈진의 배후지 시장 무역량 중에서 직예와 산서 지역이 74%, 감숙 지역이 12%, 하남 지역이 5%, 산동 지역이 3%를 차지하였고, 펑톈과 장자커우張家口가 각각 2%와 3%를 차지하였다. 1910년대에 들어오면 톈진의 배후지 시장은 직예와 산서 지역에 감숙 지역이 포함되어서, 이들 3개 지역을 축으로 하는 배후지 시장을 형성하였다.[44] 결국 전통적으로 톈진을 중심으로 한 느슨한 배후지 시장의 영역이었던 하남과 산동 지역은 근대무역의 재편 과정에서 지리적으로는 화북 지역이지만 화중지역의 한커우의 영향을 받으며, 새로운 시장 네트워크로 재편되는 변화가 발생하였다.

3) 톈진상회와 새로운 상회 네트워크의 형성

중국이 개항한 이후 1894년까지 중국에 투자한 양행은 모두 857개였다. 그 중심에 있었던 영국의 경우 1894년 까지 총 191개의 양행을 설립하였는데, 그 중 상하이에 78개, 톈진에 16개, 광저우에 9개, 한커우에 7개, 나머지 기타 개항장에 설립되었다. 영국 상인들은 이미 1834년에 광

---

44 津海關 貿易報告 1910年.

저우 영국상인상회를 만들었다. 이를 토대로 1836년에는 광저우에 모든 외국 양행을 망라하는 양상총회를 설립하였다가 아편전쟁으로 해산하였다. 1847년 외국 양행들은 상하이에서 상하이양상총회를 수립하였고, 1861년에는 홍콩양상총회가 설립되었다. 1904년 중국에서 상인상회가 설립되기 전까지 광저우, 상하이, 홍콩, 톈진 등 6개의 양상총회가 수립되었고, 1923년에는 총61개의 양행총상회가 수립되었다.[45]

톈진양상총회는 1887년에 7개의 영국 양행, 4개의 독일 양행, 3개의 러시아 양행, 1개의 프랑스 양행, 中國大淸銀行[46] 등 17개 회원이 참가하여 설립되었다. 톈진양상총회는 영국, 미국, 프랑스 양행이 중심되어 톈진의 외국 상인의 이익을 대표했다. 이외에도 톈진에는 영국양상총회, 일본양상상회, 미국양상상회, 독일양상상회, 중국프랑스양상상회처진분회 등 5개의 상인 단체가 존재하였다. 이들 상회들은 본국 상회와 긴밀한 관계를 가지며, 각 국가의 정치와 경제적 이익 증진을 위해 노력하였다.

중국의 근대적 상회네트워크의 출현은 바로 이들 양상총회로부터 강한 영향을 받았다. 특히 대외무역을 중심으로 양행들의 영향이 증대되어 중국 상인들의 경쟁력이 나날이 약화되면서 위기의식이 고조되었다. 이에 1890년부터 상회설립을 주장하는 의견들이 본격적으로 등장하였다. 이른바 '商戰'이라는 어려운 상황 속에 처한 스스로 변화를 추구하면서, 동시에 국가적 지원을 요구하게 된 것이다.

---

45 虞和平, 『商會與中國早期現代化』, 上海人民出版社, 1993, 62쪽.
46 대청은행은 단기간 참가하였다.

1903년 청정부는 商部를 만들어, 상공업을 진흥시킬 중앙기구를 정비하였다. 1904년 1월 11일 상부는 민족공상업을 진흥시킬 정책의 하나로 근대적 상인단체인 ― 商會를 조직할 것을 상주하였다. 1904년 초 "商會簡明章程"에 반포되고, 상하이에서 上海商務總會가 수립된 이후 각지에서 상회가 조직되었다.

　　톈진에서는 1904년 3월 초 상부로부터 상회 조직에 대한 공문을 받았다. 이에 1904년 11월 16일 상부의 비준을 받아, 商務公所가 天津商務總會로 정식으로 창설되었다. 톈진상무총회는 61개 상인의 발기로 총 32개 行業이 참가하였고 입회한 상호는 총 581개였다. 이후 1911년까지 직예성(하북성)에는 50개 주현에 商務分會 내지 商務分所가 형성되었다. 1916년에 가면 총 119개의 현 중 109개의 현에 상무분회가 설립되었고, 1928년에 가면 129개의 상회가 설립되어 전국 상회 총수의 8%를 점하였다.[47] 이를 통해서 과거 회관, 공소, 各種會, 방 등으로 칭해졌던 전통 상인 조직의 지역적, 업종별 폐쇄성에서 벗어나, 보다 근대적이고 광범위한 네트워크를 형성하는 계기가 만들어지게 된 것이다. 근대 자본주의 시장체제하에서 상회가 중심이 되어 광대한 향촌시장을 하나의 네트워크로 연결할 수 있는 체제가 태동하게 된 것이다. 인구 20만의 전통도시이자 북방경제의 중심지였던 톈진은 수도 베이징의 방벽으로 다소 늦게 개방되었다. 대외무역으로 톈진은 자본주의 세계시장과 화북 경제를 연결하는 매개이면서, 동시에 중국 국내 시장체제를 형성하는 구심점의 역할을 수행하였다.

47　張學軍, 「直隸商會與鄕村社會經濟」, 河北師範大學 博士論文, 2007, 21쪽.

5. 톈진과 화북경제권의 근대화 모색

　1860년 영국, 프랑스, 미국의 조계를 시작으로 톈진에 수립된 톈진 조계는 1903년 초에 8개국 조계로 완성되었다. 총면적 23005.5무로 톈진 舊城 지역의 2950무의 7.8배에 해당하는 규모였다. 이러한 조계의 발전은 톈진 경제의 중심 이동을 야기하였고, 이에 대응하는 과정에서 중국 최초의 근대적 도시계획에 입각한 근대도시로 확대 재편되었다. 이 과정에서 만들어진 새로운 구역과 이를 연결하는 도로망은 톈진을 근대도시로 발전하는데 기여하였다. 도시의 확대에 따른 인구의 이입은 도시 인구의 규모를 확대시켰다.

　조계에서 이루어진 양행의 대 톈진투자는 상공업에 있어 새로운 관계망의 형성을 야기하였다. 자본주의적 성격을 가진 양행의 투자와 전통상공업과의 접촉은 톈진 경제에 영향을 미쳐, 새로운 변화와 변형을 야기할 수밖에 없었다. 이러한 과정에서 등장한 매판은 양행과 톈진, 화북 경제를 연결하는 매개체의 역할을 수행하였다. 한편 양행의 대 톈진 투자는 자본주의적 경제관계를 발전하는데 공헌했지만, 주로 대외무역을 중심으로 한 상업부문과 조계 공공사업 부문에 집중되었다. 상대적으로 상하이에 비해 자본주의 공업에 대한 투자는 적었고, 그 영향력 역시 일정 정도 한계를 가졌다. 다만 1920년대 본격적으로 일본이 화북경제에 대한 투자를 확대하면서, 톈진 공업에 강한 영향력을 행사했다.

　한편 8개국 조계를 운영하기 위해서 만들어진 각 조계의 자치제는 서구의 근대 지방자치체를 옮겨 놓은 것으로 초기에는 자신들만의 자치체였다. 그러나 중국인의 이입이 증대되고, 중국인들의 역량이 증대되면서, 사실상 중국인과 서양인 사이의 새로운 관계가 형성되었다. 동시에 이들 자치체들은 20세기 초 '신정'기 중국의 자치운동 — 특히 톈진의 지방자치운동에 영향을 미쳤다.

한편 새로운 대외 지향적 경제의 발전은 새로운 교통망 — 철도와 기선을 매개로 톈진 화북 경제의 중심시장을 제남·석가장·진황도 등 중간시장, 주변 농촌시장이라는 삼중구조를 가진 경제망으로 연결하였다. 톈진은 이러한 경제권의 형성 과정에 과거 북방 7개 성이라는 광범위한 북방경제에서 보다 긴밀하고 강한 영향력을 행사하는 하북, 산서, 산동의 일부를 포함하는 좁은 의미의 화북 경제권의 중심도시로 성장하였다.

이러한 새로운 화북 경제권은 양행에 대항하는 과정에서 형성된 근대적 상회를 중심으로 인적 관계망을 형성하였다. 상회는 과거 지역적이고 폐쇄적이던 상인관계망의 한계를 벗어나 다양한 업종과 상인을 포함하고, 다른 지역 상회와의 관계를 통해서 새로운 경제적 관계망을 형성하였다.

참고문헌

高艶林,「試論天津由'衛'改'府,縣'之人口原因」,『近代華北區域社會史』, 天津古籍出版社, 2005.

_____,『天津人口研究』, 天津人民出版社, 2003.

羅謝偉 編,『近代天津城市史』, 中國社會科學出版社, 1993.

方顯廷,『天津地毯工業』, 南開開大學社會經濟研究委員會, 1930.

_____,『天津織布工業』, 南開大學經濟學院, 1931.

_____,『天津針織工業』, 南開大學經濟學院, 1931.

樊如森,『天津港口貿易与腹地外向型經濟發展(1860～1937)』, 夏旦大學校.

楊子慧 編,『中國歷代人口統計資料研究』, 改革出版社, 1996.

吳弘明 編譯,『津海關貿易年報』, 톈진사회과학원출판사, 2006.

汪敬虞,『中國近代工業史資料』第2輯, 科學出版社, 1957.

王學海,「舊中國外商在天津設廠行名錄」,『天津歷史資料』 19, 天津社會科學院歷史研究所.

虞和平,『商會與中國早期現代化』, 上海人民出版社, 1993.

李文治・江太新,『淸代漕運』, 中華書局, 1995.

李華彬,『天津港史(古・近代部分)』, 人民交通出版社, 1986.

張利民,「論近代天津城市人口的發展」,『城市史研究』第四輯, 天津社會科學出版社, 1991.

_____ 編,『解讀天津六百年』, 天津社會科學院出版社, 2003.

張瑞德,『平漢鐵路與華北的經濟發展』, 中央研究院近代史研究所, 1987.

張學軍,「直隷商會與鄕村社會經濟」, 河北師範大學 博士論文, 2007

天津檔案館,『天津租界檔案選編』, 天津人民出版社, 1992.

天津社會局,『天津特別市統計彙編』, 民國17年.

天津市政協文史資料研究委員會,『天津的洋行和買辦』, 天津人民出版社, 1987.

吳甌,『天津市紡紗業調査報告』, 天津社會局, 1931.

馬里千・陸逸志・王開濟 編,『中國鐵路建筑編年簡史(1881～1981)』, 中國鐵道出版社, 1988.

개항기 인천의
일본인 정착과 관계망

차철욱

1. 인천의 조건 – 위기와 기회

인천이 개항장으로 결정되는 과정은 다양한 변수들이 고려되었다. 인천 개항이 지리적으로 서울에 가깝다는 이유는 조선 정부로서는 꺼리는 점이었으나, 반대로 개항을 요구하는 나라로서는 당연한 논리였다. 그런데 인천은 앞바다의 수심이 얕고, 간만의 차가 심하다는 자연지리적인 이유로 초기 개항 대상 지역에서 배제되기도 하였다. 하지만 일본 해군성은 군사전략적 관점에서 서울과 가까운 곳으로 결정하기를 원하였다.[1] 그런 점에서 인천 개항은 군사전략적인 관점이 강하게 작용했다고 할 수 있다. 부산 개항이 개항의 명분과 경제적인 목적이

---

[1] 「朝鮮開港論」, 『東京經濟雜誌』 138호(明治 15년 11월 18일).

더 강했다는 것과 비교된다. 이러한 개항의 고려사항은 개항장으로서 인천을 연구할 때 중요시해야 할 부분이다.

개항기 동안 인천은 서울에서 벌어지는 정치적 상황과 밀접하게 관련되어 있었다. 조선 정부 내부의 정치적 혼란, 조선과 일본, 일본과 청 등 다양한 형태의 정치적 대립은 서울의 출입구였던 인천에 영향을 미쳤다. 특히 임오군란 당시 하나부사공사가 피신을 한 곳이 인천 앞바다 월미도였고, 갑신정변 때 서울을 떠난 일본 관료와 군인들이 인천을 거쳐 일본으로 피신하였고, 이 때 사망한 군인들의 무덤이 이곳에 위치했다. 갑신정변으로 조선인들이 일본인과 거래를 피하면서 무역이 부진할 수밖에 없었다. 청일전쟁 때에는 전쟁 특수를 노렸으나 오히려 손해를 보기도 하였다. 청일전쟁과 러일전쟁 때에는 전쟁의 공포와 종군, 위문금 헌납 등으로 국가의 요청에 응해야만 하였다. 1895년 을미사변과 을미의병으로 인천 상인들의 조선내지 여행과 행상이 중지되고 개항장으로 철수하지 않을 수 없었다.[2] 중앙에서 발생하는 정치적인 격변으로부터 자유로웠던 부산의 상황과는 달랐다.[3]

한편 인천이 서울과 가깝다는 이유로 서양과 청국 상인들의 이주도 다른 개항장과 비교하면 많았다. 이 때문에 거류지 토지 분배와 관리 문제 때문에 여러 가지 갈등도 적지 않았다. 무엇보다 이들의 인천 진출은 상대적으로 자본력이 약한 일본인들이 감당해야 하는 다른 환경

---

2 仁川府, 『仁川府史』, 近澤商店, 1933, 315~541쪽.
3 「東萊府 別將 朴琪琮の京城歸來談」, 『釜山府史原稿』 6, 278~279쪽. 당시 부산의 일본 영사관에서는 서울에서 발생한 사건에 대한 상세한 정보를 확인할 수 없어, 서울을 다녀온 박기종으로부터 정보를 수집하였다.

이었다. 청국 상인들의 인천과 조선 내륙 진출에 대해 개항 당시 일본인 외교관들의 우려가 전파를 타고 본국에 전달되었다. 이처럼 인천에서 벌어지고 있던 각국 상인들과의 경쟁은 인천의 일본인들의 정착에 장애로 작동하였다.

이상의 조건은 인천의 일본인에게 위기일 수 있었으나, 다른 한편으로는 기회로 작용할 수도 있었다. 대규모 소비시장을 가까이 둔 덕분에 인천은 대표적인 무역항으로 성장할 수 있었고, 이 경기를 이용한 일본인의 성장도 가능했던 것이다. 각종 위기 속에서 진행하는 상인들의 모험적은 활동은 그만큼 더 큰 이익을 올릴 수 있었다. 그리고 서울과 경기도뿐만 아니라 황해도와 평안도까지 시장을 확대할 수 있는 기회도 동시에 존재했다.

이 글은 개항장 인천이 근대도시로 발전해 나갈 수 있었던 조건으로, 첫째 서울의 위성도시로서 정치적 영향력이 강하게 작용한다는 점, 둘째 인천 개항을 통해 경제적으로 이익을 획득하려는 다양한 세력들이 집중한다는 점, 셋째, 인천의 일본인들에게 주어진 정치적 경제적 위기와 기회가 동시에 공존했다는 점이다. 이상의 요소를 염두에 두면서 개항장에 진출한 일본인들이 인천에 정착해 가는 과정을 검토하려고 한다. 이를 위해 일본인들이 인천에서 만들어 가는 관계망을 분석 대상으로 한다.

2. 인천 이주 서양인과 일본인의 관계

1) 개항기 인천의 인구 구성

개항과 동시에 인천에는 다양한 국가 출신자들이 이주해 왔다. 인천의 구성원을 당시의 자료로 확인하면 다음과 같다.

〈개항기 인천의 국가별 인구 구성〉

국별	1901	1902	1903	1904	1905	1909	1910	1911
일본	4,628	5,136	6,433	9,484	13,002	10,907	13,315	15,148
한국	11,158	9,803	9,450	9,039	10,654	15,711	12,711	14,820
청국	1,646	956	1,165	1,063	1,009	2,041	2,069	2,806
영국	23	64	95	75	72			
미국	12	14	13	9	9			
프랑스	8	7	7	9	8			
독일	15	11	27	21	21			
러시아	-	3	-	-	-			
이탈리아	5	4	1	1	1			
스페인	1	1	-	-	-			
포르투갈	8	7	3	2	1			
네덜란드	2	-	-	-	-			
그리스	1	1	3	3	4			
덴마크	-	2	3	-	-			
합계	17,507	15,959	17,138	19,661	24,737			

相澤仁助, 『韓國二大港實勢』, 1905, 284~285쪽; 仁川府, 앞의 책, 1933, 6~9쪽.

위 표에서 인천의 일본인 증가 폭을 확인할 수 있다. 러일전쟁을 전후한 1904년 이후가 두드러진다. 그런 반면 조선인의 인구는 감소 혹은 답보상태이다. 오히려 일본인보다 적어지고 있다. 일본인은 정치적 안정기를 맞이하면서 이주인구가 급증하는 반면 조선인의 경우에는 부산의 상황과 달리 대규모 토목공사가 없어 인구 흡입력이 낮았던 것으로 보인다. 아마, 인천보다는 더 큰 소비시장이 있는 서울로 향했을 가능성이 크다. 부산의 경우 일본인과 조선인의 증가가 동시에 진행되고 있다. 부산은 1910년을 전후해 북항 매축과 부산진매축, 영선산착평공사 등 대규모 토목공사가 진행되면서 노동자의 유입이 많았다.

〈개항기 부산의 국가별 인구 구성〉

	일본	한국	독일	영국	오스트리아	러시아	미국	청	계
1899	6,326		-	-	1	-	-	-	1
1900	6,097		2	2	1	2	1	-	8
1901	7,029		2	2	1	-	-	5	10
1902	9,691		2	-	1	1	-	-	4
1903	11,388		6	1	-	-	-	-	7
1904	11,996		2	1	-	-	-	-	3
1909	21,697	20,568							
1910	21,928	20,990							
1911	25,252	22,610							

相澤仁助, 『釜山港勢一斑』, 日韓昌文社, 1905, 242~244쪽; 森田福太郎, 『釜山要覽』, 1912, 10~14쪽.

　　인천과 부산의 인구현황에서 두드러진 특징은 외국인 관련이다. 인천의 경우에는 청국인 외에도 미국, 영국, 프랑스, 독일, 러시아, 이탈리아, 스페인, 포르투갈, 네덜란드, 그리스, 덴마크 등 다양하다. 물론 이 가운데 가장 많은 국가는 청나라 인들로 매년 1천여 명을 헤아린다. 그 뒤를 이어 영국, 미국, 독일 순이다. 그런 반면 부산에는 서양인들이 거주하고 있었으나, 1~2명에 지나지 않는다. 대체로 세관 관리 혹은 선교사들이었다. 인천의 서양인들은 사업가들이 많았던 반면, 부산에는 회사를 운영한 서양인은 없었다.

외국인이 개항장 인천으로 들어 오면서 각국 조계가 분배되었다. 일본인 조계 약 7,000평, 청국 조계 약 5,000평, 각국조계 약 14만 평 정도로, 전체 15만여 평 이었다.[4] 일본과 청국 조계는 이주 초기부터 공간이 부족하여, 조계확장 교섭이 계속 추진되었다. 그렇지만 일본 조계확장은 다른 국가들의 견제로 쉽게 이루어지지 못하고, 오히려 일본인들이 타 국가 조계로 들어가 지대를 지불하고 생활하였다. 1903년 현재 각국거류지 내 일본인은 3,150여 명, 유럽인은 70여 명, 일본거류지에는 2,200여 명이 살고 있었다.[5] 일본인들이 그들의 거류지보다 각국거류지에서 더 많이 살았다. 거류지를 제외한 주변으로 조선인 주거지가 위치했다. 용동, 탁포, 답동, 화개동, 화동, 만석동 등이 조선인 마을이었다. 하지만 일본과 청국거류지가 부족해지면서 조선인 주거지가 거류지 확장 구역으로 편입 되었다. 『인천항안仁川港案』『인천항관초仁川港關草』 등 인천개항장 관련 조선 정부 측 자료에는 거류지 변경과 관련하여 조선인 민가나 무덤의 이전보상과 관련된 분쟁 보고가 적지 않았다. 특히 화동 일대는 조선인과 일본인이 섞여 사는 대표적인 마을이 되었다.[6] 한편 조선인 상인이 일본인거류지 안으로 이주해 와서 생활하는 자들도 있었다. 일정한 절차에 따라 허가할 수 있도록 인천의 영사가 일본 외무대신에게 서신을 보내고 있다.[7]

---

4   손정목, 『한국개항기도시변화과정연구』, 일지사, 1982, 138~168쪽.
5   相澤仁助, 『韓國二大港實勢』, 1905, 285~286쪽
6   小川雄三, 『仁川繁昌記』, 朝鮮新報社, 1903, 108~110쪽.
7   仁川府, 앞의 책, 1933, 489~490쪽.

개항장 인천의 조계에서 생활하던 외국인들의 존재형태를 잘 보여 주는 하나의 화재사건이 있었다. 1896년 1월 31일 밤 삼리채三里寨에 살고 있는 일본인 中尾直助治 집에서 화재가 발생해 옆에 있는 상인 野田鐵男·內田幷吉·姬野平次郎의 세 점포와 조선인 하운향河雲鄕의 집과 청국인 隋明謙의 집 등 여섯 집이 모두 탔다.[8] 한 번의 화재로 일본인, 조선인, 중국인들이 화재로 피해를 입을 정도로 가까운 거리에서 살고 있었음을 알 수 있다.

한편 1889년에는 인천 내 거류지의 운영을 위해 조선지방관리, 토지소유자 소속 영사, 토지소유자 등을 구성원으로 하는 거류지회가 조직되었다.[9] 각국거류지에서 생활하는 외국인들은 각종 연회에서 만나 유흥을 즐기기도 했지만, 다른 한편으로는 각종 이권을 둘러싼 갈등을 빚기도 한다.

2) 서양인 자본과 일본인

개항장 인천으로 몰려드는 사람들이 부산보다는 인천에 집중한 것은 서울과 가까운 곳에 위치하고 있다는 점일 것이다. 서양인들에게는 서울이 조선에서 가장 큰 수입품 소비시장이었으며, 각종 특혜를 얻기 위한 정부가 존재한다는 점에서 부산보다 인천이 더 매력적이었다. 이런 점에서 상인들에게 인천은 부를 축적할 수 있는 기회의 땅인 동시에 더

---

8 『仁川港案』1책, 1896.2.21.
9 仁川府, 앞의 책, 1933, 143~145쪽.

욱 치열하게 경쟁해야 하는 위기의 장소가 될 수도 있었다. 조선 개항에 절대적인 영향력을 행사한 일본인이라고 해서 예외는 아니었다.

일본인들이 개항장 인천에서 조우한 대상은 개항 후 집중하는 다양한 상인들이었다. 서양인, 중국인, 조선인으로 나누어볼 수 있다. 이들과의 경쟁에서 살아남아야 정착할 수 있었다. 개항 직후 일본인의 상업 활동을 위축시킨 것은 서양계 회사들이었다. 이들은 대규모 자본과 조선 정부의 후원을 받고 있었던데 비해 일본인 상인들은 그렇지 못했다.

대표적인 회사는 영국계 이화양행(1883년 설립), 독일계 세창양행(1884년 설립, 독일 함부르크 상인 에드워드 마이어), 미국계 타운센트상회(1884년 설립), 광창양행(1890년 설립, 영국인 베네트), 홈·링거상회(1896년 설립, 러시아계) 등이 활약하고 있었다.[10]

인천의 일본인에게 서양인들과 그들의 회사는 조선 정부로부터 특혜를 받는 것으로 인식되었다. 세창양행은 조선 정부에 20만 원 차관을 제공하면서 홍삼, 금, 양포洋布 등을 일수로 인수하고, 독점 수출입을 허가받았다. 타운센트상회는 조선 정부에 기선을 구입해 주고, 화약제조권과 평양광산을 인수할 수 있었다. 중요 수출품인 우피독점수출권도 확보했다. 서양인 회사들이 누리고 있는 특혜에 대해 인천의 일본 영사는 일본 정부의 강력한 개입으로 일본 상인들도 조선 정부로부터 독점권을 획득하기를 기대했다.[11]

그런데 서양인 회사와 일본인의 관계는 대립적이지만은 않았다. 일

---

10 조기준, 『한국기업가사』, 박영사, 1973, 29~30쪽.
11 仁川府, 앞의 책, 1933, 381~382쪽.

본인 가운데 서양계 회사와 적극적인 관계를 만들어 가는 경우도 확인할 수 있다. 奧田貞次郎는 1888년 인천으로 건너와, 1893년 미국계 회사인 타운센트상회와 함께 정미업에 투자하고, 奧田商店을 개설하였다. 뿐만 아니라 1898년에는 타운센트상회가 수입하는 석유의 한국 총지배를 담당하고, 1900년 인천에 석유상조합을 조직하였다.[12] 한편 그리스인 필립과 지배인 영국인 2명이 1902년 5월 동양연초회사東洋煙草會社를 설립하여, 그동안 조선에 수입되던 엽권련초를 직접 제조하게 되었다. 奧田貞次郎은 이 회사 생산품의 국내 판매권을 장악하였다. 이러한 방식을 영일동맹으로 받아들여져 본인도 출자를 계획하였다.[13] 이처럼 외국계 회사와 공동투자를 배경으로 성장한 奧田는 무역상으로 인천곡물협회(1903), 수출곡물조합(1902), 정미판매조합(1905) 등의 조합장이 되어 인천의 실력자로 부상했다. 그리고 1908년 현재 인천일본인상업회의소 부회두, 인천거류민회 의원 등 인천에서 정치 경제계에 거물로 성장한다.[14] 그는 서양인 회사의 경제력을 배경으로 급성장의 기회를 마련하였다.

---

12 中田孝之介, 『在韓人士名鑑』, 1905, 102쪽.
13 外務省, 「仁川ニ於ケル東洋煙草會社設立ニ關スル件」(明治 34년 6월).
14 인천광역시 역사자료관 역사문화연구실, 『譯註 仁川開港25年史』, 인천광역시 인쇄정보산업협동조합, 2004, 117~120쪽.

3. 인천 내에서 일본인-조선인의 갈등과 공존

1) 일본인 상인과 조선인 객주의 공존방식

개항 초 인천의 일본인들이 조선인들과 대면할 수 있는 기회는 개항장에 들어온 조선인과의 접촉이 우선이고, 이후 내지행상이 진행되면서 중매자와 내륙 소비자들과의 관계로 확대되었다. 개항장에서 일본인이 만나는 조선인은 개항장 주변의 거주자, 조선인 상인, 고용인 등이었다. 조선인과 일본인의 관계는 갈등과 협력의 양면적인 모습을 보인다. 조선 정부의 통제정책과 여기에 편승한 상인과는 갈등을, 조선 정부의 정책으로부터 피해를 입는 상인과는 협력관계가 유지되었다. 이러한 양상은 조선 정부의 개항장 거래 정책, 즉 특권객주제와 '만석동회선령萬石洞廻船令'이다.

개항 직후 일본인들은 개항장을 벗어날 수 없었다. 개항 조약에서 거류지 외국인들의 이동을 제한한 '간행리정間行里程'의 규정 때문이었다. 조선인 상인들은 대체로 문옥 혹은 객주로 불렸다. 일본인들에게 이들은 뜨거운 감자와 같은 존재였다. 개항장에서 조선인 객주는 일본인들의 경제적 이득에 중요한 요소이면서 동시에 한계이기도 하였다. 이들은 일본인들의 수출입 물자를 소비 혹은 수집하는 역할을 하였다.

개항되자 곧 서울상인들 가운데는 제물포에 5, 6채의 가옥을 짓고 거래를 시작하기도 했다. 앞서 개항되었던 부산에서도 조선상인이 이주해 왔다.[15] 이 외 전통적인 상업도시인 개성과 대청 무역의 중심지였던 의주, 인천에 가까운 해주 등[16]에서 상업적인 경험이 풍부한 상인들이 이주하였다. 일본인들은 개항 초기에는 주로 잡화를 수입하여 객주의 손을 거쳐 조선인 소비자에게 팔았다. 1890년부터 시작된 대일 미곡수출이 증가하면서 객주의 역할은 더욱 중요해졌다. 아직 내지행 상이 원활하지 않던 상황에서 일본인 상인은 미곡수집 및 운송을 위해 조선인 객주에게 의존할 수밖에 없었다.

그런데 일본인들의 부담을 가중시킨 것은 조선 정부의 정책이었다. 소수 객주에 대한 특권부여였다. 조선 정부는 1889년 25명의 객주에게 구문을 받을 수 있는 독점권을 제공하고 10,000냥의 영업세를 납부토록 하는 25객주제를 실시하였다.[17] 소수의 객주들만이 일본인과 거래할 수 있게 하고, 거래의 과정에서 일정한 수수료를 징수할 수 있는 독점권을 부여했다. 25객주들은 반대급부로 조선 정부에 영업세를 납부해야 했다. 이 정책은 특권객주에서 배제된 객주들의 불만으로 시행된 지 9개월만인 1893년 4월에 폐지되었다.[18] 그런데 이 제도는 1893년에 인천항 감리의 모의로 당시 60명 정도이든 객주 가운데 20명의 객주에게 특권을 주는 형식으로 다시 진행되었다. 특권객주에서 탈락한 자들은 이러한 방식에 반발하였고 또 내륙의 하주들도 그동안 거래로 신용을 유지해 온 객주들 대신 특권 객주와 거래하는 것이 불편하여 화물을 위탁하지 않았다.[19] 이처럼 특권 객주를 활용하려던 조선 정부의

---

15 外務省, 「仁川港之部」, 『通商彙編』(明治 16년 상반기), 237쪽.
16 오미일, 「開港(場)과 移住商人–開港場都市 로컬리티의 형성과 기원」, 『한국근현대사연구』 47, 한국근현대사학회, 2008, 55쪽.
17 박수경, 「개항기 인천항 객주에 관한 연구–1883~1894」 이화여대 석사논문, 1983, 14~37쪽.
18 『仁川港關草』(1893.4.22, 통리교섭통상사무아문 → 인천감리).
19 「朝鮮國仁川港の二十軒問屋」, 『東京經濟雜誌』 673호(1893.5.6). 기존 연구에서는 1893년 20객주들에게 특권을 부여하는 정책에 대해서는 논의가 없었다. 일단 이 자료에서 확인

정책은 조선인 객주들 사이의 내부 갈등으로 폐지되었다. 이 제도는 일본 상인에게도 예민한 문제여서 일본 경제전문 잡지에서도 거론될 정도였다. 조선 정부의 정책은 특권에서 배제된 조선인 객주와 일본인 상인들에 의해 수용되지 못했다.

또 다른 사건의 하나는 '만석동회선령萬石洞廻船令'이다. 1890년 이후로 인천항의 수출입 물량은 급속히 증가하였다. 조선인 객주들이 전통적으로 이용해 오던 한강 입구에 있던 항구인 만석동은 감리서의 감시 아래 거래 관세를 부과할 수 있는 장소였다. 그런데 만석동은 인천항에서 다소 떨어져 있는 곳이어서 조선인 선주와 일본인 상인들은 관세 회피와 이동의 편리 때문에 이곳을 피하고 외항(만석동 바깥)을 이용하였다. 조선 정부는 1893년 1월 모든 출입선박에 대해 외항 출입을 금지토록 하였다. 몰래 홍삼을 반출하고 아편을 들여와 요행을 바라는 범죄행위가 있다는 논리를 내세웠다.[20] 인천의 일본 상인과 영사는 곧바로 이 제한의 철폐를 요구했으나, 조선 정부가 거절하자 금지령이 해제될 때까지 조선인 객주와 모든 거래를 거절하였다. 이에 대해 일본인 상업회의소는 다음과 내용으로 대응하였다.

① 만석동 기타 일본거류지 외에서 사고팔지 말 것, ② 회원 중 정박한 풍범선으로 하수문옥에 의하지 않고, 이에 매매하는 자는 거류지 영업규칙 위반으로 처분할 것, ③ 이해관계가 동일한 조선인 문옥과는 친밀한 연락을 통해 배제의 운동을 소홀히 하지 않을 것, ④ 일본우선

된 내용이기 때문에 앞으로 국내 자료의 확인이 필요한 부분이다.

20 『仁川港關草』(1892.12.2・12.10, 통리교섭통상사무아문 → 인천감리).

은 2월 2일 이후 곡물 예정증권발행을 중지할 것, 또 세 은행(제일은행, 제18은행, 제58은행)은 대출과 환전 중지를 조회하고, 본 규칙의 집행을 견고히 할 것, ⑤ 서양상인, 청국상인의 곡물매입을 감시하는 것 등으로 한국 정부의 반성을 촉구하고 그 효과를 극대화할 것[21] 등이었다. 일본인 상업회의소의 저항으로 조선 정부는 위 조치를 다음 해 2월 중 지하지 않을 수 없었다.[22] 일본인 상인과 이들과 경제적 이해를 같이 하는 조선인 객주들의 연대로 가능했다.

이처럼 특권객주제와 만석동회선령 같은 조선 정부의 정책은 인천 내 일본인과 대부분 조선 상인들에 의해 거부되었다. 이 무렵까지 인천 에서 조선인과 일본인의 경제적 이해관계가 일치하는 부분이 많았다.

하지만 1900년을 전후하면서 조선인 상인과 일본인 상인들의 관계가 각각의 역할에 따라 구분되기 시작했다. 청일전쟁 이후 일본으로 미곡 수출이 증가하면서 조선인 상인들은 1896년 11월 인천항신상회사(신상 협회)를 조직하였다. 미곡이 인천에 도착하면 조선인 중매인의 손을 거 쳐 일본 수출상에게 판매되는 구조였기 때문에,[23] 인천의 일본인 미곡 수출상은 1902년 한국신상조합의 중매역할에서 불리한 관계를 벗어나 고, '폐해를 피할 목적'으로 조합원 16명으로 구성된 곡물수출조합을 만 들어 영사관의 인가를 받았다. 그리고 공익조共益組(협동구입조합協同購入 組合)도 조직하였다.[24] 다음 해인 1903년에는 전부 일본인으로 구성된

---

21 岡木保誠, 『仁川商工會議所五十年史』, 1934, 9쪽.
22 仁川府, 앞의 책, 1933, 1029쪽.
23 「米穀輸出慣習一斑報告ノ件」(明治 35년 9월 30일, 인천 영사 → 외무대신), 「輸出穀物商 組合設立ノ件」(明治 35년 10월 3일, 인천 영사관 → 외무대신)
24 仁川府, 앞의 책, 1933, 1177~1178쪽.

조합원 43명의 인천곡물협회를 만들었다.[25] 물론 미곡수출관련 조합은 부산의 부산미곡수출상조합(1901), 부산곡물상조합(1901)의 설립에 비하면 한 두 해 정도 늦었다.[26] 점차 미곡 수출에서 일본인 상인들의 독점적 지위를 확보해 가려는 움직임을 확인할 수 있다.

일본인들의 상업단체는 단순한 조선 정부의 정책에 저항하는 단계에서 보다 적극적으로 조선인의 역할을 배제하는 과정에서 조직되었다. 개항장 조선인 상인 즉 객주들의 중매기능을 약화시키고, 일본인 중심으로 미곡 거래를 이끌어 가기 위해 조선인 객주들의 조직에 대응해 일본인 상인들도 곡물수출조합을 만들었다.

2) 일본인 투기꾼과 조선인 브로커

개항장에 일본인과 조선인 관계맺기의 또 다른 사례는 토지투기와 관련해서도 확인할 수 있다. 개항장 주변의 토지소유규정은 이 시기 조선 정부의 여러 가지 제도 가운데 강력하고 엄격하게 적용되었다. 외국인은 '거류지 밖 10리 범위 내에서만 토지·가옥을 임차 혹은 구매'할 수 있었다. 개항 후 조선으로 건너온 일본인들은 토지상품화의 분위기에 편승하여 토지 투자를 확대하였다. 기본적으로 개항장 밖에서 토지투자는 불법이었다.[27] 그렇지만 토지에 대한 불법투자는 일본

---

25 인천광역시 역사자료관 역사문화연구실 역주, 『譯註 仁川開港25年史』, 2004, 120쪽.
26 相澤仁助, 『釜山港勢一斑』, 日韓昌文社, 1905, 104쪽.
27 최원규, 「1900년대 일제의 토지권 침탈과 그 관리기구」, 『부대사학』 19, 부산대 사학회,

인이 조선에 정착하는 데 필요한 경제활동 가운데 하나였다.

　아래 표는 인천의 일본인들이 인천 주변의 토지투자 과정에서 사건화된 것들을 정리한 것이다. 대체로 일본인의 토지투자에서 문제가 되기 시작하는 것은 1896년 이후부터이다. 청일전쟁 이후 정치적인 안정이 시작되면서 토지투자가 확대된 것으로 보인다. 사건에 연루된 일본인들은 대체로 은행원, 토목청부업이나 상인들이었다. 투자대상지는 대체로 정부 소유지나 공유지였다. 이들의 토지매입은 불법이었기 때문에 거래과정에서 조선인을 내세웠다. 이중 매매로 인한 사기, 민전이나 민가를 무단 점령하는 상황이 자주 연출되었다. 이에 개입한 조선인은 토지거래와 관련해 다양한 경험을 지니고 있었던 것으로 보인다. 영종도 개간지와 민전을 침탈한 武川盛次의 대리인인 이치명과 유기풍은 鈴木銈次郎의 채석사업 때 사무를 본 유경험자였다. 유기풍은 뒷날 인천항 객주 김창영과 김관열의 직원으로 근무하기도 한다.[28] 개항장 주변의 시스템을 잘 이해하고 있는 조선인들이었던 셈이다. 토지를 몰래 구입하는 과정에서는 조선인 민간인만 개입되는 것이 아니었다. 영종도 토지의 경우에는 서울에 거주하던 鈴木銈次郎를 매개로, 조선 정부의 궁내부 관리 등 권력층들도 개입하고 있었다. 吉川佐太郎 또한 마찬가지였다. 민영주와 전궁내부대신 박제순 등에게 뇌물을 제공하여 토지 권리를 인정받았다. 일본인들의 토지확보는 낮은 차원에서는 개항장 주변의 조선인과 관련 있었지만, 좀 더 대규모일 경우에는 조선의 정

　1995, 535~537쪽.
28　강진갑, 「한말 일제의 토지침탈에 관한 일연구─1905, 6년간의 영종도사례를 중심으로」, 『동아시아문화연구』 10집, 한양대 한국학연구소, 1986, 172~174쪽.

부와 관료들도 개입되고 있었다. 더구나 吉川佐太郎은 이미 전남 목포 앞바다 고하도에서 토지투기로 커다란 이익을 경험한 자였다.[29]

그런데 일본인들은 이중으로 매입해 사기를 당했을 경우에 계속해서 소유권을 고집하거나, 무단으로 모군을 동원하여 조선인 민가를 파괴하는 방법으로 권리를 행사하였다. 稻田勝彦처럼 무단으로 축조한 표지를 철거하도록 조선 관리로부터 명령을 받지만 무시해 버리기도 하였다. 조선 정부에서 일본 영사관에게 일본인들의 불법을 조회 혹은 철회를 요청하지만 영사는 오히려 일본인을 보호하는 전형적인 제국주의적인 자세를 취하였다.

이처럼 개항장에서 일본인은 조선인 가운데 상인, 브로커, 노동자 등과 대면하였다. 이 가운데 개항장에 진출한 조선인과 이해관계는 대체로 유사하였다. 개항장에서 이들은 조선 정부의 정책을 거부하거나 무시하는 방식으로 대응하였다. 여기에 일본 정부의 영사 또한 일정한 역할을 하였다.

〈개항기 인천 일본인의 토지 투기 현황〉

대상	연도	구입자	매입방법	직업	중매인	거래문제 / 해결방법
만석동 산록	1896	稻田勝彦	허위매입	토목청부업		무단 石壩축조
탁포 앞 소갑도	1896	島內義雄	매입		黃谷民 金景國	정부소유 산 사기판매
민가	1898	大河原貞禧	민가훼철	외무성관리 / 무역업	南釗乭 金昌鍵	김창건 盜賣 남쇠돌 作奸 유경찬 居間

29 仁川府, 앞의 책, 1933, 474~476쪽.

월미도	1900	吉川佐太郎	僞賣	오백정상점 지점장	崔日善 金俊熙 林元植	민가 훼철(모군 동원) 3차에 걸친 훼철
영종도	1905	武川盛次	서울 鈴木銈次郎 개입	제일은행원	황석원 이치명 유기풍	표목 민전 침투
탁포	1897	大河元貞禧			曹夫成	조부성이 남쇠돌에게 전매 / 박성수가 독일상 모세을 판매(사기판매) / 주사 김창건이 남쇠돌과 부동하여 일인 대하에게 암매
화도진	1897	太田吉太郎			별장 김계현 → 趙聖老 →太田吉太郎	화도진 둔토

자료 : 『仁川港關草』; 中田孝之介, 『在韓人士名鑑』, 1905.

　　이상, 개항장 내에서 일본인과 조선인의 관계는 거래과정에서 갈등 요소도 많았지만, 개항장 내 자유로운 상거래를 제약하는 조선 정부를 상대로 하는 과정에서는 협력적인 부분이 많았다. 조선 정부가 개항장에 적용한 정책은 소수 조선인 특권상인을 제외하고는 대부분의 조선인과 일본인들로부터 외면 받았다. 일본인들의 조선인 토지침탈은 불법으로 진행되었다. 개항장에서 불법의 주체는 일본인과 이와 이해관계가 얽혀있던 조선인들도 포함되었다. 이들의 활동은 조선 정부의 제도에서 보면 불법이었지만, 개항장이라는 다양한 정치적 영향력이 행사되는 곳에서는 허용될 수밖에 없었다. 따라서 개항장은 국가에 포섭되지 않으려는 자들이 그들 방식의 도시를 만들어갈 수 있는 가능성이 존재하는 곳이었다. 물론 여기에는 제국주의 힘의 논리가 하나의 배경이 될 수 있었다.

4. 인천 일본인의 내륙 상업활동과 정치적 관계망

1) 내지행상단과 내지 조선인 관계

인천의 일본상인들은 수입물자를 조선인들에게 판매하고, 수출물자를 수집하여 일본으로 보내야만 이익을 실현할 수 있었다. 개항장과 내륙을 연결하는 존재를 조선인 객주에만 의존하지 않고 일본인 스스로 해결해 유통단계를 줄여 더 큰 이익을 확보하려 한 방법이 내지행상단의 파견이었다. 개항장에서 멀리 떨어진 내륙에서 상품을 판매하는 상인을 '내지행상內地行商'이라 한다. 조선 내륙에서 일본인과 조선인이 만나는 또 다른 방법이었다. 행상을 위해서는 우선 일본 영사로부터 내지통행증을 발급받아야 했다. 보통은 조선어가 가능해야 했다. 1897년 내지행상자 수는 부산, 원산에 각 100명, 인천에 대략 370~380명 정도였다.[30] 인천의 일본인이 내지행상에서 차지하는 위상을 짐작할 수 있다.

내지행상은 인천에 기반을 두면서 평양이나 개성 같은 큰 도회지에 상설점포를 차린 상인과 일정한 거주지가 없이 순회하는 행상으로 나뉜다.[31] 활동의 성격에 따라 판매를 목적으로 하는 자와 수집을 목적으로 하는 자로 구분된다. 내지행상단은 보통 10명 정도로 구성된다. 1조합에 1명의 의사를 포함시키고, 조선어 사용은 필수였다. 조선인을 상대해야 했기 때문에 언어는 중요한 문제였다. 만약 언어 문제가 해결되

---

30 在朝鮮國京城 日本公使館, 「鷄林奬業團ニ關スル報告ノ件」(明治 30년 7월 29일).
31 在朝鮮國仁川港 日本領事館, 「朝鮮國內に日本人行商に關する意見」(明治 30년 4월 16일).

지 않으면 '자기가 휴대한 상품의 이름', '매매상 한 마디의 응답', '계산과 외치는 방법', '숙박, 음식을 얻기 위한 응답' 등의 정도라도 기억해야 했다.[32] 그리고 현지 사정을 잘 아는 조선인을 포함해 행상단을 구성하였다. 이들은 1882년 이후 조선의 시장에 진출했던 청나라 상인과 항상 경쟁해야 했다. 그리고 내륙의 조선인 상인과도 경쟁해야 했다. 조선인 가운데는 일본 소매상에 비해 훨씬 규모가 큰 상인도 있었다. 반면 일본인 상인들은 열 가운데 8, 9는 영세상인이었다.[33] 조선인 소비자의 일본 상인에 대한 인식은 시기에 따라 또 정치적 사건에 따라 다소의 차이를 보여, 이 또한 행상에 중요한 변수가 되었다.

내지행상은 일찍부터 가능했으나 1889년 무렵부터 본격화되었다. 인천에서 출발한 내지행상인은 중국 상인들과 경쟁, 방곡령 등으로 활발하지 못하다가, 청일전쟁 이후 급격히 증가하였다.[34] 이 무렵 인천에서 출발하는 상인들의 활동범위는 경기도, 전라북도, 황해도, 평안도까지였다. 내지행상에서 가장 중요한 문제는 내륙의 상황商況을 정확히 파악하는 정보와 안전이었다. 내지에서 청나라 상인이나 조선인 상인들과 경쟁을 피할 수 없었다. 일본인에게 내지행상은 상당한 모험이었다. 내지행상인들은 방곡령에 의한 물자수송의 차단뿐만 아니라 항시적으로 사망, 물건탈취 등 사고의 위험에 노출되었다. 이러한 사실들은 당시 일본 외교문서에서 어렵지 않게 발견할 수 있다. 이럴 때는 인천의 영사를

---

32 岡崎唯雄, 『朝鮮內地調査報告』, 1895, 10쪽.
33 在朝鮮國仁川港 日本領事館, 「朝鮮國內に日本人行商に關する意見」(明治 30년 4월 16일).
34 재인천 영사의 보고에 따르면 내지행상 수는 1889년 102명, 1890년 101명, 1891년 46명, 1892년 39명, 1893년 88명, 1894년 93명, 1895년 385명, 1896년 600명으로 증가하였다(在朝鮮國仁川港 日本領事館, 「朝鮮國內に日本人行商に關する意見」(明治 30년 4월 16일).

통해 조선 정부와 지방관의 협조를 받아 범인을 찾도록 하고 있다.

일본인의 내지행상을 어렵게 만든 사건은 방곡령과 정치적 사건(민비살해와 을미의병)도 중요하였다. 방곡령은 1889년, 1890년, 1893년 세 차례 진행되었다. 인천의 무역상인인 土井龜太郎, 佐竹甚藏과 磯部六造, 石川芳太郎 등은[35] 수집한 미곡을 압류당하자 인천으로 와서 영사에게 보고하고, 영사는 서울의 제국영사에게 보고해 조선 정부에 공식적으로 항의하여 문제를 해결하였다.

특히 단발령의 시행과 민비살해 이후의 의병봉기는 일본인들의 행상을 더욱 어렵게 했다. 이런 상황에서 조선에 있던 일본인 관료들은 조선인 의병에 대한 적극적인 대책을 일본 정부에 요구하였다. 인천의 일본인 상인들의 생존을 위해 강력한 일본의 국가권력을 동원해 줄 것을 기대하였다.

이러한 분위기에서 조선 내륙의 위험요소를 제거하면서 행상을 위해 조직된 단체가 계림장업단鷄林奬業團이었다. 일본의 상권회복, 오지행상의 통제와 장려를 도모하기 위해 福井三郎 외 수 명이 주도하였다. 1896년 4월 29일 영사관의 인가를 얻어 5월 17일 인천에서 결단식을 열었다. 일본 정부에서도 지원금을 통해 적극 지원하였다. 내지행상을 위한 통행증 발급권은 기존의 영사관에서 계림장업단으로 옮겨져 권한이 강해졌다.[36] 신변을 보호하기 위한 무기도 휴대할 수 있었다. 계림장업단은 조선의 상업에서 일본의 정치적 지원이 어느 정도였는가

---

35 「朝鮮國平安黃海兩道ニ於テ我商土井龜太郎ノノ買入タル雜穀運搬, 黃海道監司差止一件」,
    「防穀損害金請求ノ要領」, 「朝鮮政府へ對シ防穀損害要債之御願(明治 25년 4월 1일)」.
36 仁川府, 앞의 책, 1933, 1044~1047쪽.

를 잘 보여주는 조직이다. 이 조직은 상거래 과정에서 과도한 폭력을 행사해 조선인의 감정이 나빠지자 2년 뒤 해산되었다.

2) 일본인 상업회의소의 정치적 네트워크

상업회의소는 인천에서 활동하는 일본인들을 가장 조직적으로 연결하고, 또 좀 더 정치적으로 해결할 수 있는 단체였다. 따라서 조선상인 뿐만 아니라 조선 정부를 상대로 한 문제해결에도 필요하였고, 그러한 역할을 수행하기도 한다.

인천일본인상업회의소는 1885년 11월 '상법회의商法會議'라는 명칭으로 설립되었다. 초창기 회원의 자격은 무역, 은행, 회조, 소간물(잡화상)의 4영업자였다. 부산상업회의소의 경우 은행, 무역, 해운의 3영업자와 비교해, 자본력이 약한 잡화상이 추가되어 있는 점이 다르다. 이것은 인천이 외국상인 특히 청국상인과 직접적으로 경쟁해야 하는 상황에서 회원 수를 늘리기 위한 방법으로 보인다.[37] 그러다가 1887년 12월에는 인천항의 직공과 음식점을 제외한 모든 상업자를 회원으로 확장하였다. 1890년 일본 본토의 상업회의소 규칙을 적용하여 업종별 제한은 폐지하고 영업세를 기준으로 한 회원제로 변경하였다.[38]

상업회의소가 정치적인 활동을 보이는 사례는 방곡령 해금과 관련

---

37 木村健二, 『在朝日本人の社會史』, 未來社, 1989, 81~83쪽.
38 外務省, 「朝鮮各港ニ於ケル商業會議所沿革現在ノ組織等取調方拓植務省ヨリ依賴一件」 (明治 30년 4월).

해서 확인할 수 있다. 이와 관련해 인천의 일본인 상업회의소는 1892
년 3월 임시총회를 열고 방곡령 해금을 처음으로 논의하였다. 다음 해
11월 10일에는 회두 西脇長太郎과 일본거류총대 佐藤一葉(자유당원)가
서울로 가서 일본 공사에 진정했다. 같은 달 17일에는 대판상선주식회
사 인천대리점 감독 沼野義也가 일본인상업회의소와 거류지 유지로부
터 大鳥공사에게 제출한 금지령해제담판청원서를 휴대하고 상경했
다.[39] 방곡령 해결에 인천의 상업회의소, 거류민단, 대판상선주식회사
같은 인천의 유지집단들이 적극 개입하고 있다.

  그리고 상업회의소는 1894년 1월 7일에는 '출미금지복구동맹出米禁
止復仇同盟'이라는 한 단체를 조직하고, 회원들이 서약서를 조인하고, 방
곡령 해지를 위한 다양한 조처를 강구하였다. ① 수출금령시행 중 貢
米의 매입을 중지할 것, ② 회원 소유의 창고는 공미저장을 위해 대여
하지 않을 것, ③ 공미에 대한 대출을 사절할 것, ④ 본 항 정박의 풍범
선에 승선자가 함부로 미곡을 매입하는 것은 그 사실과 증거를 들어
규칙위반의 이유로 고발할 것, ⑤ 규약위반자는 백 원 이내의 위약금
을 부과한다. 실제로 한국 정부를 압박하여 성공을 거두었다.[40] 여기
에는 일본우선회사지점, 대판상선회사지점, 제일은행지점, 제18은행
지점, 제58국립은행지점도 참여하였다.[41] 상업회의소의 대응은 그동
안 일본인 상인들이 조선 정부에 제공해 오던 업무를 모두 단절한다는
협박으로 요구조건을 제시하였다.

---

39 仁川府, 앞의 책, 1933, 1043쪽.
40 岡木保誠, 앞의 책, 1934, 9쪽.
41 「朝鮮國出米解禁の談判」, 『東京經濟雜誌』 708호, 1894. 1. 20.

방곡령 해결을 위한 상업회의소 주도에 거류민단, 일본우선회사, 대판상선회사를 비롯한 인천에 지점을 둔 은행들도 참여하는 것은 중요한 부분이다. 아래 표는 1910년 이전까지 상업회의소 회두의 이름과 직업이다. 초기 회두의 직업은 제일은행, 일본우선, 제18은행 등 일본에 본점을 둔 회사들의 지점장이 담당하고 있다. 이들의 인천 내 영향력을 확인할 수 있는 부분이다.

〈인천 일본인상업회의소 회두와 직업〉

	상업회의소 회두	직업
1885년	大橋半七郎	제일은행부산지점장
1887년	澤木安次郎	제일은행지배인
1888년	榊茂夫	일본우선지점장
1892년	佐竹甚三	좌죽상점지점장
1896년	西脇長太郎	제일은행지배인
1899년		
1900년	足立瀧二郎	제18은행지점장
1901년	加來榮太郎	인천미두거래소
1902년	尾高次郎	만석동매축주식회사 이사
1903년		
1904년	加來榮太郎	인천미두거래소
1905년	野口彌三	
1906년	伊吹山德司	
1907년	穎原修一郎	일영무역합자회사
1908년		
1909년	加來榮太郎	인천미두거래소
1910년	靑木一葉	타쿠ℓ합명회사지점장
1911년	奧田貞次郎	무역상(곡물)

자료 : 岡木保誠, 『仁川商工會議所五十年史』, 1934, 24~31쪽.

이들은 방곡령처럼 인천 상인들에게 중요한 사안이 발생했을 때 경성의 권력자와 연결하여 정치적으로 문제해결을 주도하였다. 특히 西脇長太郎 회두는 1899년 당시 조선에 와 있던 林權助공사의 알선으로 고종황제를 만나는 영광을 누리기도 하였다.[42]

이상과 같이 일본 정부에 대한 지원요청, 조선 정부에 대한 인천 일본인들의 대응논리는 정치적인 방법을 동원하는 것이었다.

5. 일본인의 '인천화仁川化'와 한계

1) 일본인의 섞임과 구별

일본인들에게 인천은 기회와 위기가 공존하는 곳이었다. 개항장 내 다양한 경쟁자들과 갈등 속에서 일본인 내부의 관계도 새롭게 만들어져 갔다. 그 과정에서 섞임의 현상과 서로를 더 강하게 구별하려는 현상도 나타났다.

개항 후 인천으로 모여든 일본인들은 대부분 나가사키와 야마구치 출신자들이 많았다. 다음은 오이타, 후쿠오카, 히로시마, 오사카, 효고, 도쿄 등 지리적으로 조선에 가까운 곳에 위치한 출신자들이었다. 점차 정치적 안정과 경제적 이익이 많아지면서 일본 전역에서 인천으로 이

---

42 「内謁見에 관한 件」, 機密 제71호, 1899.7.26; 「仁川 第一銀行 支配人 西脇의 皇帝謁見 准許 件」 照覆 제68호, 1899.7.20(국사편찬위원회 한국사데이터베이스).

주가 증가하였다. 각 지역에서 모여든 일본인들은 언어, 생활문화 등이 다양할 수밖에 없었다. 출신지에서 떨어져 인천에서 모인 이들의 문화 또한 새로운 모습을 보이기도 한다. 인천의 제일은행지점에서는 동경 말이 들리고, 제18은행지점에서는 나가사키 말이 들리고, 제58은행지점에서는 오사카 말이 들릴 정도로 각 은행의 본점이 위치한 도시의 지역어들이 사용되고 있었다.[43] 그러면서도 다양한 지역의 언어가 섞여가는 모습이 연출되었다.

> 인천 거류민의 태반은 나가사키현과 야마구치현 출신이기 때문에 두 현의 방언은 도처에 퍼져 있는 것을 볼 수 있지만, 그밖에 일종의 '인천어'라고 부를 만한 것이 있어서, 이 말이 가장 보편적으로 쓰이고 있는 듯하다. 이것은 도쿄 오사카 나가사키 쓰시마 야마구치 등 여러 지방의 사투리가 뒤섞인 말이다.[44]

인천에서는 나가사키나 쓰시마 사람들이 많아 어디서나 흔히 이쪽 방언을 접할 수 있었던 모양이다. 일본의 다양한 지역 사투리가 섞여 만들어진 말을 '인천어'라고 표현하고 있다. 그만큼 일본 내 특정 지역의 순수성을 잃어버린 언어가 사용되고 있었음을 알 수 있다. 당시 생활하던 사람들이 확연히 느낄 수 있을 정도였던 것으로 보인다. 음식 또한 마찬가지였다.

---

43 青山好惠, 『仁川事情』, 1892, 27쪽.
44 藥師寺知朧, 『新撰仁川事情』, 1898, 186~187쪽.

요리는 모두 오사카식이라고 해야할지 오사카와 주고쿠와 규슈의 요리
가 조금씩 섞여 있다고 해야할지, 아무튼 간토식은 아니다.[45]

인천의 일본인이 사용하는 말만 섞이는 것이 아니라 값비싼 요리집
의 음식에서도 일본 내 특정 지역의 정체성을 확인할 수 없는 요리들
이 손님을 맞이한다. 일본인들이 살던 집들도 반양반화식半洋半和式이
인천항을 처음 방문하는 사람에게 경이로운 풍경을 만들어 내었다.[46]
인천에 정착한 일본인이 인천사람이 되었다고 해서 모든 일본인이 동등
해지는 것은 아니었다. 그 속에서도 계급이 나뉘고, 생활패턴을 달리하는
부류들이 생겨났다. 서로 묶일 수 없는 계급도 이 속에서 생겨난다. 『인천번
창기仁川繁昌記』에서는 인천 사람들을 신사, 고용인, 노동자, 화류계로 나누
고 있다. 신사紳士는 관공리, 은행원·회사원, 무역상과 잡화상 등으로 세
그룹으로 구분된다. 이들 중에도 일류, 이류, 삼류가 있다. 고용인은 상점
지배인, 견습 점원, 사환, 심부름꾼, 하녀 등을 말한다. 노동자는 하역노무자,
목수, 미장공, 석공, 큰톱장이, 선원, 농사꾼 등이다. 화류계는 요리집에 종사
하는 사람들을 말한다. 인천의 일본인 사회의 구분은 '한 자리에 끌어들이는
조화라는 것은 눈을 씻고 찾아봐도 볼 수가 없다'고 한탄할 정도였다.[47]
이처럼 인천 사람이 되고 있던 일본인들에게 각자 출신지 문화가 섞
이면서 동질화되는 모습을 보임과 동시에 출신 신분이나 경제적인 조
건을 전제로 한 구별 또한 엄연히 존재하였다.

---

45 小川雄三, 『仁川繁昌記』, 1903, 147쪽.
46 青山好惠, 앞의 책, 10쪽.
47 小川雄三, 앞의 책, 1903, 132쪽.

2) 일본인에게 내재된 국가의식

개항기 인천의 일본인들 표현방식을 통해 개항 당시 그들의 생각이 나 삶을 유추해 보려고 한다. 인천에 정착을 시도한 일본인들은 개항장 내외에서 서양인, 조선인, 외국인과 끊임없이 네트워크를 만들어가면 서도 일본 정부에 강하게 의존하였다. 앞서 언급한 것처럼 내지행상, 방곡령, 불법토지구매 등 정착과정에서 조선인(정부) 사이에서 발생한 사건을 해결하기 위해 다양한 형식으로 일본 정부의 권력을 필요로 하 였다. 즉 인천 일본인들의 정착에는 일본 정부의 권력이 적지 않게 작 용하였다. 이러한 의식이 개항기 출판물에서 잘 표현되고 있다. 이들 자료를 다른 시기 및 지역과 비교를 통해 의미를 분석하기로 한다.

〈개항장 인천과 부산의 명승지 표현 방식〉

仁川事情① (靑山好惠, 1892)	新撰仁川事情② (藥師寺知朧, 1898)	仁川繁昌記③ (小川雄三, 1903)	仁川府史④ (仁川府, 1933)	釜山要覽 (森田福太郎, 1912)
인천공원	일본공원	일본공원	官廳里	용두산
월미도	일본묘비	충사애도비	花島鎭	용미산
소월미도	월미도	공동묘지	砲臺跡	동래온천
한강 낙조	영종도	월미도	別離峴	범어사
강화도	강화도	영종도	濟物浦條約調印跡	해운대온천
영종도	정족산	강화도	화방공사일행 난을 피해 탈출한 지점	釜山鎭城址
정족산성	인천팔경	정족산	監理署跡	小西行長城址
	화도	인천부	典圜局跡	永嘉臺
		인천팔경	인천해전에서 부상당한 러시아수병을 수용한 임시적십자사병원	津江兵庫招魂碑
		하나부사 우물	임오군란, 갑신정변 조난자 묘	

위 표는 인천의 명승지 표현방식을 확인하기 위해 정리하였다. 대체로 위 자료에서 확인할 수 있는 명승지의 기준은 역사적 의미와 풍광을 고려한 것으로 보인다. ① ② ③ 자료에서 확인할 수 있는 특징은 신사, 갑신정변과 청일전쟁 때 전사자들의 무덤과 애도비, 임오군란 때 하나부사공사가 피신한 월미도, 1876년 윤요호가 포격한 영종도 등이 앞부분에 배치되고 있다는 점이다.

이와 비교해 비슷한 시기 부산에서 출판된 사례를 보면, 왜관시대 이래로 일본인 마을의 신사가 있던 용두산, 용미산, 부산에서 이름난 관광지인 동래온천, 범어사, 해운대온천을 앞쪽에 배치하였다. 다음으로 부산진성지釜山鎭城址, 소서행장성지小西行長城址, 영가대永嘉臺, 진강병고초혼비津江兵庫招魂碑 등 부산의 역사에서 일본과 관련 있는 유적을 소개하고 있다.

두 지역의 커다란 차이는 조선 침략과 관련해 일본 국가 차원의 기념장소냐 아니면 현지 일본인과 관련한 지역적인 특징을 반영한 장소냐의 문제이다. 인천의 일본인은 근대 이후 일본 정부와 관련성이 많은 표상물을 부각시킴으로써 자신들을 일본 정부의 국민임을 분명히 하려고 시도했다. 현재의 자신들이 존재하게 된 계기를 개항 이후 일본 정부의 희생에서 찾은 것이다. 반면 부산에서는 일본인들이 오래전부터 그들이 만들어 왔던 장소였음을 부각시키고 있다. 즉 국가보다는 부산을 더 부각시키고 있는 점이 다르다. 그런데 개항기에 국가의 역할에 의존하려던 인천의 일본인들은 일제 강점기인 ④의 자료로 가면 확연히 달라진다. 1930년대 인천의 일본인들은 인천의 명소에 관청리, 화도진, 포대터 등 일본인들이 인천에 들어오기 이전의 인천 역사를 불러오고 있다. 그 뒤로 앞서 언급한 명소들을 배치하고 있다. 이 시기 일본인들에게 인천의 역사는 개항 이후 그들이 만든 역사만이 아니라 그 이전의 역사까지도 포함하고 있음을 알 수 있다.

이런 점에서 개항기 인천을 만들어 왔던 일본인들은 완전한 인천 사람으로서의 의식을 지니기에는 좀 더 긴 시간을 필요로 했던 것으로 보인다. 대신 1905년을 전후한 시기까지는 국가권력에 의존하는 방식을 선택한 것이다.

3) 인천을 떠나는 일본인

인천의 로컬리티를 이해하는 한 방법으로 서울과의 관계를 분석해 볼 필요가 있다. 양 지역의 관계를 잘 설명해 주는 기준의 하나로 인천 일본인들이 서울로 이주하는 경향을 검토해 보려고 한다. 이러한 경향을 경제적인 측면에서 확인하면 좀 더 분명해 진다. 이를 검증하기 위한 개항기 자료가 빈약하기 때문에, 양 지역의 경제인 관계를 확인할 수 있는 명부를 분석하였다.

〈개항기 인천 경유 서울의 실업가〉

전체	인천경유	부산경유(대구경유포함)	부산-인천경유	기타
705	93	8	3	10

자료 : 川端源太郎, 『朝鮮在住 內地人 實業家人名辭典』第一編, 朝鮮實業新聞社, 1913.

이 자료를 작성한 川端源太郎는 일본 군마현群馬縣 출신으로 1895년 서울에 와서 무역상 松本商店을 경영한 인물이다. 1900년 대만으로 건너가서『타이완일보臺灣日報』기자로 활동했고, 만주에서 정치 혹은 언론계에 종사하다가 1909년 서울로 다시 들어와 1911년 조선실업신문사를 창립하였다.[48] 이 자료에 수록된 인물은 1913년 당시 서울 일본인상업회의소 회원을 기준으로 하여 서울의 실업계에 영향력을 미치고 있는 자들이다. 따라서 서울의 대표적인 경제인으로 볼 수 있다. 약력이 수록된 인물은 모두 705명이다. 이 가운데 대부분은 일본에서 건너와 곧바로 서울에 정착한 경우이지만, 113명은 조선 내 타 지역에 1차 이주한 뒤 재이주한 경우이다. 특징적인 모습은 인천경유가 가장 많은 93명이고, 부산과 인천을 모두 경유하는 경우는 3명이다. 부산 경유는 6명, 부산-대구 경유는 2명, 기타(목포, 마산, 원산, 평양, 진주, 청산도, 청진, 전남 청산도, 청진, 전북 금산군 등)는 10명이다. 서울 경제인들의 정착과정에서 약 16%만이 타 지역을 경유하기는 하지만, 경유 지역의 입장에서 보면 의미는 달라질 수 있다. 인천 경제인들의 서울 정착이 타 도시와 비교해 훨씬 많다는 점은 중요한 특징이다.

인천에서 서울에 정착한 경제인들의 업종은 대체로 토건업과 잡화상이 가장 많은 수를 차지하고 있다. 다음이 목재상, 과자상, 오복상 등이다. 그 외에도 변호사, 약종상, 언론인 등 다양한 편이다. 인천의 업종이 그대로 서울에서 유지되는 경우도 있지만, 바뀌는 경우도 적지 않다. 무역상도 간혹 확인되지만 대부분 서울에서 소비가 목적인 업종이었다. 이들이 서울로 이주하는 일반적인 시기는 1900년 이후이다. 특히 1905년 이후 집중되고 있다. 물론 1900년 이전에도 확인되기는

---

48 川端源太郎,『朝鮮在住 內地人 實業家人名辭典』第一編, 朝鮮實業新聞社, 1913, 86쪽.

하지만 주류는 아니다. 조선에 대한 일본의 정치적 지배력이 강화되고, 경제적으로도 영향력을 확대하는 과정에서 서울로의 집중 과정에서 드러난 현상으로 보인다.

이들은 인천으로 들어올 당시 친인척이나 가족의 알선으로 점원이 되기도 하고, 독자적으로 일자리를 구하기도 하였다. 이들이 서울로 가는 중요한 계기는 인천에 본점을 둔 회사가 서울에 지점을 마련하면서 책임자로 가는 경우이다. 그러다가 독립하기도 하고, 다르게는 이 지점이 본점으로 전환하는 경우도 많았다. 서울과 인천의 위상역전이 쉽게 이루어진다. 본점이었던 인천이 지점으로 변하고, 심지어는 폐쇄되기도 한다. 인천 경제력의 확대가 오히려 인천 경제력의 소멸로 결말짓는 경우라 생각된다. 인천 경제가 서울 시장에 대한 의존성을 짐작할 수 있으며, 그 결과 인천 경제의 이탈로 이어질 수 있는 가능성이 컸다.

또 한편 인천에서의 사업실패가 인천을 떠나게 하는 경우도 있었다. 富田初太郎의 경우처럼 인천에서 정치적 혹은 경제적인 사정으로 폐점해서 어쩔 수 없이 서울로 이전하는 경우도 있었다.[49] 이 외에도 三好喜六는 백부이자 인천의 대표적인 무역상인 田中良助의 지원으로 다나가지점田中支店을 내걸고 주류 판매점을 운영하여 서울에서 성공할 수 있었다. 田中良助가 인천에 기반을 둔 무역상이기는 하지만 서울의 상권을 활용한 경영방법을 거부하지 않았음을 알 수 있다.

이처럼 서울로 진입하는 경제인들 가운데 인천 출신이 많다는 점은

---

49 富田初太郎은 청일전쟁 후 평양에서 金巾을 판매해 많은 이익을 올렸으나, 1896년 기선의 난파와 갑오농민전쟁과 같은 정치적 불안 때문에 어쩔 수 없이 폐점하게 되었다(川端源太郎, 위의 책, 53쪽).

주목해야 한다. 인천이 서울 경제와 밀접하게 관계를 맺고 있었다는 의미이다. 서울과 지리적으로 가깝다는 것은 인천의 일본인들이 경제적으로 부를 축적할 수 있는 기회이기도 했지만, 다른 한편에서는 인천의 경제력이 훼손될 수 있는 조건이기도 하였다. 개항기 인천의 일본인들이 직면한 또 하나의 특징이었다.

참고문헌

『仁川港案』, 『仁川港關草』.
『東京經濟雜誌』, 『通商彙編』.

일본 국립공문서관 아시아역사자료센터(http://www.jacar.go.jp/) 자료
「米穀輸出慣習一斑報告ノ件」(明治 35년 9월 30일, 인천 영사 → 외무대신).
「防穀損害金請求ノ要領」.
「輸出穀物商組合設立ノ件」(明治 35년 10월 3일, 인천 영사관 → 외무대신).
「朝鮮國平安黃海兩道ニ於テ我商土井龜太郞ノの買入タル雜穀運搬, 黃海道監司差止
　　　一件」.
「朝鮮政府へ對シ防穀損害要債之御願」(明治 25년 4월 1일).
外務省, 「仁川ニ於ケル東洋煙草會社設立ニ關スル件」(明治 34년 6월).
在朝鮮國京城 日本公使館, 「鷄林獎業團ニ關スル報告ノ件」(明治 30년 7월 29일).
在朝鮮國仁川港 日本領事館, 「朝鮮國內に日本人行商に關する意見」(明治 30년 4월 16일).

국사편찬위원회 한국사데이터베이스
「內謁見에 관한 件」(機密 제71호, 1899.7.26).
「仁川 第一銀行 支配人 西脇의 皇帝謁見 准許 件」(照覆 제68호, 1899.7.20).

강진갑, 「한말 일제의 토지침탈에 관한 일연구-1905, 6년간의 영종도사례를 중심으
　　　로」, 『동아시아문화연구』 10, 한양대 한국학연구소, 1986.
박수경, 「개항기 인천항 객주에 관한 연구-1883~1894」, 이화여대 석사논문, 1983.
오미일, 「開港(場)과 移住商人-開港場都市 로컬리티의 형성과 기원」, 『한국근현대사
　　　연구』 47, 한국근현대사학회, 2008.
조기준, 『한국기업가사』, 박영사, 1973.
최원규, 「1900년대 일제의 토지권 침탈과 그 관리기구」, 『부대사학』 19, 부산대 사학
　　　회, 1995.

木村健二, 『在朝日本人の社會史』, 未來社, 1989.

岡崎唯雄, 『朝鮮內地調査報告』, 1895.

岡木保誠, 『仁川商工會議所五十年史』, 1934.

釜山府, 『釜山府史原稿』.

森田福太郎, 『釜山要覽』, 1912.

相澤仁助, 『釜山港勢一斑』, 日韓昌文社, 1905.

相澤仁助, 『韓國二大港實勢』, 1905.

小川雄三, 『仁川繁昌記』, 朝鮮新報社, 1903.

藥師寺知朧, 『新撰仁川事情』, 1898.

仁川府, 『仁川府史』, 近澤商店, 1933.

인천광역시 역사자료관 역사문화연구실, 『譯註 仁川開港25年史』, 인천광역시 인쇄
    정보산업협동조합, 2004.

中田孝之介, 『在韓人士名鑑』, 1905.

川端源太郎, 『朝鮮在住 內地人 實業家人名辭典』第一編, 朝鮮實業新聞社, 1913.

青山好惠, 『仁川事情』, 1892.

인천을 둘러싼 화교 네트워크와 일본제국

러일전쟁 군표軍票 유입 문제를 중심으로

이시카와 료타

1. 인천 화교 역사에 대한 재조명

1883년에 개항된 인천은 서울의 외항으로 급속하게 성장하면서, 거래 금액에 있어서 한국 최대의 개항장이 되었다. 인천의 무역구조의 특징 중 하나는, 대 일본對日本 무역에 치우친 다른 항구에 비해, 대 중국 무역의 비중에 컸다는 점이다. 러일전쟁 직전인 1903년에 인천에서 이루어진 수출액의 37%, 수입액의 43%가 중국을 상대로 하고 있었다.[1] 이러한 관계를 바탕으로 인천에는 무역상 외에도 많은 중국인이 도항하여, 1884년에 지정된 청국淸國 거류지를 중심으로 중국인 거리가 형성되었다.

---

[1] 같은 해 한국의 대 중국 무역은 총 수출액의 16%, 총 수입액의 29%에 지나지 않았다. 이와 비교해 보면 인천의 대 중국 무역의 중요성은 더욱 두드러진 것이었음을 알 수 있다(한국 해관연보Returns of Trade and Trade Reports, 1903에 의함).

이와 같은 상황을 살필 때, 지금까지의 연구에서는 청국과의 정치적 관계를 중요시해왔다. 1880년대 중반부터 청국정부는 전통적인 종속 관계를 바탕으로 한국에 정치적 영향력을 확대하려 하였고, 그 일환으로 인천 화교華僑를 지원한 것은 분명하다. 하지만 인천 화교가 항상 청국정부의 의도에 따라 행동했다고는 할 수 없다. 무엇보다도 청일전쟁에서 청국이 패배한 이후에도 인천 화교가 계속 활동했다는 점도 무시할 수 없다. 주의해야 할 점은 19세기 후반은 한국뿐만 아니라 동아시아 각지에서 중국 상인의 활동이 활발했고, 그들을 중개자로 한 개항장開港場 간 교역이 성장한 시기였다는 것이다. 후루타 가즈코古田和子는 이 시기 중국 상인에 의한 상하이上海 중심 유통시스템을 「상하이 네트워크」라고 명명하고, 인천도 그 연장선상에 있다고 했다.[2] 이후 국경을 초월한 중국 상인의 네트워크에 착안하여, 그들과의 관계 속에서 인천 화교 활동을 검토한 연구는 꾸준히 증가하고 있다.[3]

그런데 일본은 러일전쟁을 계기로 한국을 보호국으로 하고 남만주에도 지배를 확대했다. 이러한 일본의 침략은 거점도시와 그것을 잇는 교통로, 즉 점과 선의 지배에 그치지 않고, 주권의 침탈을 통한 면적 지배, 다른 말로 하면 영역적領域的 지배를 지향한 것이었다. '이러한 정세에 중국 상인은 어떻게 대응하였는가' 하는 질문은 이미 후루타가 제기했지만,[4] 실태는 아직 밝혀지지 않고 있다.

---

2   古田和子, 『上海ネットワークと近代東アジア』, 東京大學出版會, 2000.
3   예를 들면 한국 화교 동순태호의 경영 문서를 이용하여 그 네트워크에 주목한 연구가 있다. 이시카와 료타, 「조선 개항 후 중국인 상인의 무역활동과 네트워크」, 『역사문제연구』 20, 2008; 이시카와 료타, 「개항기 중국인상인의 활동과 정보매체」, 『규장각』 33, 2008; 강진아, 『동순태호−동아시아 화교자본과 근대 조선』, 경북대 출판부, 2011.

이러한 질문을 염두에 두면서 이 글에서는 러일전쟁 중에 일본군이 주로 남만주 점령지에서 물자조달과 임금지불에 사용한 지폐, 군용수표(이하 군표軍票로 약칭)에 대해 주목하고자 한다. 이 군표가 확보한 유통권을 기반으로 1905년 말부터 요코하마쇼킨은행권橫浜正金銀行券은 본격적으로 산포되었다. 이것이 이후에 일본의 만주통화정책의 한 축이 되었다는 것은 잘 알려져 있다.[5] 때문에 러일전쟁 중 군표의 유포, 유통은 일본의 대륙통화정책의 중요한 전환점 중 하나로 주목할 필요가 있다. 한편 같은 시기의 한국에서는 일본에 의해 '화폐정리사업'이 강행되어 화폐제도를 일본 엔円으로 통일시키는 작업이 착수되었다. 요컨대 남만주와 한국은 모두 러일전쟁을 계기로 일본 엔 유통권에 포섭되어 나갔다고 할 수 있다.

광역적 네트워크를 배경으로 하던 화교상인은 이 같은 일본 엔의 유통확대에 어떻게 대응했을까? 이 글에서는 한국에서 화교 네트워크 거점이던 인천을 중심으로 이 문제를 검토해 보고자 한다.[6] 이하에서 살

---

4 古田和子,「境域の經濟秩序」,『岩波講座 世界歷史 23 アジアとヨーロッパ』, 岩波書店, 1999.
5 러일전쟁 후 일본의 만주통화정책에 관해서는 다음과 같은 연구가 있다. 波形昭一,『日本植民地金融政策史の硏究』, 早稻田大學出版部, 1985; 島崎久彌,『円の侵略史』, 日本經濟評論社, 1989; 金子文夫,『近代日本における對滿州投資の硏究』, 近藤出版社, 1991. 중국계 금융기관도 포함한 만주 폐제幣制 개관은 安富步,『「滿洲國」の金融』, 創文社, 1997 서장을 참조.
6 주 5에서 소개한 문헌 외에도 군표에 대해 다루고 있는 논고로서는 岩武照彦의「日本軍票の貨幣史的考察 (1)(2)」(『アジア研究』27권 1호, 1980)가 있다. 그러나 러일전쟁기의 군표에 관해서는 大藏省 編,『明治大正財政史』15권과 20권에 의거하여 제도적 면을 개관하고 있는 것에 그치고 있다. 필자는 이미 2004년에 발표한 글「日露戰爭軍票の流通實態と日本の對応」(『軍事史學』40권 2・3합병호)에서 만주에서의 군표 유통 실태를 검토를 한 바 있다. 이 글은 위의 논문을 전제로 한 것으로, 한국에서의 군표 유통 문제를 고려에 두고 다시 논한 것이다. 또한 본고에서 주로 사용하는 사료는 군표에 관한 공문서를 정리한『軍用切符ニ關スル調査』(大藏省理財局, 1908)이며, 각주에서 인용할 때에는『軍用切符』라고 약칭하였다. 또한 외무성 외교사료관의『軍用切符發行並滿州ニ於テ橫浜正金銀行一覽拂手形發行一件』(JACAR(아시아역사자료센터) Ref. B11090632300)도 사용하였다. 이는『一件』이라

펴보겠지만, 특히 주목하고자 하는 부분은 남만주에서 사용된 군표와 한국에서 사용된 일본 통화는 같은 일본 엔이라 해도 그 제도적인 성격이 크게 달랐다 점이다. 이러한 제국의 제도적인 균열을 배경으로 두고, 만주와 한국을 연결하는 네트워크를 가진 화교상인이 어떻게 활동했는지 검토하는 것이 이 글의 중심이다.

2. 러일전쟁 군표의 연혁

인천의 상황을 검토하기 전에 군표의 연혁을 간단하게 언급해 두고자 한다.[7] 일본 정부가 전지戰地에서 군표를 사용할 것을 정식으로 결정한 것은 러일전쟁이 시작되기 직전인 1904년 2월 6일이다. 군표를 사용하게 된 가장 큰 이유는 '정화正貨', 즉 금의 절약 때문이었다. 일본은 1897년에 금본위제로 이행하면서 금화와의 태환(兌換, 본위화폐와의 교환)을 약속한 일본은행권日本銀行券을 통화로 사용하였다. 전지에서 지불하기 위해 일본은행권을 추가로 발행한다면, 그 태환준비를 위해 부족한 국고보유의 금을 나누어야 함과 동시에 태환을 통해서 금이 국외로 유출될 우려도 있었다. 군표는 법적으로 말하자면 정부가 후일 지불을 약속한 증표에 불과했고, 태환 준비를 고려할 필요도 없었기 때문에 일본이 보유한 금에 대한 영향을 최소화할 수 있었다.

약칭하고, 아시아역사자료센터가 제공하는 화상 자료는 "분할~ㆍ제~화상"라는 형식으로 표시하였다.
[7] 주 5와 6 및 앞에서 소개한 졸고(2004) 247~248쪽에서 인용하여 정리한 것이다.

군표의 액면 단위는, 금본위제를 따른 일본 엔(이하 금엔金円이라 함)이 아니라, 1897년에 폐화廢貨가 된 은본위제에 기초한 일본 엔(이하 은엔銀円이라 함)이었다. 이것은 군표를 금본위체제에서 분리함과 동시에 군표의 주요 유포지역이 중국·한국인 것을 고려했기 때문이었다.

개전 당초에 제정된 '군용절부취급순서軍用切符取扱順序'에 의하면, 군표는 국고금 취급기관인 금고(金庫, 각지의 일본은행지점이 사무 취급) 및 파견군의 금궤부(金櫃部, 회계담당관)에서 같은 금액의 은엔(구체적으로는 구 본위화 1엔 은화 = 엔은)과 교환하게 되어 있었다. 단 금고에서는 '오쿠라 대신大藏大臣이 정한 시가'에 의해 금엔과도 교환할 수 있다고 정해져 있어 금엔과의 관계가 완전히 분리된 것은 아니었다. 이 '시가'는 월 1회 개정되도록 되어 있었는데, 실제로는 1904년 6월부터 군표 1엔 = 금 90전으로 고정되었고 이후 1906년 1월까지 1년 반 동안 개정되지 않았다. 대부분의 시기에 걸쳐 군표의 금엔과의 교환은 고정비율로 행해졌는데, 이로 인해 생겨난 문제에 대해서는 뒤에 논하기로 하겠다.

개전 이후의 군표 발행액 누계는 약 2억 엔에 달했다. 이는 러일전쟁에 관한 일본의 임시군사비 17억 엔의 10%이상에 해당한다. 하지만 1905년이 되면서 발행과 함께 회수도 본격화되었고, 1906년 7월에 1500만 엔의 미회수액을 남기고 일본 정부의 군표 정책은 종료되었다(미회수 부분의 교환은 요코하마쇼킨은행에 위임되었다). 군표가 어디서 사용되었는가를 정확하게 파악하는 것은 어렵지만 회수된 지점에서 일정한 경향은 엿볼 수 있다. 〈표 1〉은 군표 회수가 막바지에 다다른 1906년 4월 각지의 누계회수금액이다. 뉴창(牛莊, 지금의 잉커우營口)을 비롯한 남만주 각 도시에서의 회수액이 많은 것으로 보아, 군표가 주로 남

만주의 점령지에서 사용된 것으로 추측된다. 그와 동시에 한국에서는
인천에서의 회수액이 눈에 띄게 많은 점도 주목할 만하다.

〈표 1〉 군표교환액누계(1906년 4월 18일 현재, 단위 : 銀円)

		交換受入高
韓國	京城	1,225,530
	仁川	8,221,183
	平壤	923,229
	鎭南浦	746,659
	元山	36,014
淸國	安東縣	14,227,942
	鐵嶺	402,801
	大連	3,555,558
	牛莊	73,284,100
	遼陽	348,491
	旅順口	249,344
	鳳凰城	20,000
	奉天	3,926,616
日本	東京	17,120,700
	橫浜	565,043
	大阪	15,487,784
	長崎	2,153,379
	廣島	1,770,620
	門司	2,403,457
	其他	322,191
合計		146,991,032

* 「軍用手票回收槪況(明治三十九年 四月 十八日)」(『軍用切符發行並滿洲ニ
於テ橫浜正金銀行一覽拂手形發行一件』, 외무성 외교사료관 MT3.4.3.52)
에 근거 필자작성. 金庫所在地에 따라 집계.

3. 일본 군표의 인천 유입

1904년 2월 5일, 일본의 주러시아 공사 구리노 신이치로栗野愼一郎는 러시아 외무대신 람즈돌프에게 국교단절을 통고했다. 3일 후인 2월 8일, 인천에 정박해 있던 러시아 함대 코레츠Koriets가 항구 밖에서 일본 함대와 만나 포격전을 벌였다. 이것이 바로 러일전쟁의 첫 포화였다. 같은 날 저녁에는 일본의 육군부대가 인천에 상륙하고, 다음날에는 서울로 2개 부대가 이동해서 시내 각지를 진압했다.

상륙한 일본군은 군표를 즉각 사용했다. 다이이치은행第一銀行의 보고에 의하면, 일본군은 '돌연 위력을 가지고' 군표를 사용하기 시작했고, 엔은円銀과의 교환도 거의 하지 않았다. 때문에 군표의 수취를 '강제로' 요구받은 한국인은 서둘러 이것을 처분하려 했고 이는 군표에 대한 신용을 급속하게 하락시키는 결과를 초래했다.[8] 일본군은 2월 18일이 되어서야 주한 공사 하야시 곤스케林權助에게 군표 사용에 관한 협의를 제안했고, 하야시는 한국 정부에 이것을 통고하는 한편, 은화 교환을 약속한다는 고지를 붙여 민중의 불안을 진정시키는 등 군표의 원활한 유통을 꾀했다.[9]

이러한 상황 속에서 서울과 인천의 일본 영사는 각각 외무대신에게 상황을 보고하며 더 이상의 군표 사용을 반대했다.[10] 반대의 가장 큰

8　第一銀行京城支店報告(1904.3.26),『軍用切符』下, 1908, 475쪽.
9　在韓林公使發・外務大臣宛(1904.2.18),『一件』1권, 분할 1・제2화상.
10　在仁川加藤領事發・外務大臣宛(1904.2.21),『一件』1권, 분할 1・제6화상; 在京城三增領事發・外務大臣宛(1904.2.22),『一件』1권, 분할 1・제9화상.

이유는 경인京仁지역에 금엔을 단위로 하는 일본은행권과 다이이치 은행권이 이미 유통되고 있어서, 은엔을 단위로 하는 군표의 사용은 혼란을 초래할 수 있다는 데 있었다.

일찍이 한국에서는 청일전쟁을 계기로 은엔을 단위로 하는 일본통화(특히 1엔 은화 = 엔은)가 널리 유포되어, 일본이 금본위제로 이행한 1897년에는 300만 엔 상당의 엔은이 유통되고 있었다.[11] 하지만 그 후 엔은의 대부분은 중국으로 유출되어 1903년에는 거의 볼 수 없게 되었다.[12] 한편 금엔인 일본은행권은 1903년경까지 90만 엔에서 200만 엔 정도가, 다이이치 은행권도 60만 엔 정도가 한국에서 유통되고 있었다.[13] 다이이치 은행권이란 한국 각지의 다이이치은행지점이 일본은행권 교환 준비로 발행한 금엔 단위의 은행권이다. 이렇게 한국, 특히 서울·인천 등의 도시에서는 일본의 금본위체제가 실시된 몇 년 사이에 은엔에서 금엔으로의 급속한 전환이 일어나고 있었다. 은엔을 단위로 하는 군표의 사용은 이러한 현상을 무시한 것이었고, 현지의 영사에게는 '한국에서 금화본위체제에 기초한 통화의 유통을 계획해 왔던 수년간의 방침에 위배되는' 정책이라고도 여겨졌다.

일본 오쿠라쇼大藏省는 이러한 현지의 반응을 받아들여, 일본군의 지불수단으로 한국에서는 주로 일본은행권을 사용하고 군표는 청국 내에서 사용하기로 했다.[14] 2월 24일 고무라 쥬타로小村壽太郎 외무대신은

---

11 高嶋雅明,『朝鮮における植民地金融史の硏究』, 大原新生社, 1978, 84쪽.
12 岡庸一,『最新韓國事情』, 嵩山堂, 1903, 460쪽.
13 위의 책, 457~460쪽.
14 阪谷大藏次官發·珍田外務次官宛(1904.2.23),『一件』, 분할 1·제13화상.

주한 공사 하야시에게, 이후 경인 지역에서는 군표 발행을 중지하고, 지금까지 발행된 군표는 서울·인천의 다이이치은행에 위탁하여 '오쿠라대신大藏大臣이 정한 시가'로 금엔(일본은행권)으로 교환한다고 전했다.[15] 이것은 앞에서 언급한 '군용절부취급순서' 규정을 염두에 둔 것인데, 원래 이 '순서'에는 일본 국내의 금고에서만 금엔과의 교환을 허용한다고 명시되어 있다. 이를 한국에서도 인정한다는 것은 군표 발행목적이 금정화金正貨의 유출 방지에 있었다는 것을 생각해 보면 커다란 원칙 변경이라 볼 수 있다. 같은 해 4월부터 다이이치은행 한국지점은 금고파출소의 자격을 부여받아 군표의 금엔과의 교환업무를 실시했다.[16] 후에 전선이 만주로 확대되면서 점령지의 주요도시에 설치된 요코하마쇼킨은행 역시 금고파출소 자격으로 군표를 교환해 주었다.[17]

이러한 일본 측의 방침변경과 더불어 전선 북상에 따라 대다수의 일본군이 이동하면서 인천과 서울에서는 더 이상 군표를 새로 발행하지 않았다고 볼 수 있다. 그러면 〈표 1〉에 나타난 인천·서울에서의 군표 회수는 모두 개전 직후에 발행된 군표에 대한 것일까. 〈표 2〉는 다이이치은행의 4개 점포(인천·경성·진남포·평양)에서의 군표 회수 금액을 월별로 나타낸 것이다. 표에 따르면 인천지점에서의 회수는 1904년 5월부터 잠시 감소하다가 1904년 가을부터 다시 증가하는데, 경성지점에서도 거의 비슷한 양상을 보인다. 이 지역에서 일본군에 의한 추가

---

15 小村外務大臣發·林駐韓公使宛(1904.2.24),『一件』, 분할 1·제20화상.
16 『軍用切符』上, 46쪽.
17 다이이치은행·요코하마쇼킨은행은 금엔만 교환한다는 규정이 있었지만, 쇼킨은행 잉커우지점만은 엔은과도 교환을 했다. 이에 관해서는 졸고(2004) 주8을 참조. 또 그 외의 점포에서도 편의상 엔은과의 교환을 실시한 흔적이 있다. 일례로 서울의 경우는 『軍用切符』下, 484쪽.

발행이 없었다면 이들 군표는 다른 지역에서 군 이외의 다른 경로로
유입되었다고 생각할 수밖에 없다.

〈표 2〉 한국의 군표 교환액(금고별, 銀円)

	京城	仁川	鎮南浦	平壤
1904/02/01	1,473	44,545		
1904/03/01	413	117,309	2,082	
1904/04/01	22,895	291,315	65,222	
1904/05/01	29,258	2,197	81,320	
1904/06/01	11,192	55,772	32,910	23,428
1904/07/01	19,720	120,978	24,566	14,300
1904/08/01	19,402	74,719	28,946	24,608
1904/09/01	13,493	141,545	41,013	21,444
1904/10/01	53,617	197,073	91,885	31,579
1904/11/01	27,786	376,318	61,672	30,207
1904/12/01	11,368	337,379	32,177	65,623
1905/01/01	16,783	246,318	7,315	70,382
1905/02/01	8,896	137,769	7,245	27,189
1905/03/01	17,205	1,172,088	28,932	49,749
1905/04/01	291,607	1,512,995	46,760	19,650
1905/05/01	480,399	1,954,198	27,018	25,257
累計	1,025,505	6,782,516	579,063	403,416

* 梶原仲治(調查), 『滿洲北淸及韓國=於ケル調查復命書』, 1905, 272・273・275・280쪽. 단
인천의 1904년 2~4월은 大藏省, 『軍用切符=關スル調查 下』, 523쪽.

당초 다이이치은행 인천지점은 군표를 인천에 가지고 들어 온 사람
은 일본인 종군 상인일 것이라 생각하였다.[18] 인천에서는 정기항로편

---

18 珍田大藏次官發・阪谷大藏次官宛(1904.12.22), 附件 「第一銀行券位置及影響等調查ノ
件」, JACAR, Ref. B11090627200(분할 6・제3화상), 『在韓第一銀行支店=於テ無記名式一
覽拂銀行券發行一件』 제2권(外務省外交史料館, 3.4.3.44).

이 있던 남만주 안둥(安東, 현재의 단둥丹東)을 통해 군수물자를 점령지로 수출하고 있었기 때문이었다. 그런데 1904년 12월에 안둥 부근의 해면이 결빙되어, 인천과의 교통이 두절된 후에도 군표는 인천으로 계속 유입되었다. 1905년 2월 다이이치은행 인천지점의 조사에 따르면, 안둥의 결빙 이후도 인천으로 유입된 군표는 산둥성 즈푸(芝罘, 지금의 烟台)에서 중국 상인이 가지고 들어온 것이라 한다.[19]

역시 1905년 2월 다이이치은행 인천지점의 조사에 의하면 한국에서 군표 신용은 전무한 상태였지만, 군표 유입은 한국인의 수요에 따른 것은 아니었다. 군표는 인천에 유입된 후, '시장에서 한 번도 유통되지 않고 바로 은행에서 교환되어야 했다'고 한다. 은행이 접수한 군표는 정부의 명령에 따라 전지로 보내졌다.[20] 이렇듯 중국인들은 교환의 목적으로만 군표를 인천으로 반입하고 있었다.

인천에서의 군표 회수가 급증한 1905년 5월, 다이이치은행 인천지점은 군표를 반입한 중국인에 대해서 다음과 같이 보고하고 있다. 이들 중국인은 인천거류지의 화교상인이 아니며, 또 즈푸의 일반 상인도 아니었다. 군표를 반입한 것은 '즈푸의 100여 명 남짓한 소자본 은행가'이고, '군표 매매를 하나의 생업으로' 하는 사람들이었다. 그들은 '적극적으로 뉴좡과 그 외 지역으로 사람을 파견하여 군표를 사들였고 교환을 위해 일부러 인천까지 사람을 보냈다' 또 '혼자서 수천 엔 혹은 수만엔의 군표를 누더기나 속각粟殼에 싸서, 중국식 범선을 타고 즈푸에서

---

19 第一銀行仁川支店(1905.2.18), 『軍用切符』下, 507~508쪽.
20 第一銀行仁川支店(作成日不明. 1905.2.2 大藏省に回付), 『軍用切符』下, 496~499쪽.

인천으로 왔고', 항해의 위험에도 불구하고 '군표를 매매하는 것 자체를 하나의 도박이라 보며 아랑곳하지 않는 상태'였다고 한다.[21] 이를 통해 '소자본은행가'(재래형 금융기관인 전장錢莊으로 추정됨)가 투기의 목적으로 군표를 인천에 반입했다는 것을 알 수 있다.

그리고 군표와 교환된 일본은행권의 일부는 그대로 즈푸로 보내졌는데, 상하이 환율변동에 따라, 홍콩상하이은행 · 차타드은행 인천대리점을 통해 송금되었다고 한다. 또 1905년 9월 일본은행 보고에 따르면 인천에서 교환된 일본은행권은 즈푸와 상하이로 송금된 것 외에 절반 정도가 일본으로 보내는 송금환 구입에 사용되었다고 한다. 고베神戶와 오사카大阪로 송금된 자금은 환율이 유리할 때를 가늠하여 역시 상하이로 재송금 되었다.[22]

이처럼 인천에 유입된 군표는 만주점령지에서 직접 유입된 것이 아니라 만주에서 산동반도를 경유해 온 것이었다. 또 인천에서 군표와 교환된 일본은행권은 즈푸로의 일부 송금 외에도 복수의 경로를 통해 상하이로 송금되었다. 다음 장에서는 인천으로 유입된 군표를 보다 광역적인 유통의 일환으로 간주하고 살펴보고자 한다.

---

21 第一銀行仁川支店(作成日不詳. 1905.5.23 大藏省に回付),『軍用切符』下, 518~520쪽
22 日本銀行,『滿洲北淸及韓國ニ於ケル調査復命書』1905, 721쪽.

4. 광역적인 군표유통과 그 배경

1) 황해·발해 연안 교역의 결제

1904년 6월 초순, 요코하마쇼킨은행 상하이지점은 본점에 다음과 전했다. "오늘 어느 즈푸 상인이 일본 정부가 발행한 군용 수표라는 것을 가지고 와 매입을 요청했습니다. 이는 은 1엔에 해당하는 지폐 및 은 20전에 상당하는 것으로 (…중략…) 본점에서 아직 아무런 안내가 없어 우리 정부가 발행한 것이 맞는지 알 수 없습니다. 하지만 얼핏 보아도 군사상의 목적으로 사용하는 우리 정부의 지폐가 틀림없다고 생각됩니다."[23] 일본군이 다롄大連을 점령한 것은 5월 30일이고, 6월 초순에는 아직 요동반도 점령 작전이 진행 중이었다(6월 30일에 잉커우 점령). 그런 상황에서 이미 군표는 상하이로 유출되기 시작했고, 일본 측 금융기관은 그 사실을 전혀 예상하지 못하고 있었다.

위 지점에 들어온 군표는 모두 즈푸를 경유해 유입된 것으로 상하이에서 반출된 상품의 대가로 유입된 것이었다.[24] 한편 즈푸는 러일전쟁 후 요동반도의 일본군에게 물자·노동력을 제공하는 거점이 되면서 군표가 유입되었다.[25] 기선과 재래 범선으로 요동반도, 잉커우에서 즈푸로 유입된 군표는 재래 금융기관인 전장錢莊에 매각되었다.[26] 또 다

---

23 橫浜正金銀行上海支店長鋒郎發·同行頭取副頭取宛(發信日不明), 『軍用切符』下, 614쪽. 1904년 6월이라는 시기는 다음 각주의 문헌에 의함.
24 在上海小田切總領事發·外務大臣宛(1904.9.13), 『軍用切符』下, 454~455쪽.
25 在芝罘水野領事發·外務大臣宛電報(1904.8.24), 『一件』, 제1분할·47화상.
26 伊東小三郎發·橫浜正金銀行頭取宛(1904.9.27), 『軍用切符』下, 646~647쪽. 이 사료에

른 조사에 따르면 즈푸 상인중에서도 고베와 오사카에 지점·대리인을 가진 대상인은 직접 군표를 일본으로 송금하고 그러한 중개인을 가지지 못한 소상인은 전장에 군표를 팔았다고 한다.[27] 상하이에 군표를 들여온 것은 이러한 즈푸 상인과 전장이었다고 짐작된다.

군표의 교환을 요구받은 요코하마쇼킨은행 상하이지점에서는 금엔 90전에 상하이에서의 일본 환율을 곱한 가격으로 매입했다.[28] 이는 이미 언급했듯이 일본국내의 금고(국고금 취급기관)에서 군표 1엔 = 금엔 90전의 교환율로 군표를 금엔과 교환했기 때문이다. 상하이에서는 다른 미국계 인터내셔널은행International Banking Corporation도 같은 형태로 군표를 매입했다. 예를 들면 1904년 10월 22일에는 상하이에서의 일본은행권 매입시세가 1엔 = 77상하이량上海兩이었기 때문에, 군표는 77량兩에 0.90을 곱한 69량 3전이 되었다(상하이량은 상하이에서 사용된 은 계산단위).[29] 다음 해인 1905년에는 인터내셔널은행·홍콩상하이은행 등 상하이의 외국은행 4곳이 군표를 매입했다는 것을 확인할 수 있다. 그 매입액의 합계는 1905년 5월 말부터 8월 상순까지의 2개월 반 동안 635만 엔에 달했다.[30] 외국은행은 이것을 일본으로 회송하고 금고에서 금엔으로 바꾸었다.[31]

그런데 만주에 유포된 외국지폐가 상하이로 유입된 것은 일본 군표가 처음이 아니었다. 선례가 된 것은 청일전쟁 이후 만주에 대한 간섭

의하면 전장은 군표를 취합하여 일본으로 송금, 엔은으로 교환했다고 하지만, 일본으로 송금된 군표 양이 어느 정도인지는 불분명하다.

27 第一銀行仁川支店發(發信日不明. 1905.6.8 大藏省に回付),『軍用切符』下, 527쪽.
28 橫浜正金銀行上海支店長鋒郎發・同行頭取宛(1904.9.17),『軍用切符』下, 622~623쪽.
29 橫浜正金銀行上海支店長鋒郎發・同行頭取宛(1904.10.23),『軍用切符』下, 630쪽.
30 橫浜正金銀行上海支店支配席發・本店支配人宛(1905.8.18),『軍用切符』下, 632~634쪽.
31 日本銀行松尾總裁發, 大藏省財務局長宛(1905.8.28),『軍用切符』下, 631쪽.

을 강화하고 있던 러시아의 루불화였다. 요코하마쇼킨은행 상하이지점은 "러시아가 만주를 경영한 이래, 만주에서 상하이로 이동한 루불화는 상당한 금액에 이르는데, 올해(1904) 8월경부터는 매월 2백만 루불 정도가 수입될 전망이다. 수입된 루불화를 뉴촹 또는 즈푸에서 상하이로 송금하는 것은 산동 상인"이라고 보고하고 있다.[32] 그리고 "그들(산동 상인)은 일본 군표를 루불화와 마찬가지로 다루었다. (군표는) 여기저기 전송된 후 결국 즈푸로 모아져 다시 상하이로 송금되었다"고 하며, 군표의 상하이 유입을 루불화의 유입과 같은 성격의 것이라 판단하고 있다. 루불화의 상하이 유입은 일본군의 북진에 따라 1904년 8월경부터 점차 감소했지만,[33] 그때까지는 일본 군표와 루불화가 동시에 상하이로 유입되었다는 것을 알 수 있다.

만주・상하이 간의 중계점이 된 즈푸에는 1904년 9월경에도 하루 평균 3~4만 엔의 루불화가 잉커우와 요동반도 각지에서 유입되고 있었다. 이 것들은 즈푸에 다수 존재하던 전장에 매각되거나 수입품 상점・잡화점에 상품 대금으로 지불되었다. 루불화를 매입한 전장과 상점은 상품의 구입 자금으로 충당하거나 교환 차익을 얻기 위해 상하이로 송금하였다.[34]

상하이로 송금된 루불화는 일본 군표와 마찬가지로, 외국은행에 매입되었다. 요코하마쇼킨은행의 조사에 따르면, 1904년 1월부터 8월까지 상하이의 외국은행이 매입한 루불화는 1,565만 루불에 달했다. 그 최대 매

---

32 伊東小三郎發・橫浜正金銀行頭取宛(1904.9.27), 『軍用切符』下, 646~647쪽(괄호는 인용자).
33 위의 책, 같은 쪽(괄호는 인용자).
34 橫浜正金銀行上海支店長鋒郎發・同行頭取副頭取宛(發信日不明), 『軍用切符』下, 614쪽.

입처는 러청은행露淸銀行이었고(586만 루불), 홍콩상하이은행(548만 루불)과 독일아시아은행(298만 루불) 등, 다른 외국은행도 상당액을 매입하고 있었다. 외국은행은 상하이 · 런던 간의 환율시세와 런던 · 러시아 간 환율시세를 감안해서 루불화의 매입가격을 결정했다. 이것을 상하이쇼킨은행은 '런던으로 보내는 송금환의 매입과 같다'고 평가하고 있다.[35]

이처럼 일본 군표와 루불화는 모두 중국 상인의 연안교역의 결제수단으로 만주에서 즈푸, 상하이로 송금되었다. 그 배경으로 주목되는 것은 만주와 산동반도, 상하이 사이에 존재한 전통적 경제관계이다. 만주에서는 명대 이후, 산동반도에서 이주한 한족에 의해 경지개발이 급속하게 진행되었다. 그들이 소비하는 면포와 잡화는 산동반도와 화중남華中南의 연안부에서 들여오는 한편 만주에서는 곡물이나 탈지대두(비료로 사용됨) 등이 공급되었다. 이러한 지역 간 분업에 근거한 연안교역은 개항 후 외국무역에 영향을 받으면서 청대 말까지 유지되었다. 즈푸는 연안교역의 기점의 하나로 1861년 개항 후 더욱 그 역할을 강화해 나갔다. 특히 상하이와의 관계는 밀접해서 중국산 · 외국산 상품은 상하이에서 즈푸를 경유해 발해 연안의 소비지로 보내졌다.[36] 군표와 루불화의 송금은 연안교역, 특히 상하이에서 각지로 반출됨에 따라 생겨난 채무 · 채권관계를 반영한 것이라고 보아도 무방하다.

또 상하이의 외국은행이 군표 · 루불화를 매입한 것도 상하이로의 유

---

35 在芝罘水野領事發 · 外務大臣宛電報(1904.8.24), 『一件』, 제1분할 · 47화상.
36 즈푸에는 상하이에서 들여온 상품을 취급하는 '上海莊'이라 불리는 상점을 다수 볼 수 있었고, 상하이에는 즈푸 상인이 기류寄留하면서 상품 구입에 종사하고 있었다. 長濱淺太郎, 「芝罘」, 『大連實業會會報』 23호, 1908, 26~27쪽; 庄維民, 『近代山東市場經濟的變遷』, 中華書局, 2000, 35쪽.

입을 촉진시켰다고 할 수 있다. 외국은행에게 있어 이것들을 매입하는 것은 어떤 의미가 있었을까. 앞서 언급한 것처럼 외국은행은 군표를 은량銀兩으로 매입한 후, 일본에서 금엔으로 교환하고 있었다. 외국은행의 군표 구입은 은 기준의 자금을 금 기준의 자금으로 변환하는 것을 의미한다. 또 러시아는 1897년에 금본위제로 이행하고 있어, 루불화의 매입에 대해서도 같은 성격을 지니고 있다고 할 수 있다. 요코하마쇼킨은행이 '런던으로 보내는 송금환의 매입과 같다'고 평가한 것처럼, 외국은행은 보유하고 있던 은량을 런던의 금 기준의 자금으로 바꾸기 위한 매개물로 루불화를 구입한 것이다. 구미에서 중국으로 들어온 수입환을 다루는 외국은행에는 은 기준의 자본이 축적되어 있었고, 금은 비가金銀比價 변동에 따라 그것이 평가절하 되지 않도록 항상 주의할 필요가 있었다.[37] 이런 점에서 일본 군표와 루불화 매입은 은 기준 자금의 보유량을 조정하는 작업의 일환으로 의의가 있다고 할 수 있다.

2) 군표를 둘러싼 금은金銀 관계와 투기

앞의 장에서 언급한 것처럼 인천에서 군표와 교환된 일본은행권은 즈푸로 직접 반입되는 것 외에 상하이로의 송금을 위해 사용되었다. 따라서 인천으로의 유입은 기본적으로 만주에서 즈푸를 경유, 상하이

---

37 石川亮太, 「日露戰爭軍票の流通實態と日本の對応」, 『軍事史學』 40권, 2 · 3합병호, 2004, 75쪽; 西村閑也, 「香港上海銀行の行內資金循環, 一九一三年」, 『經營志林』 (法政大學) 30권 1호, 1993, 10쪽.

로 향하는 결제 흐름에 따른 것이었다. 그렇다면 그 흐름의 일부가 왜 인천을 경유하게 되었을까. 이점에 대해서는 다이이치은행 인천지점이 중국인에 의한 군표 매입을 소은행가小銀行家, 즉 전장에 의한 투기 활동이라 간주한 점을 무시할 수 없다.

위 은행에서는 중국인의 군표 유입 동기를 군표의 교환비율과 관련지어 설명하고 있다. 즈푸에서는 군표 1엔이 85전에 해당하는 가격으로 매입되는 데 비해, 인천의 다이이치은행에서는 금엔 90전에 교환되기 때문에, 군표를 즈푸에서 인천으로 가지고 오는 것만으로 5전 상당의 이익을 얻을 수 있었다.[38] 이미 서술한 것처럼 금엔 90전은 일본 정부가 군표를 금엔과 교환할 때 정한 공정비율이다. 러일전쟁 시작 전에 인천과 서울에 금엔 통화(일본은행권과 다이이치은행권)가 이미 유통되고 있었다는 점을 감안하여 군표가 혼란을 가져오지 않도록, 다이이치은행지점은 국고금 업무를 위탁받아 공정비율로 금엔과의 교환을 실시하고 있었다. 중국인은 이에 편승해서 즈푸에서 군표의 시세 차이로 이익을 얻은 것이다.

군표의 교환비율에 대해서는 군표 대 은엔, 은엔 대 금엔이라는 2종류로 나누어 생각해 볼 필요가 있다. 먼저 전자에 대해 살펴보자. 원래 군표는 은엔을 단위로 하지만, 시중에서는 액면보다 할인되어 매입되는 경우가 많았다. 〈그림 1〉은 뉴좡에서 군표의 엔은円銀에 대한 시세를 나타낸 것인데, 1904년 말부터 군표의 가치가 급락하고 있음을 알

38　珍田大藏次官發・阪谷大藏次官宛(1904.12.22), 附件「第一銀行券位置及影響等調査ノ件」, JACAR, Ref.B11090627200(분할 6・제3화상),『在韓第一銀行支店ニ於テ無記名式一覽拂銀行券發行一件』제2권(外務省外交史料館, 3.4.3.44).

39　『軍用切符ニ關スル調査』上, 220∼219쪽. 横浜正金銀行調.

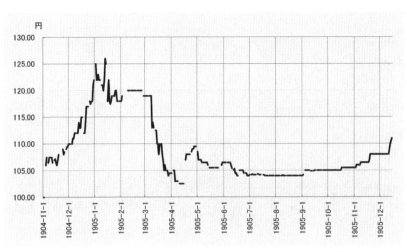

〈그림 1〉 뉴좡(잉커우) 시중의 군표시세(對엔은 100엔, 매 일)[39]

수 있다. 만주점령지에서는 일본군의 회계담당관인 금궤부金櫃部 외에, 요코하마쇼킨은행이 국고금 업무를 위탁받아 군표 교환을 하고 있었다. 하지만 복잡해진 연말 거래업무와 중국본토출신 계절노동자 귀향에 즈음한 군표의 은엔에 대한 교환 요구에 모두 대응할 수 없어 교환액수를 제한한 것이 군표 시세 하락의 직접적인 원인이 되었다.[40] 1905년 3월이 되면서 군표 시세의 하락은 일단락되었지만, 여전히 엔은과 일대일 비율은 되지는 않았다. 이처럼 군표가 할인되는 상황은 교환시설이 설치되지 않았던 점령지 바깥에서는 더 심각했을 것이라 생각된다. 즈푸주재 일본 영사는 1904년 10월 이후 외무성에 군표 시세 하락을 자주 보고했다.[41] 이러한 상황이 즈푸에서 인천으로의 군표 반출을 촉진하는 하나의 원인이 되었다는 것은 틀림없다.

---

40 石川亮太,「日露戦爭軍票の流通實態と日本の對応」,『軍事史學』40권, 2・3합병호, 2004, 250쪽.
41 在芝罘水野領事發・外務大臣宛(1904.10.26),『一件』上, 분할 1・제88화상 등.

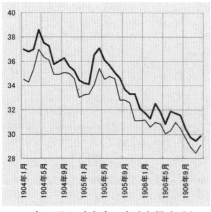

〈그림 2〉 금은 비가(金 1에 대한 銀의 비율,
각 월 최저・최고치)[42]

다음으로 은엔 대 금엔의 교환비율에 대해 생각해보자. 시중에서의 비율이 공정비율인 군표 1엔 = 은 1엔 = 금 90전보다도 은이 싸고 금이 비싼 경우 군표를 공정비율로 금엔으로 교환하는 것이 유리하게 된다. 은엔 대 금엔의 교환비율은 기본적으로 국제 금은 비가比價와 연동되어 있었기 때문이다. 〈그림 2〉에서 런던의 은괴銀塊 시세의 추이를 보자. 엔은 1엔 = 90전이라는 공정비율은 금은 비가로 말하자면 1 대 36정도로, 이것은 러일전쟁 초기의 비가와 거의 비슷하다. 그 후는 은고銀高 경향이 기본이었는데, 1905년 2월경부터 5월경까지 급속하게 은의 하락이 진행되었다. 군표는 은엔보다 약간 싸게 유통되었다는 것을 감안하면, 이 시기에는 군표를 금엔으로 교환할 동기가 높아졌다고 할 수 있다. 그리고 〈표 2〉에서 보듯, 이것은 인천에서의 군표 교환 정도가 급속하게 증가한 시기와 겹치고 있다.

앞에서 인용한 1905년 5월 다이이치은행 인천지점의 보고에 따르면, 중국인들은 '즈푸에서 인천에 오는 도중, 상하이량 환율시세가 하락할 것을 예상했고', 그것이 즈푸에서의 군표 매입을 더욱 부채질했다. 즉 인천에 있는 외국은행대리점의 상하이량 환율시세를 주시하면서 저

---

42 런던표준 銀塊시세를 기본으로 재계산.

락경향을 보이면 즈푸에 연락해 매입한 군표를 인천으로 보내게 했다고 한다.[43] 급격한 은가 하락의 진행이 투기적인 군표 거래를 부추겼다는 것을 엿볼 수 있다.

그런데 만주 점령지에서도 요코하마쇼킨은행이 국고금 업무를 위탁받아 군표를 교환하고 있었다는 것은 앞서 서술했다. 은 유통권에 속한 만주에서는 시장에서 금엔에 대한 수요가 원래 높지 않았다고 생각되는데, 금은 비가의 변동으로 투기의 기회가 생겼다면 만주에서도 군표의 금엔으로의 교환 요청이 증가했을 것이다. 하지만 오쿠라쇼에서는 1905년 3월 초순부터 만주에서의 금엔으로의 군표 교환을 엄격하게 제한하기로 했다.[44] 한편 한국에서는 그런 교환 제한이 이루어진 흔적은 없다. 이는 금엔 이외의 수단으로 교환하는 것은 진행 중이던 화폐정리사업의 취지에서 벗어난 것이었고, 한편 교환자체를 중지하는 것은 군표의 신용유지를 곤란하게 만들기 때문이었다. 이에 대해서는 뒤에 자세히 서술하겠다. 아무튼 이러한 만주와의 교환정책의 괴리도 1905년 3월부터 많은 군표가 인천으로 유입되는 한 원인이 되었다.

5. 군표의 인천 유입과 화상華商

러일전쟁 중 인천에 군표를 가지고 온 것은 즈푸의 중국 상인과 금융업자였다. 하지만 인천에 거주하는 화교상인(이하 화상이라고 칭함)도

---

43 在上海小田切總領事發·外務大臣宛(1904.9.13), 『軍用切符』下, 454~455쪽.
44 『軍用切符』上, 48~49쪽.

이에 협력했을 가능성이 높다. 그 이유는 첫째로 인천 화교의 다수는 원래 즈푸와 밀접한 거래관계를 가지고 있었기 때문이고, 둘째로는 군표 교환 후의 상하이 송금의 방법이 이전부터 인천 화상이 이용하던 본국송금의 방법과 같았기 때문이다.

첫 번째 이유에 대해 살펴보자. 한국 화교의 다수가 산동반도 출신이라는 점은 잘 알려져 있다. 1907년경 청국영사관의 조사에 따르면 인천에 거류하는 화교 1,020명 중 940명은 산동성 출신이었다고 한다.[45] 그들 대부분은 즈푸와 그 주변에서 온 사람들이었다.[46] 직업으로는 채소를 재배하는 농민이 가장 많았는데, 이를 제외하면 상인·직인이 대다수이고, 그 중에서도 견직물, 서양 잡화, 잡화 등, 중국에서 수입되는 물품을 취급하는 상인이 많았다.[47] 인천에서 발행되던『조선신문朝鮮新聞』에 따르면 중국과의 수입무역에 종사하는 인천 화교의 대다수가 즈푸에 본거지를 두고, 즈푸·상하이로부터의 수입품을 서울로 보내 한국인 상인에게 팔았다고 한다.[48] 또 서울에서는 1911년경에 자본규모 상위 10호에 속하는 화상 중 9호가 중국에 본점을 두고 있었고, 다시 그 중 7호는 즈푸에 본점을 두고 있었다.[49] 이처럼 인천·서울의 화상은

---

45 仁川領事 唐恩桐이 정리한 戶口表를 집계한 것. 光緒 33년 11월 작성,『華商人數淸冊－淸査旅韓商民案券』(台灣中央研究院近代史硏究所藏,「駐韓使館檔案」, 請求記號 2.35.56.15) 수록.

46 淸代의 행정구분으로는 登州府 北岸에 해당한다. 光緒 10~12년(1884~1886)의 거류중국인에 대해서 청국 商務委員이 작성한 명부에 따르면, 山東省 출신자 543명 (동일인명 중복제외) 중 登州府 출신이 327명이었다. 그 중에서도 즈푸가 있는 福山縣은 58명, 인접한 蓬萊縣·寧海州가 각각 42명·20명이었다. 中央研究院近代史硏究所編,『淸季中日韓關係使料』, 983번·1127번·1208번 문서.

47 인천의 中華會館이 1906년에 작성한 명부에 따르면, 1536명 중「菜園農業」이 540명,「綢緞布正」148명,「洋廣貨」40명,「雜貨」205명이었다. 仁川本港號戶口人數(光緒 三二年春季),『華商人數淸冊』(「駐韓使館檔案」, 請求記號 2.25.41.3).

48 「淸商の過半芝罘に引揚ぐ」,『朝鮮新聞』, 1909.4.28.

즈푸와 밀접한 관계에 있었고, 즈푸의 중국 상인이 군표를 인천에 가지고 올 때에도 인천 화상의 협력이 있었다고 보는 것은 당연하다.

두 번째로 상하이로의 송금 문제는 인천 화상의 무역결제 구조를 시기를 거슬러 올라가 논할 필요가 있다. 개항이래, 인천의 대 중국 무역은 늘 수입이 수출을 초과하는 상태였다. 중국산·서양산 직물과 잡화류가 수입되는 한편, 중국으로의 수출품은 약소했다. 때문에 대 중국 무역에 종사하는 화상도 어떤 형태로든 상하이 등 수입산지의 상인에게 결제를 해야 했다. 청일전쟁 이전의 대표적인 결제방법은 사금砂金을 보내는 것이었다.[50] 한국해관통계에 따르면 1893년 한국의 금지금金地金 수출은 중국이 12만 7천 엔, 일본이 7만 5천 엔으로 중국 쪽이 많았다.[51] 신고 없이 수하물로 반출되는 사금을 더한다면 그 양은 훨씬 많았을 것이다.

사금 수송 외에는 일본을 경유하여 상하이 등으로 우회 송금하는 방법도 있었다. 한국개항장에는 다이이치第一국립은행·다이주하치第十八국립은행을 비롯한 일본계 은행이 발 빠르게 진출하여 일본 상인을 대상으로 무역 금융을 하고 있었지만,[52] 중국으로의 송금을 취급하는

---

49 「華商鋪名資本等項表」,『各口商務情形-商務報告』(二), 駐韓使館檔案, 請求記號 02.35. 056.18. 또 李正熙는 1910년대 서울에서 직물 수입에 종사하고 있던 3대 華商商號가 모두 고향인 즈푸에서 자금을 조달하고 있다고 했다. 李正熙,『朝鮮華僑と近代東アジア』, 京都大學學術出版會, 2012, 49~53쪽.

50 이에 대해 논한 논문은 다수 존재한다. 村上勝彦,「植民地金吸收と日本産業革命」,『經濟學研究』(東京大) 16호, 1973; 小林英夫,「日本の金本位制移行と朝鮮」,『旗田巍先生古稀記念朝鮮歷史論集』下, 龍溪書舍, 1979; 濱下武志,「一九世紀後半の朝鮮をめぐる華僑の金融ネットワーク」,『近代アジアの流通ネットワーク』, 創文社, 1999 등.

51 "China Imperial Maritime Customs, Returns and Trade and Trade Reports" Appendix II, 1893, Corea.

52 村上勝彦,「第一銀行朝鮮支店と植民地金融」,『土地制度史學』16卷 1號, 1973; 高嶋雅明,

은행은 없었다.[53] 때문에 인천 화상의 일부는 일본, 특히 요코하마의 거래처 화상에게 일본계 은행을 통해 송금하여 상하이의 수출상輸出商으로 재송금을 의뢰하는 방법을 택했다.[54] 일본의 개항장에서는 홍콩상하이은행 등의 외국은행과 요코하마쇼킨은행이 일찍부터 중국으로의 송금서비스를 제공하고 있었기 때문이다.

이와 같은 화상의 사금 수송은 1897년 일본이 금본위제를 채택한 후 쇠퇴했다. 일본 정부의 지원을 받아 한국에 있는 일본계 은행이 시장시세보다 높게 사금을 매입했기 때문에[55] 화상이 사금을 구입해서 송금 수단으로 이용하기에는 곤란했다. 한국에서 중국으로의 금 수출액은 1898년에는 일본과 거의 비슷했는데 1901년에는 일본의 3%까지 급감했다.[56]

사금 수송에 의한 결제가 곤란해지면서 화상은 일본을 경유한 우회송금을 계속하는 한편, 영국계 식민지은행의 대리점을 통해서 송금을 시도하게 되었다. 인천에서는 1897년에 홍콩상하이은행이 홈·링거상회를 대리점으로 영업을 개시했고, 이어 차타드은행도 독일계의 세창양행世昌洋行을 대리점으로 내세워 인천에 진출했다. 홍콩상하이은행의 대리점에 대해서는 은행 내부의 문서가 조금 남아있어서 영업 상황

『朝鮮における植民地金融史の硏究』, 大原新生社, 1978.

[53] 1893년 5월에 요코하마쇼킨은행 상하이지점과 한국의 일본계 은행지점 간 환율업무가 가능해졌지만, 한국 측의 수입초과로 송금수요가 한쪽으로 편중되었기 때문에, 사실상 出合을 하는 것이 곤란했다.「明治二十六年中仁川港商況年報」,『通商彙纂』8호 부록, 1894.

[54] 「廿八年中仁川港商況年報」,『通商彙纂』55호(號外 1), 1896, 54쪽 ; 石川亮太,「朝鮮開港後における華商の對上海貿易」, 2004, 816~821쪽.

[55] 각주 47의 문헌을 참조.

[56] 1898년에는 중국 118만 3187달러, 일본 119만 2588달러, 1910년에는 중국 13만 6150달러, 일본 485만 7201달러가 되었다. "Korea Imperial Maritime Customs, Returns and Trade and Trade Reports", 1901, Seoul.

의 한 면을 엿볼 수 있다.[57] 1908년 보고서에는 "(인천의) 주요한 수입품은 면직물, 면제품, 기계, 식품 등이다. 이들 상품은 상하이에서 수출되어 일본 상인을 제외한 외국 상인이 주로 수입했는데, 특히 화상에 의해 이루어진 경우가 많았다. 이에 화상은 홍콩상하이은행과 차타드은행을 통해 상하이로 거액을 송금했다"고 적고 있다.[58] 인천 화상이 두 은행을 상하이로의 송금 수단으로 이용했다는 것을 알 수 있다.

위 보고서에 따르면 화상의 송금은 거의 전부가 상하이량 기준의 송금환에 의해 이루어지고 있었다. 한국의 식민지화 후 화상에 의한 송금환의 매입금액은 1911년 상반기에 131만 2654량, 같은 해 하반기에는 133만 9148량, 1912년 상반기에 111만 3865량이었다. 또 차타드은행에서도 1912년 7~9월에 93만 6200량의 송금환이 거래되었다.[59] 1911년 홍콩상하이은행의 송금액을 일본 엔으로 환산하면 332만 6478엔이 된다.[60] 같은 해 인천의 대 중국 수입액은 466만 6415엔으로,[61] 단순비교를 한다면 홍콩상하이은행이 전체 수입액의 3분의 2를 넘는 금액을 상하이로 보냈다.

두 은행이 상하이로 보내는 환율시세는 다음과 같이 결정되었다. "환율이 결정되는 방법은 불필요한 잡음을 피하기 위한, 매우 공정한 방식으로 정해졌다. 그 운영방법은 다음과 같이 합의되었다. (은행이 제시하

---

57 런던소재 HSBC Group Archives에 소장되어 있다. 인천(Chemulpo)대리점에 대해서는 1908년과 1912년의 Inspector report 외에 대리점계약에 관한 약간의 문서 등이 남아 있다.
58 "Report on the Trade & Condition in Chemulpo", 1908, SHG-II-129, HSBC Archives.
59 "Report on the business of Chemulpo, and general remarks on korea", 1912, HSBC H190/00, HSBC archives. 또 러일전쟁 중 다이이치은행 인천지점의 보고에서도, 인천 화상은 상하이서 수입할 때 화물 환율을 적용하는 것이 아니라, 홍콩상하이은행·차타드은행의 송금 환율을 기준으로 한다고 했다. 『軍用切符』下, 510~511쪽.
60 1911년 중 參着시세평균 100엔 = 79,178 兩으로 환산(大藏省, 『金融事項參考書』1912年版).
61 조선총독부, 『朝鮮貿易年表』1911年版. 출하지 기준으로 가치를 정한다.

는) 환율은 봉인된 봉투에 넣어져, 두 은행의 중개업자(매판)가 Chinese club(중화회관)에 가지고 간다. 오후가 되어 이 일에 관련된 중국인들이 모두 모이면 중국영사가 감시하는 가운데 봉투가 개봉되고, 보다 높은 환율을 제시한 은행이 그날의 환 거래 신청을 모두 취급하게 된다."[62] 이는 인천 화상주도로 상하이에 대한 환율시세가 결정된다는 것을 알 수 있는 대목이다.

앞서 본 바와 같이 인천에 반입된 군표는 일본은행권으로 교환되어 즈푸에 보내는 금액을 제외하고는 영국계 은행을 통해서 상하이로 송금되거나 일본으로 보내져 상하이로 재송금 되었다. 이것은 여기서 살펴 본 인천 화상의 송금방법과 유사하고, 즈푸에서 군표를 반입한 중국인은 인천 화상의 협력을 얻어 상하이로 송금했다고 보아도 무방하다. 바꾸어 말하면 즈푸와 마찬가지로 인천도 상하이를 중심시장으로 하는 광역적인 교역권에 편성되어 있었고, 일본 군표도 그 교역권내에서 광범위하게 유통되고 있었다고 할 수 있다.

6. 군표의 인천 유입에 대한 일본의 대응

군표 유입이 급증한 1905년 5월 다이이치은행 인천지점은 군표 교환에 관계된 화상을 불러 앞으로는 군표와의 교환으로 일본은행권을 요구하지 않고 가능한 한 직접 오사카·고베·상하이를 대상으로 송

---

62 "Korea Imperial Maritime, Customs, Returns and Trade and Trade Reports", 1901, Seoul. 괄호는 인용자.

금환을 매입하도록 설득하고자 했다.[63] 일본은행권은 다이이치은행이 발행하는 다이이치은행권의 준비통화이기에 일본은행권 지불은 그만큼 다이이치은행권의 발행을 수축시키는 결과를 초래한다. 때문에 다이이치은행으로서는 군표를 일본은행권과 교환하는 것이 아니라 송금환 매매로 흡수하는 쪽이 바람직했을 것이다.

한편 위 지점은 군표 교환을 제한 혹은 중지한다면 어떠하겠느냐는 일본 오쿠라쇼 문의에 대해 다음과 같이 반대했다. 즈푸 상인은 뉴창에서 상품매각의 대가로 군표를 받고 있는데, "만일 인천에서 전혀 교환이 이루어지지 않을 때는 자연스럽게 군표를 받는 사람이 줄어들 것이다. 설령 군표를 받는다 하더라도 현저히 싸지 않다면 교환이 이루어지지 않기 때문에 뉴창과 다른 지역의 군표는 량兩 또는 태환권(兌換券, 즉 일본은행권)에 비해 더 하락할 것이다." 그렇게 되면 원만한 군표의 유통이 저해되기 때문에 교환 중지는 좋은 정책이 아니라는 의견을 피력했다.[64] 오쿠라쇼의 입장에서 보면 화상이 군표를 어떤 형태로든 금엔과 교환한다면 최종적으로 일본의 금 유출로 이어질 우려가 있었다. 원래 군표 발행의 취지가 금정화金正貨 절약에 있다는 것을 감안하더라도, 군표를 금엔으로 교환하는 것은 바람직하지 않다. 하지만 군표가 실제로 만주 지역 외 결제수단으로 사용되고 있는 상황에서, 인천에서의 교환중지가 만주점령지에서 군표의 신용을 훼손시킨다는

---

63 第一銀行仁川支店發(發信人不明. 1905.6.8 大藏省に回付), 『軍用切符』下, 526~528쪽. 이에 따르면 위 지점이 上海전용 換을 도입하고 있는 것처럼 보이지만, 다른 곳에서는 예를 찾아볼 수 없다. 戰後인 1906년 10월이 되어서, 위 지점이 上海의 正金銀行지점과 上海兩換의 적용을 개시했다는 신문기사가 나왔다(「上海兩爲替開始」, 『朝鮮新聞』, 1906.10.20).
64 『軍用切符』下, 526~528쪽.

다이이치은행의 우려도 오쿠라쇼가 고려하지 않을 수 없었다. 이런 여러 가지 이유로 결국 인천에서의 교환제한은 실시되지 않았다.

군표의 신용을 유지하기 위해서는 점령지 외부에 대한 교역의 결제수단으로서의 기능이 중요하다는 것은, 인천 이외의 장소에서도 지적되고 있었다. 일례로 즈푸주재 미즈노 고키치水野幸吉 영사는 1905년 1월에 「군표 발행의 득실」이라는 의견서를 작성하였는데,[65] 1904년 말부터 잉커우에서의 군표 시세 하락의 원인을 당국자가 군대소요의 물자 및 노역의 최종적인 채권자 중 주요 인물이 뉴좡·텐진天津·즈푸·상하이 등의 개항장에 있다는 것을 고려하지 않았기 때문에 적절한 제도를 만들 수 없었다는 점을 지적하고 있다. 구체적으로는 텐진·즈푸·상하이 등에서의 교환이 충분하지 않았다는 점을 들고, 이를 해결하기 위해 청국·한국의 일본 우체국에서 군표를 액면대로 회수할 것, 즈푸에 요코하마쇼킨은행 출장소를 설치해서 군표 교환을 할 것, 만주의 요코하마쇼킨은행과 한국의 다이이치은행에 일본뿐만 아니라 중국을 대상으로 한 송금환을 군표로 바꿀 수 있도록 조처할 것 등 세 가지 안을 제시하고 있다.

이후의 일본 정부의 대응은 미즈노의 제안에 따라 진행되었는데 그 가운데 하나가 중국으로 보내는 송금환을 판매하면서 군표를 회수하는 것이었다.[66] 요코하마쇼킨은행의 잉커우지점에서는 이미 1904년 11월부터 군표로 일본으로 보내는 환어음을 매각하기 시작했는데, 중

---

65 在芝罘水野領事發·外務大臣宛(1905.1.28), 『一件』上, 2 분할·제44화상.
66 이에 대해서는 石川亮太, 「日露戰爭軍票の流通實態と日本の對応」, 『軍事史學』40권, 2·3합병호, 2004, 251~253쪽에서 자세히 논하였다.

국인들은 이것을 실제로 일본을 경유해서 상하이로 송금하기 위해 이용했다. 이러한 우회송금은 일본으로부터의 금 유출을 초래할 우려가 있어, 1905년 2월부터는 이 지점에서 직접 상하이로 보내는 송금환을 판매하기 시작했다. 이후 군표회수 경로 중 상하이를 비롯한 중국 각지로 보내는 송금환의 매각이 최대가 되었다.[67]

또 즈푸에 요코하마쇼킨은행 출장소가 1905년 6월에 설치되었다.[68] 군표 송금의 중계점이 되었던 즈푸에서 이 은행이 직접 군표의 매입을 개시하면서, 상하이와 인천으로의 군표 유출은 감소되었다. 〈표 2〉에서는 1905년 5월의 회수액까지만 알 수 있는데, 〈표 1〉에서 본 바와 같이 1906년 4월 인천의 누계 회수액은 822만 엔으로, 그 83%에 해당하는 678만 엔(83%)이 1905년 5월까지 회수되었다는 것을 생각하면, 즈푸에서 인천에 유입된 군표는 그 후 크게 감소했다고 봐도 무방할 것이다.

7. 네트워크와 제국의 교차점, 인천

인천이라는 도시의 성격에 주목하면서 본고가 밝히고자 하는 내용을 정리하면 다음과 같다.

러일전쟁에 있어 일본 군표는 개전직후의 시기를 제외하고, 한국에서는 거의 유포되지 않았다. 정책적으로도 실질적으로도 금엔에 의한

---

67 1906년 10월까지 회수된 누계 1억 7천만 엔 중 송금한 판매에 의한 것이 약 1억 엔이었고, 그 중 약 7천만 엔이 중국으로 보내는 송금환이었다. 『軍用切符』上, 241쪽.
68 長濱淺太郎, 「芝罘」, 『大連實業會會報』 23호, 1908, 33쪽.

통화 통일이 진행되는 가운데 은엔을 단위로 하는 군표를 사용하는 것은 곤란했기 때문이다. 그럼에도 인천에는 산동성 즈푸에서 군표가 계속해서 유입되었다. 군표를 반입한 것은 즈푸의 중국 상인·금융업자로, 그들은 군표를 다이이치은행에서 일본은행권으로 교환한 후, 복수의 경로를 통해 즈푸·상하이로 송금했다. 이러한 중국인의 활동을 보다 넓은 범위에서 보자면 만주에서 산동반도를 거쳐 상하이로 향하는 거대한 자금의 흐름이었다. 그 배경에는 황해·발해 연안무역으로 생긴 지역 간의 채권채무관계가 존재했다.

그런데 당시의 인천에는 많은 화상이 존재했고, 그들은 이러한 즈푸 상인·금융업자의 활동에 중요한 지원을 했다고 생각된다. 인천 화상의 대부분은 원래 산동성 출신으로 즈푸와는 밀접한 거래관계로 맺고 있었고, 또 그들은 상하이에 대한 송금의 노하우를 축적하고 있었다. 즈푸 상인·금융업자는 그러한 인천 화상의 노하우를 빌리는 형식으로 군표 거래를 하고 있었던 것이다. 이 사례는 인천 화교가 황해·발해연안으로 확장되는 중국 상인의 네트워크의 한 축으로 이어진다는 것을 상징적으로 보여주고 있다.

한편 러일전쟁의 개시 후 한국을 사실상 보호국 지배하에 둔 일본에게, 인천이 경제적인 지배의 거점 중 하나였다는 것은 말할 것도 없다. 자국의 금엔에 의한 한국화폐제도의 통일을 계획하고 있던 일본에게는, 인천에 은엔을 단위로 하는 군표가 유입되어지는 것은 달갑지 않은 일이었기 때문에, 유입된 군표는 금엔과 무제한적으로 교환할 수밖에 없었다. 이러한 일본 측의 정책이 환율의 지역차를 초래했고, 여기서 투기의 기회를 발견한 중국인이 더욱더 많은 군표를 인천으로 반입하는 결과로 이어졌다. 한국을 일본으로 편입하고자 해서 생긴 제도의 모순이 국경을 넘어선 네트워크를 구축하고 있던 중국인에 의해서 이용되었다고 할 수 있다.

이 사례가 보여주는 것처럼 개항장 인천은 여러 제도와 네트워크가 겹치는 접점이 되고 있었다. 그러한 제도와 네트워크의 사이에 생겨난 여러 가지 현상이, 인천이 도시로서의 특징에 어떻게 반영되고 있었는가는 더 많은 사례 연구를 통해 고찰해 볼 필요가 있다.

참고문헌

『各口商務情形 – 商務報告(二)』(台湾中央研究院近代史研究所 소장).

岡庸一, 『最新韓國事情』, 崇山堂, 1903.

『軍用切符ニ關スル調査』, 大藏省理財局, 1908(일본 京都대학 경제학부 도서관 등 소장, アジア歴史資料センター 공개).

『軍用切符發行並満州ニ於テ横浜正金銀行一覽拂手形發行一件』(일본 外務省外交史料館 소장, アジア歴史資料センター 공개).

『金融事項參考書(明治45年版)』, 大藏省理財局, 1912.

『滿洲北淸及韓國ニ於ケル調査復命書』, 일본은행(추정), 1905.

長濱淺太郎, 「芝罘」, 『大連實業會會報』 23號, 大連實業會, 1908.

『在韓第一銀行支店ニ於テ無記名式一覽拂銀行券發行一件』(일본 外務省外交史料館 소장, アジア歴史資料センター 공개).

『朝鮮新聞』.

『通商彙纂』, 外務省通商局, 不二出版復刻版.

『華商人數淸冊 – 淸査旅韓商民案券』(台湾中央研究院近代史研究所 소장).

China Imperial Maritime Customs, *Returns and Trade and Trade Reports* for the year of 1893, AppendixII, Corea.

Korea Imperial Maritime Customs, *Returns and Trade and Trade Reports* for each year, Seoul (한국 국립중앙도서관 소장).

Report on the Trade & Condition in Chemulpo, 1908, SHG-II-129, HSBC Archives in London.

강진아, 『동순태호 – 동아시아 화교자본과 근대 조선』, 경북대 출판부, 2011.

이시카와 료타, 「조선 개항 후 중국인 상인의 무역활동과 네트워크」, 『역사문제연구』 20, 역사문제연구소, 2008.

_____, 「개항기 중국인상인의 활동과 정보매체」, 『규장각』 33, 서울대 규장각 한국학연구원, 2008.

高嶋雅明, 『朝鮮における植民地金融史の硏究』, 大原新生社, 1978.

古田和子,「境域の経済秩序」,『岩波講座 世界歴史23 アジアとヨーロッパ』, 岩波書店, 1999.

＿＿＿＿,『上海ネットワークと近代東アジア』, 東京大學出版會, 2000.

金子文夫,『近代日本における對満州投資の研究』, 近藤出版社, 1991.

島崎久彌,『円の侵略史』, 日本経済評論社, 1989.

浜下武志,「一九世紀後半の朝鮮をめぐる華僑の金融ネットワーク」,『近代アジアの流通ネットワーク』, 創文社, 1999.

西村閑也,「香港上海銀行の行內資金循環, 1913年」,『經營志林』30卷 1號, 法政大學, 1993.

石川亮太,「日露戦争軍票の流通實態と日本の對応」,『軍事史學』40卷, 錦正社, 2004.

＿＿＿＿,「朝鮮開港後における華商の對上海貿易」,『東洋史研究』63-4, 東洋史研究會, 2005.

小林英夫,「日本の金本位制移行と朝鮮」,『旗田巍先生古稀記念朝鮮歴史論集』 下, 龍溪書舍, 1979.

安富歩,『「満洲國」の金融』, 創文社, 1997.

岩武照彦,「日本軍票の貨幣史的考察 (1)(2)」,『アジア研究』27卷 1號, アジア政経學會, 1980.

李正熙,『朝鮮華僑と近代東アジア』, 京都大學學術出版會, 2012.

庄維民,『近代山東市場經濟的變遷』, 中華書局, 2000.

村上勝彦,「植民地金吸收と日本産業革命」,『經濟學研究』16號 , 東京大學, 1973.

＿＿＿＿,「第一銀行朝鮮支店と植民地金融」,『土地制度史學』16卷 1号, 土地制度史學會, 1973.

波形昭一,『日本植民地金融政策史の研究』, 早稲田大學出版部, 1985.

2부

접경지의 경험과 문화

근대와의 만남, 말과 몸의 혼동混動

개항장 부산을 산 민건호의 삶

김동철

1. 개항장 부산과 민건호

1876년 개항으로 부산은 우리나라 최초의 개항장이 되었다. 1876년 11월 25일 첫 화륜선 낭화환浪花丸이 입항하였다. 부산은 화륜선의 시대를 연 선구적인 도시가 되었다. 1882년 부산에 입항한 외국 선박은 기선 33척, 범선 130척으로, 대부분은 일본 선박이다. 1883년에는 영국 기선 4척, 청국 기선 1척, 일본 기선 61척이 입항하였다.[1] 이들 선박을 통해 서양·일본·중국의 사람, 언어, 물품, 기술, 정보, 문화, 문명이 드나들었다.

개항의 시대가 열렸지만 모든 항구가 개항장이 된 것은 아니다. 처음에는 조약에 따라 일부 도시만 개항장이 되었다. 1876년 부산, 1880년

---

1   김재승, 「부산해관 개청과 초대해관장 W. N. Lovatt」, 『국제무역연구』 9권 2호, 국제무역학회, 2003, 3~25쪽.

원산, 1883년 인천이 그것이다. 일본과 맺은 조약으로 개항된 부산에는 일본 영사관, 조계가 설치되었다. 일본인 수는 1890년에는 부산 4,344명, 인천 1,612명, 원산 680명, 서울 609명, 1907년에는 부산 16,040명, 경성 13,416명, 인천 11,467명 순이었다.[2] 부산은 1907년까지 우리나라에서 일본인이 가장 많이 사는 도시였다. 서양인의 눈에 비친 것처럼 개항장 부산은 완전한 왜색 도시였다.[3]

일본 영사관과 조계가 설치된 후, 서양인이 주로 근무하는 해관, 중국 영사관과 조계 등이 들어섰다. 외국인뿐 아니라, 국내 각 지역에서 사람들이 몰려들었다. 부산은 조선, 일본, 중국 등 동양인과 영국, 미국 등 서양인이 섞여 살아가는 최초의 근대로 향한 시공간이 되었다. 개항장 부산은 최초의, 또는 일본과 가장 가까운 개항장이란 시간과 거리의 계량적 측면만 의미를 가지는 것은 아니다. 1876년 개항 전의 왜관이 개항 후의 조계로 대체되면서, 근대와의 접경에서 개항의 경험을 지속한 유일한 열린 도시였다는 공간적 의미를 가진다.

이 때문에 개항기 부산항을 조선인과 일본인의 '섞임의 공간'으로,[4] 조선인의 전통적 공간인 부산진과 일본인의 전관거류지와의 사이 공간, 근대 공간인 초량을 근대 도시 부산의 출발로[5] 보기도 하였다.

개항장 부산은 토박이, 객지인, 뜨내기, 외국인 등 다양한 사람들의

2   木村健二, 「在外居留民の社會活動」, 『近代日本と植民地』 5, 岩波書店, 1993, 33쪽.
3   알렌, 김원모 역, 『알렌의 일기』(1884.9.14), 단국대 출판부, 2008, 22쪽.
4   차철욱·양흥숙, 「개항기 부산항의 조선인과 일본인의 관계 형성」, 『한국학연구』 26집, 인하대 한국학연구소, 2012.
5   양흥숙, 「개항 후 초량 사람들과 근대 공간의 형성」, 『한국민족문화』 44, 부산대 한국민족문화연구소, 2012.

고향살이와 타향살이가 교차하는 공간이다. 민건호閔建鎬는 1843년에 전라도 해남에서 태어났다. 그는 부산 개항장에서 부산항 감리서의 서기관·방판과 다대진첨사 등 관료 생활을 했다. "계미년(1883) 겨울 부임하여 갑오년(1894) 가을 이임하니, 12년 세월 꿈처럼 지나갔네"[6]라는 자작시처럼 40대의 10년 세월을 부산에서 살았다. 그러나 제2의 고향과 다름없는 부산도 그에게는 부평초 같은 삶을 산 타향이었다.[7]

개항장 부산은 그가 뿌린 내린 곳이 아니지만, 그는 개항장의 일상을 피부로 접한 대표적인 인물이다. 그는 관료 생활을 하면서 쓴 일기『해은일록』과 일본에 간 사행일기『동행일록』을 남겼다. 『해은일록』은 개항장 부산을 산 그의 삶의 모습을 잘 보여주고 있다. 그의 개항장 일상을 따라가다 보면 근대적인 것을 체험하는 몸을 만나고, 경험된 근대적인 것을 말로 표현하는 것을 들을 수 있다. 사람은 몸과 마음을 통해 끊임없이 변하는 다양한 세상을 경험하고 이를 언어로 표현한다.[8] 『해은일록』을 통해 세상에 대한 다양한 경험이 외국어 배우기라는 언어학습과 질병과 관련한 몸의 대응이라는 부분에서 어떤 방식으로 드러나는지를 살필 수 있다. 민건호가 개항장 부산을 살면서 보여준 말과 몸의 움직임의 두드러짐은 혼돈, 혼동混動이었다.

혼동은 전근대에서 근대로 넘어가는 단계에서 나타나는 단순한 과도기적 현상은 아니다. 이종찬은 "개화기 의학과 보건의료를 근대와 계몽이란 목표를 향해 달려가는 단선적인 방향으로 분석한 결과, 근대

---

6   『해은일록』1894.9.3.
7   『해은일록』1884.3.14.
8   오예옥, 「지은이의 말」, 『언어사용에서의 은유와 환유』, 역락, 2011.

를 향한 진보의 도정道程에 놓인 중간 기착지가 되고 만다"라고 하였
다.⁹ 메를로-퐁티가 "개인의 삶과 표현, 인식, 역사 등은 목표와 개념
을 향해 똑바로 전진하지 않고 비스듬히 나아간다"¹⁰라고 한 것처럼,
개항기, 개항장 부산의 시공간은 근대라는 단선적, 편향적 방향으로
나간 것은 아니다. 신지은은 "공간성을 하나의 절대적인 방향에서 보
는 시선의 결과가 아니라, 신체의 움직임과 신체 적응에 의해 만들어
진 결과"라고 보고 동적인 공간, '살아 있는 공간'에 대한 탐구를 강조
하였다.¹¹ 외래문화와의 만남은 용인(환영, 나아가 유행), 거부(저항과 정
화), 분리, 적응 등 각양각색의 반응을 보인다.¹² 혼동은 뒤죽박죽되어
소용돌이치는 불확정적인 혼돈의 움직임이다.

2. 민건호, 일본에서 말과 몸을 보다

민건호가 처음 일본을 만난 것은 1881년이다. 1881년 박정양 등 12
명의 관료가 중심이 된 조사시찰단이 파견되었다. 12명에게는 내무성
등 중앙부서, 세관 등 관청, 육군이나 기선 등을 파악·보고하는 임무
가 주어졌다. 박정양은 내무성, 민종묵·조병직·이헌영은 세관을 담

---

9   이종찬, 「醫와 오리엔탈리즘-개화기 조선을 중심으로」, 『의사학』 11권 1호, 대한의사
     학회, 2002, 49쪽.
10   모리스 메를로-퐁티, 김화자 역, 『간접적인 언어와 침묵의 목소리』, 책세상, 2005, 101쪽.
11   신지은, 「사회성의 공간적 상상력 : 신체-공간론을 통해 본 공간적 실천」, 『한국사회학』
     46집 5호, 한국사회학회, 2012, 346쪽.
12   피터 버크, 강상우 역, 『문화 혼종성』, 이음, 2012, 120쪽.

당하였다. 민건호는 이헌영의 수행원이었다.

　민건호는 4월 10일 기선을 타고 부산항을 출발하여, 윤7월 2일 돌아왔다. 4개월 동안 나가사키, 고베, 요코하마, 도쿄, 오사카 등 일본의 주요 도시를 보았다. 임무를 맡은 요코하마 해관을 여러 차례 방문하였다. 목록과 · 검사과 · 수세과 등 해관 직제, 장부 기록법, 수입품의 선장과 화주가 문서를 보고하는 절차, 수출품의 정단定單 절차, 도량형 등, 근대적 관료 조직인 해관의 통관 절차 등을 보았다. 해관에서 영국 비단, 스위스 시계 등 서양 제품, 출항 절차, 부두 시설 등 근대적 문물과 제도를 경험하였다.

1) 근대 학교와 외국어

　민건호는 일본으로 출발하기 전에 부산에서 이미 외국어와 접하였다. 당시 부산에 있던 일본 영사는 곤도 마스키近藤眞鋤였다. 1881년 3월 28일 이헌영 등이 영사관을 방문하였다. 4월 3일 일본 영사의 답례 행사가 있어서, 변찰소 동헌에 모였다. 민건호도 행사에 참여하였지만, 일본말은 하나도 모르겠다고 하였다. 조선말과 한문으로 언어생활을 했던 그가 개항장 부산에서 처음 접한 외국어 일본어는 '낯섦' 그 자체였다.

　조사시찰단은 교토의 한 여학교를 방문하였다. 민건호는 직접 본 것은 아니지만, 들은 내용을 『동행일록』에 상당한 분량으로 서술하였다. 교육이 근대 문명의 형성에 중요하다고 생각했기 때문이다. 책상 수십 개를 늘어두고 영어책을 읽으면서 배우는 곳도 있고, 남자 선생이 여

학생에게 서양 글자를 가르치는 곳도 있었다. 지구의를 잡고 지명을 물으면, 손가락으로 가리키며 정확하게 대답한다고 하였다. 그리고 요코하마 해관의 장부 기록법을 보니, 한문·양서·일본어에 매우 능숙하다고 하였다.

일본 방문 동안 그에게 가장 편한 언어는 한문이었다. 그는 해관과 내무성 관료, 일반 관리, 일반인 등 많은 사람과 필담으로 소통하였다. 일본 학교에서 경험한 것처럼, 영어·일본어에 대해서도 관심을 가졌다. 5월 29일 일기에 "攝津셰츄 神戶고우메에 사는 和久山盤尾와꾸야마유와오가 처소에 찾아와 대화를 나누었다"라고 하여, 셰츄와 고우메라는 지명과 와꾸야마유와오라는 인명의 발음을 한글로 적었다. 그가 일본어로 표현한 첫 사례이다. '고베'를 '고우메'로 적었지만, 첫 사례가 고베라는 일본 개항장이란 점이 상징적이다.

그가 일본어를 표기한 것에는 '네 / 子', '이 / 井'처럼 일본어의 아테지宛字를 적은 것도 있다. 특히 고도コト, 일 / 도모トモ, 一도/도기トキ, 때 / 시데〆, シテ의 네 단어에 대해서는 가타카나 합자合字로 적혀 있다.[13] 합자는 보통 두 글자의 한자를 한 글자로 표기한 문자이다. 일본에서 쓰는 합자는 두 자의 가나를 합쳐서 사용하였는데 주로 고문서 등에 많이 사용되었다. 위의 합자는 일본 고문서에서 가장 많이 사용되는 것들이다. 그가 해관 장부나 통관 서류 등을 보면서 신기하게 본 단어라고도 생각된다.

---

13 『동행일록』(영인본), 118쪽. 민건호가 수행한 이헌영의 사행일기 『일사집략』에도 똑같은 합자 글자가 적혀 있다. 두 사람이 같은 합자를 적은 점이 특이하지만 그 이유는 잘 알 수 없다.

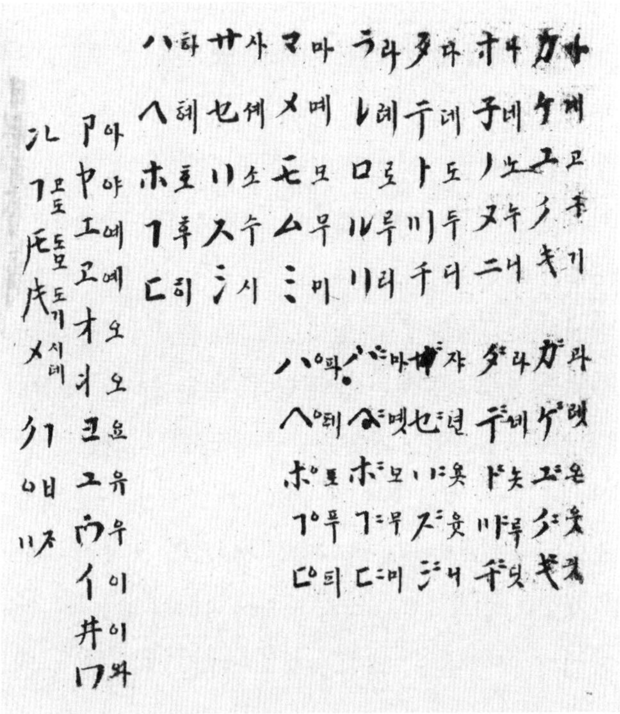

〈그림 1〉『동행일록』에 적혀 있는 일본어

『동행일록』 끝에는 일본어 가타카나가 적혀 있다. 이를 통해 그가 일본어를 배우려고 했던 흔적을 부분적으로 확인할 수 있다. 일본을 통한 근대의 경험이, 일본어를 배워야 한다는 의식을 촉발시켰던 것으로 보인다. 일본어 50음도를 '가カ계ケ고コ구ク기キ, 나ナ네子노ノ누ヌ니ニ' 순으로, 모음은 '아ア야ヤ예エ예エ오オ오オ쿠ク요크크유그우ウ이イ와ワ' 순으로 표기하고 있으며, 탁음과 경음 표기도 있다. 특이한 점은 가타카나 '음'을 기록한 순서이다. 50음도에 따라 '가기구계고' 순서가 아니라 한글 모음 순서에 준해서 '가계고구기, 나네노누니'로 기록하고 있다. 모음 역시 이에 준해 '아야예오요우이와' 순으로 기록하고 있다.

가타가나 모음을 한글 순서로 기록한 것은, 외국어인 일본어를 배우는 그의 전략이 반영된 것으로 보인다. 자모음이 다른 낯선 외국어를 기억하기 위한 전략으로, 내용은 일본어이지만 기억을 위한 형식은 몸에 익숙한 한글 순서를 빌려 쓴 것이다. 이런 현상은 문화접촉 때, 낯선 언어에 노출된 화자가 자신의 방식으로 외국어를 변용하여 받아들이는 초보적 단계의 하나로도 볼 수 있다. 한자와 한글이 유일한 언어 소통 수단인 그는 일본을 방문하는 동안 영어·일본어라는 외국어를 만났다. 그에게 영어·일본어는 단순히 낯선 외국어가 아니었다. 그것은 근대의 표상이자, 근대 개화 문명 자체였다. 예를 들면 서로 다른 언어가 배합되어 있는 요코하마 해관의 장부는 선진화된 기록 방식의 단면을 보여주는 것으로, 민건호로 하여금 외국어 습득의 필요성을 자극하기도 했을 것이다. 근대를 수용하기 위해 외국어를 배워야 한다는 의식이 작동되었을 때, 민건호는 자신에게 가장 익숙한 방식과 접목시켜 외국어를 체득하고자 했다. 이는 근대라는 파도를 접한 당시 사람들이 새로운 문화를 수용하여 변용시키는 한 단면을 보여주는 것이다.

2) 근대 과학과 병원

일본 병원을 처음 만난 것은 1881년 4월 18일, 오사카에서였다. "건물은 여러 층이고, 복도와 높은 계단이 여러 장丈이다. 의장醫長 10명이 학도 100여 명을 가르치고 있었다. 환자가 몇 십, 몇 백인지 알 수 없다. 뼈를 깎고, 살을 베며, 목구멍에 넣거나, 방광을 탐지하는 도구들이 천여 가지라니 더욱 놀랍다"¹⁴라고 하였다. 근대 병원 건물, 의학 교육, 환자, 특히 각종 근대식 수술 도구와 만났다.

5월 4일에는 도쿄의 한 병원을 방문했다. "수십 칸 방에서 치료 받는 병자는 대개 두종頭腫과 골종骨瘡 환자였다. 여인을 치료하는 곳도 보았는데, 대개 창종瘡腫 환자였다. 유방암 환자 한 명은 오른쪽 유방을 자르고 치료받았다. 유방을 자르지 않았다면 생명을 유지하기 어려웠다고 한다. 언청이 수술을 한 두세 살의 아이도 있었다. 사람의 전신 해골을 진열한 곳도 있었다. 잉태한 지 1~2개월에서 6~7개월인 뱃속 아이와 태를 담은 유리병도 있었다. 남녀가 결합한 후 태아가 들어서는 형상을 1~10개월 과정으로 만들어 둔 것도 있었다. 이것으로 산모의 병 원인을 알아낸다고 한다."

민건호는 도쿄 병원에서 본 상황과 느낌을 상세하게 기록하였다. 유방암 수술 환자의 생생한 모습, 언청이 수술, 시험관 속의 태아, 산모의 임신 상황 등에 관한 내용이다. 수술로 대표되는 근대 의학 기술·문명을 경험한 것이다. 민건호는 현미경으로 개구리 피를 보고 그 본래 형체를 아는 것을 서양의 환술, 요술이라고 했다. 부산에서 근무하면서 일본인에게 현미경을 구해줄 것을 부탁한 적이 있다.¹⁵ 그가 경험한 일본의 근대는 개항장 부산에서의 삶에 비교의 준거가 되거나 참고가 되었을 것으로 추정할 수 있다.

---

14 『동행일록』 1881.4.18.
15 『해은일록』 1884.3.6 · 1892.4.20.

3. 개항장 부산에서의 삶 – 바람과 좌절의 외국어

개항장 부산에는 영사관 등 외교 기관, 해관·전신국 등 관청, 회사·은행·공장 등 상공업 시설, 학교, 종교시설 등이 설치되었다. 일본인을 비롯한 외국인 조계가 설치되었다. 개항장의 인근에는 조선의 감리서가 들어섰다. 개항장 외국인의 상업, 기타 활동을 관리하고, 개항장에 세운 해관을 관리·감독하기 위해 설립된 지방 외교관서였다.[16] 1883년 8월에 부산, 원산, 인천 세 개항장에 감리가 파견되었다. 초대 부산항 감리로 이헌영이 임명되었다. 감리를 보좌하는 장부掌簿, 서기, 서리 등 직원은 감리가 직접 선발하였다. 공주 한백영이 장부, 해남 민건

〈그림 2〉『해은일록』에 그려진
해관 도형(1883)

호, 창녕 서상원, 서울 권재형이 서기로 임명되었다. 1881년 조사시찰단의 책임자–수행원인 이헌영–민건호의 관계가 개항장 부산에서 감리–서기(관) 관계로 바뀌었다.

민건호 일행은 1883년 12월 11일 감리서에 도착하여, 12일 첫 부임을 하였다. 1883년 설치된 부산 해관의 초대 관장은 세무사稅務司인 영국인 Lovatt魯富였다. 『한성순보』에 의하면 1883년 12월에 영국인 6명, 네덜란드인 1명, 이탈리안인 1명이 근무하고 있었다. 이헌영은 23일 해관 세무사 직원을 초대하

---

16 민희수, 「조선 개항장 감리서의 성립 과정(1883~1886)」, 『동북아역사논총』 36호, 동북아역사재단, 2012, 140쪽.

였다. 해관원은 Lovatt를 비롯한 영국인 박토목博吐沐, 여위余偉, Duncan 藤幹, 네덜란드인 내내서來耐西, 중국인 탕사오이唐紹儀, 일본인 다케시타 요시타카竹下佳隆였다. 개항장 부산에는 외국인이 근무하는 해관뿐 아니라, 일본·중국 조계, 일본·중국 영사관 등이 설치되어 있어, 부산은 서양인, 일본인, 중국인, 조선인이 함께 살아가는 다국적 공간이었다.

1) 민건호의 영어 공부하기

개항장은 동·서양권의 서로 다른 언어가 병존·공존하는 공간이다. 개항장에는 다른 언어와 소통할 수 있는 매개체인 각국 통역관들이 존재하고 있었다. 동양권 사람들은 한문 필담으로 의사소통이 가능하였다. 외국인과의 만남이 늘어나면서 자국어만을 고집할 수는 없었다. 서로 소통하기 위해서는 외국어 배우기가 필요하였다.

감리서 직원은 해관·영사관 직원과 일상적으로 접촉하고 있었다. 서기 민건호는 업무와 생활의 필요 때문인지, 기초적인 영어를 배우려고 노력하였다. 1884년 7월 2일 일기를 보면 동료 한백영과 알파벳 26자를 공부했다. 1884년 12월 30일 일기의 뒷부분에는 영어 공부한 내용이 적혀 있다. A/a~Z/z가 대 / 소문자로 26자씩 적혀 있다. "에a, 쎄 b, 시c, 띄d, 이e, 엡우f, 지g, 에이취h, 아이i, 제j, 계k, 에얼l, 에무m, 엔 n, 오후o, 피p, 기우q, 아얼r, 엇소s, 틱t, 이우u, 누이v, 다부류w, 엑기슈 x, 왜이y, 쥬이z"라고 한글음 뒤에 알파벳을 적었다. 소문자 a에서 z까지를 이어서 쓴 것도 있다. 1~10은 "원1一, 두2二, 스리3三, 후월4四,

회후5五, 식세6六, 섭인7七, 어잇8八, 나닌9九, 쩨닌10十"처럼 영어 발음을 한글로 적고, 발음에 해당하는 숫자, 뜻을 알 수 있는 한자를 함께 적었다. 『동행일록』에 숫자 1~10을 한자로 병기한 것과는 차이를 보인다. 알파벳 26자와 1~10을 가장 먼저 공부한 것 같다. 알파벳은 기초를 잘 배운 것으로 보인다. 간단한 기초 회화도 공부하였다. 발음은 한글, 뜻은 한문으로 공부하였으나, 영어 철자는 적지 않았다. 영어를 한글로 표기한 음만으로는 정확한 문장을 알기 쉽지 않다. 대략 정리하면 다음과 같다.

한글 문장	한자 문장	한글 뜻 추정	영어 문장 추정
핫。옛셔。유어。님	姓氏誰	당신 이름은 무엇입니까	What is your name?
하우。오우리。아유		당신은 몇 살입니까	How old are you?
하유두。유두	君亦平安乎	당신도 평안하십니까	How do you do?
몬니	好天氣 修人事之初也	좋은 날씨입니다. 인사할 때 시작하는 말이다	Morning!
힙。유。힛。유여。쓰나	進支食乎	진지 드셨습니까	Have you had your dinner?
호왓쭈니슈잣	是何說乎	이것은 무슨 말입니까	What do is that?
멀이골두 〃 데니	日氣甚寒	날씨가 매우 춥습니다	Much cold today
규이도나잇두	好良夜	매우 좋은 밤입니다	Good night
호왓쭈。쑤유코올낫	是何說乎	이것은 무엇이라 부릅니까	What do (do) you call not?

듣기와 말하기의 편의성 때문인지 끊어 읽는 부분에 '。' 표시를 하였다. 표를 보면 아침 · 저녁 인사, 처음 만날 때 인사, 나이, 날씨, 이름, 식사, 사물 지칭 등 초보적인 기본 회화 내용이다. 영어를 발음은 한글, 뜻은 한자, 즉 음독과 훈독으로 받아들인 것이다. 철자는 중요하지 않은 것 같다. 일기를 한문으로 적었기 때문에 한글은 영어 문장을 들은대로 적는 일종의 발음기호와 같은 기능을 할 뿐이었다. 그래도 한글로 발음

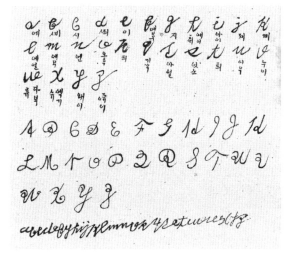

〈그림 3〉『해은일록』에 적혀있는 영어 알파벳(1884)

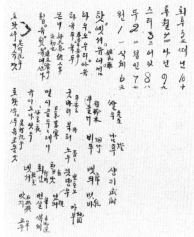

〈그림 4〉『해은일록』에 적혀있는
영어 기초 회화 문장과 단어(1884)

을 기록할 수 있어서, 한글음대로의 영어 문장이 가능한 것이었다.

그는 단어 공부도 하였다. 20개 단어도 문장과 마찬가지로 한글 음
과 한자 뜻을 적었다. 철자를 추정하여 정리하면 다음과 같다.

한글 음	한자 뜻	철자	한글 음	한자 뜻	철자
북허	冊	book	마부	地圖	map
변실	筆	pencil	남푸	燈	lamp
닛긔	硯	ink	쌀우	先生	sir
벗바	紙	paper	녯셔	然矣	yes
비푸	煙竹	bamboo	노우	否 〃	no
맛지	石硫黃	match	힙낫	無	have not
벳듸	席	bed	회닌	何時	when
우울늬	楨幹木	wall	슷당우	坐ᄒ오	sit down
고우	羊	goat(염소)	샹키	感謝	thank you
쏙셰	名啣匣	purse	굿바리	平安去	good bye

단어만 아니라 "sit down, thank you, good bye" 같은 기본 회화도 포함되어 있다. 단어는 학교 교육을 통해 배우는 초보적인 단어만 있는 것은 아니다. 오히려 그의 생활 속에서 접하는 실용적인 말들이다. 'book, paper, pencil, ink' 같은 감리서 서기 업무에 필요한 책·문구류나 '담배, 성냥, 지갑(명함갑), 양(염소), 담장, 지도, 램프, 침대[席]' 같은 수입된 근대 문물 단어이다. 그가 공부한 단어들은 일상생활 속에서 만나는 것들이었다. 개항장 부산에서 어떤 새로운 물품과 접하고, 인식하는가를 알 수 있는 한 단면을 보여준다.

초대 해관장 Lovatt는 1883년 7월부터 1886년 5월까지 근무하였다. 그는 가정교사를 초청하여 한글을 배웠다. 딸에게 보낸 편지에 'How do you do?'는 조선말로 'Ki-kan Ping-an-e-ah-si-o 그간 편안하시오'라고 한다고 하였다.[17] 'How do you do?'를 민건호는 '하유두 유두 君亦平安乎'로,

〈그림 5〉 초대 부산 해관장
Lovatt(1885년경), 부산·부산항
130년에서 전재

Lovatt는 'Ki-kan Ping-an-e-ah-si-o 그간 편안하시오'로 받아들였다. 각자의 모국어로 음을 받아들이고 의미는 모국어 인사말로 환치시킨 것이다. 외국어가 교차하는 풍경을 보여준다. 개항장은 다른 나라 말에 대한 관심과 이해가 섞이고, 소통하는 공간이었다. 민건호는 감리서 동료에게 영어를 배웠다.

---

17 김재승, 앞의 글, 11쪽.

경농이 탕사오이 집에 묵는 윤정식을 방문했다. 윤정식은 상하이上海에 들어가지 않고 부산항에 머물면서 탕사오이에게서 어학을 배우려 한다. 탕사오이도 그를 못 가게 했다. 그도 외롭고 적적하여 경농에게 업무 후 여 가시간에 함께 학습하는 것이 좋겠다고 청하였다. 서로 약속하고 돌아왔 다. 한달분 과제를 배우고 와서 전해주면 나도 대략 알 수 있겠다.[18]

경농은 감리서 서기 권재형이다. 윤정식은 통리기무아문의 어학생 도이다. 같은 생도 민상호, 윤시병과 각국 언어·문자를 공부하기 위 해 상하이와 홍콩으로 갔다.[19] "서울사람 윤정식, 윤시병, 우경선이 작 년 가을에 영어 공부하러 중국에 들어갔다 지금 나왔다"[20]고 한 것은 이를 가리킨다. 해관에 근무하는 탕사오이는 미국 유학 경험이 있는 영어 능통자다. 윤정식은 상하이로 가기 전에 그 집에서 기거하였다. 윤정식은 권재형과 함께 영어를 배웠다. 민건호는 두 사람이 한 달간 배운 내용을 전달받아 영어를 공부하겠다는 것이다.

민건호는 그 말을 한 다음날 알파벳을 공부하였다. 그가 위에서 정 리한 문장이나 단어 외에 어느 수준까지 영어를 배웠는지는 알 수 없 다. 윤정식이 영어 공부하러 상하이로 떠날 때, 민건호는 "만국이 통상 하는 곳에서, 한마디도 알지 못할 때, 바라노니 그대 열심히 공부하여, 이 마음 기대를 저버리지 말기를"[21]이라는 시를 지어 주었다. 부산 개

---

18 『해은일록』 1884.7.1.
19 『통서일기』 1883.9.29.
20 『해은일록』 1884.11.22.
21 『해은일록』 1884.9.13.

항장에서 통상 업무를 담당하는 관료로 살면서도 영어를 모르는 심정을 잘 보여주고 있다. 민건호는 서양인에게 직접 배운 것이 아니라, 중국인 탕사오이·윤정식·권재형을 통해 영어를 배웠다.

2) 말(외국어), 불통이 예견되는 소통

부산 해관의 관료 가운데 일본인은 다케시타 요시타카가 유일하다. 해관에서 서양인과 같이 근무하였기 때문에 영어가 가능했을 것으로 생각한다. 1886년 9월 24일 일기를 보면 밤에 다케시타가 와서 조선어를 배우고 밤늦게 돌아갔다. 그는 25, 26, 28일, 10월 1, 3일 밤에도 민건호에게 갔다. 25일 이후 찾아간 이유는 일기에 기록되어 있지 않다. 24일 이후 계속 간 것으로 보아 조선어를 배우기 위한 것으로 추정된다. 민건호에게 영어·일본어가 필요한 것처럼, 다케시타에게는 조선어가 필요했을 것이다.

부산에는 일본어에 능통한 토박이가 있었고, 개항 후에는 영어와 일본어가 능숙한 사람들이 국내외에서 유입되어 점차 증가하였다. 개항장 부산은 외국어에 능한 사람들이 새로운 삶을 살아가는 열린 공간이 된 것이다. 민건호는 1884년 초여름에 일본에 갔다가 1886년 11월 귀국하여 잠시 부산에 머물고 있는 안경수를 만났을 때, 일본인 양복을 입고, 일본어에 능통하여, 일본인과 섞여 있으면 구별하기 어렵다고 하였다.[22] 또 고진욱의 아들 고영헌은 1883년 1월 일본에 가서 영어학을 공부하고 1884년 11월 귀국하여 부산 초량에 머물고 있었다. 고진

욱은 중국어 역관 출신이고, 고영헌은 일본어 역관 출신으로, 영어·일본어에 능하였다.[23] 영어·일본어 실력을 갖춘 고영헌에게 개항장은 능력을 과시할 수 있는 새로운 공간이다. 개항장 부산을 살아가는 사람에게 외국어 능력은 삶의 전반을 좌우하는 중요한 지표가 되었다. 영어가 민건호에게는 장벽이지만, 고영헌에게는 창이고 통로였다. 말은 소통의 통로이기도 하지만, 불통의 장벽이기도 하였다.

　동래부 소속 서리 김한술은 일본어를 공부하기 위하여 1888년 봄부터 감리서 분서에 와서 머물고 있었다. 그는 동래부 상급 향리의 명단인『부청府廳선생안』에 등재되어 있는 사람이다. 9월 23일 일본어를 배울 수 없음을 알고 동래부로 돌아갔다. 향리 출신이므로 한자·한문 실력은 꽤 높았을 것이다. 봄부터 가을까지 개항장에서 일본어를 배웠지만 외국어라는 장벽을 넘지 못한 것이다. 이 장벽은 조선인에 한정된 것은 아니다.

　1884년 8월 19일 해관에 근무하던 탕사오이가 부산을 떠났다. 후임으로 양즈헝楊子衡이 왔다. 그런데 양즈헝은 1885년 3월에 중국으로 돌아간다고 하였다. 세관에 근무한 지 약 7개월 만에 그만두려고 한 것은 영어 때문이다. 영어에 익숙하지 않아 해관장 Lovatt와 마음이 맞지 않았기 때문이다.[24] 영어에 능통한 전임 탕사오이에 비해, 후임 양즈헝은 영어의 장벽을 넘지 못했다. 영어는 개항장 부산에서 동양 언어권 사람들에게 배타적인 언어로 군림하고 있었다.

22 『해은일록』1886.11.14.
23 양홍숙, 앞의 글, 218쪽.
24 『해은일록』1885.3.1.

말은 만남과 소통의 매개체였다. 민건호가 개항장에서 한문을 아는 외국인과 만나서 소통하는 가장 중요한 수단은 필담이다. 그리고 통역인을 통하는 경우도 많았다. 해관에 공무보러 갔다가 다케시타가 병가 중이어서, 통역인이 없는 불편함을 토로하였다. 다케시타 집에 문병 갔다가 말이 통하지 않아서 그냥 돌아온 적도 있었다. 그리고 일본 영사관이 통상 금지를 완화하는 공문을 동래부에 보냈으나, 무슨 말을 썼는지 알 수 없었다고 하였다. 개항장에서 언어 장벽의 문제는 사적 영역은 물론 공적 업무에서도 마찬가지였다. 외국어라는 장벽은 개인 간의 언어 소통에 한정된 것만은 아니었다. 민건호는 동료들과 함께 일본 요술옥妖術屋에 가서 유희법遊戲法을 보았다. 여장을 한 남자들이 하는 놀이인데, 볼만한 것이 없는데다 언어가 불통하여 매우 재미없다고 하였다.

　　개항장 부산은 토박이와 객지인, 자국인과 타국인, 동양인과 서양인, 외국어를 아는 사람과 모르는 사람, 외국어를 배우러 온 사람, 외국에 가기 전에 머무는 사람, 갔다 와서 머무는 사람 등 다양한 언어 층위의 사람들이 뒤섞여 있는 새로운 공간이었다. 언어 또한 조선어, 한문, 중국어, 일본어, 영어 등 서로 다른 나라의 말들, 동양권과 서양권의 말, 뜻글자와 소리글자가 서로 뒤섞인 혼동하는 공간이었다. 서로 다른 언어들은 개항장 부산에서 병존, 공존하면서도 동시에 근대의 권력을 등에 업고 배타적으로 다른 언어에 군림하기도 했다. 부산은 외국어, 특히 영어라는 선망하는 문화를 담은 언어를 만나고, 느끼고, 체득하는 공간이자 언어를 통해 소외되고 배척되는 공간이다. 개항이라는 문화 접촉은 소통이라는 미명하에, 외국어를 향해 흔들리는 인간들을 만들어내고 있었다. 개항장 부산은 혼동混動하는 언어들을 담고 있는 공간이었다.

4. 개항장 부산에서 익힌 몸 도우기와 다스리기

1) 일본·서양 의학과의 만남

개항장은 근대 의학이 가장 먼저 수용된 공간이기도 하였다. 1877년 부산 제생의원, 1880년 원산 생생의원, 1883년 인천 일본의원 등 일본인 관립병원이 설립되었다. 개항장에 거주하는 일본인의 건강을 돌보고, 자국 세력을 확립하기 위해서였다.[25] 1877년 2월 개원한 제생의원은 일본인이 세운 병원이지만, 우리나라 최초의 근대식 병원이다. 일본 관립병원에는 군의관이 배치되었다.

제생의원 초대 원장은 해군 군의관 야노 요시테츠矢野義徹였다. 조선인 천연두, 언청이 환자를 치료하면서 신의가 왔다는 소문이 나돌아, 많은 조선인이 치료 받으러 왔다. 일본 정부는 야노가 부산에 가면 더 효율적으로 조선인을 회유할 수 있다고 생각하였다. 종두 치료 같은 서양 의술을 보여주고, 일본을 숭배하게 하는 것이 목적이었다. 조선인에게 근대라는 것을 보여주고, 각인시킬 필요가 있었다.[26] 제생의원은 1883년 4월 일본 해군성에서 육군성으로 이관되었다. 고이케 마사나오小池正直가 원장으로 부임했다. 1883~1885년 원장을 지낸 고이케는 견문을 토대로『계림의사鷄林醫事』를 저술하였다.[27] 이 책에는 초기

---

25 신동원,『한국 근대보건의료사』, 한울, 1997, 75~76쪽.
26 아이 사키코,「부산항 일본인 거류지의 설치와 형성─개항 초기를 중심으로」,『도시연구』3호, 도시사학회, 2010, 27쪽.
27 신재의,「부산 일본 제생의원에 대한 자료」,『대한치과의사학회지』18권 1호, 대한치과의사학회, 1999, 103쪽.

제생의원의 활동이 잘 묘사되어 있다.

제생의원은 부산에 정착하기 위해 노력하였다. 고이케는 조선인 한의원으로부터 나력(瘰癧, 경부 임파선 결핵), 학질(말라리아), 전간(癲癇, 간질) 등 조선인이 많이 걸리는 질병에 대해 들었다. 1883년 4월~1884년 3월 치료한 조선인 환자 수는 소화기계, 전염병 순이다. 전염병은 학질, 장티푸스, 이질 순이다.[28] 개원 당시인 1877년 2~12월의 환자 6,346명 가운데 일본인 3,813명, 조선인 2,533명으로, 조선인이 40%를 차지했다.[29] 조선인 환자가 증가하면서 병실을 조선인 환자에 맞게 개조하였다. 병동은 다다미 6조 크기의 실이 4실인 갑동과, 다다미 4조반의 크기의 실이 2실인 을동이었다. 온돌 생활에 익숙한 조선인을 위해서, 을 병동 1실을 온돌방으로 개조하였다.[30] 다다미방과 온돌방이 섞인 조·일 절충식 건물이 개항장 부산에 탄생하였다.

제생의원은 절골과 청진 기계, 해부·마약·극약에서 인체 모든 부분에 대한 정밀한 그림과 신기한 기계까지 친절하게 시범을 보여주었다. 근대식 설비와 외과수술 같은 새로운 의술과 약제 사용은 일본 병원으로 조선인 환자를 끌어들였다.[31] 미신, 민간·자연요법, 진맥·침·한약의 한의학에 익숙한 조선인의 몸은 청진기·주사기 등 기계, 수술·양약 등 낯선 근대 서양 의학을 만나면서 새로운 반응을 보이게 되었다.

---

28 여인석, 「학질에서 말라리아로─한국 근대 말라리아의 역사(1876~1945)」, 『의사학』 20 권 1호, 2011, 대한의사학회, 58쪽.
29 서용태, 「1877년 부산 제생의원의 설립과 그 의의」, 『지역과 역사』 28, 부경역사연구소, 2011, 260쪽.
30 小池正直, 『鷄林醫事』 하편, 1쪽; 위의 글, 255쪽.
31 서용태, 앞의 글, 260쪽.

2) 민건호의 몸과 그 혼동

민건호가 부산에서 일본 의학을 처음 접한 것은 약방에서다. 부산에 도착한 지 1달 남짓 후인 1884년 1월 27일 약 파는 집에서 건위산 1갑을 샀다. 체하여 트림이 심한 증세를 치료하기 위해서였다. 개항 후 부산에는 일본인 약방이 진출하였다. 1882년에는 쓰시마對馬 이즈하라嚴原에 본점을 둔 회생당(점주 미야마三山)의 지점(점주 후쿠다福田)이 있었는데, 회생당 특허약인 천금단을 비롯하여 각국의 약을 팔고 있었다.[32]

약방에서 직접 구입하기도 했지만, 개항장에서 맺은 다양한 인적 관계를 통해서도 약을 입수하였다. 우에노 게이스케上野敬助에게서 별약鼈藥, 다케시타에게서 프랑스제 체증약, Lovatt를 통해 학질약 금계랍(金鷄蠟, 키니네)을 구하였다. 이러한 새로운 약뿐 아니라, 해관원 독일인 시미덕(是美德, 士美德)의 집을 방문해서 서양 의료 기구를 구경하고, 직접 시험도 해보았다. 그가 제생의원에서 직접 치료를 받은 것은 1884년 4월 27일이다.

통사 임기홍을 데리고 일본 의원에 가서 우에노를 만나 이야기했다. 우에노와 함께 다른 방에 있는 고이케를 만나, 콧속 혹을 도려낼 방법을 의논하였다. 즉시 병상에 누워 치료했다. 조그만 침이 달린 기구로 혹을 잡고 작은 칼로 잘라냈다. 다른 침 모양의 쇠에 약을 묻혀 잘라낸 곳에 발랐다. 양 오줌통 가죽 1개를 주면서 가죽주머니에 물을 담아 아픈 곳에 붙이면 쇠독이 생기지 않을 것이라면서, 며칠 계속 실시하라 하였다. 혹 잘라낸 약값은 6전 5푼이다.

---

32 『朝鮮新報』9・10・11호, 1882.2.28・3.8・3.18(음).

콧속 혹의 수술과정과 후유증 예방책이 잘 묘사되어 있다. 그는 큰 수술은 아니지만, 제생의원에서 처음 수술을 받았다. 이런 서양 의학을 쉽게 수용할 수 있었던 것은 일본에서 근대 의학을 접한 경험의 영향일 수도 있다. 우에노는 조선어에 능통한 일본인 통역관이다. 평소 친분이 있는 우에노가 일본 의사를 소개한 것도 한 몫을 하였다. 여러 외국인들에게서 서양의 약을 받은 것처럼, 일본 병원도 근대 의학을 접한 경험자에게서 소개를 받았다. 개항장의 인적 관계는 근대 문명의 수용 범위를 확대할 수 있는 기회이기도 하였다.

민건호는 부산에서 감기, 설사, 체증, 위장병, 치통, 인후통 등 다양한 종류의 병을 경험하였다. 그때마다 조선인이 흔히 하는 처방대로 패독산·삼소음 등 한약을 복용하였다. 그는 평소에 보양식으로 오골계, 삼계 등도 먹었다. 보신·양생을 위해 한약도 먹었다. 홍남파와 삼귤음參橘飮 20첩을 조제했는데, 40년 만에 처음 있는 일이라 하였다. 먼 변방 바닷가에서 풍토병이 해가 되므로 몸을 보호하기 위해서였다.[33] 2년 넘게 살았지만, 부산은 여전히 풍토병을 일으키는 낯선 장소였다. 그의 몸은 타향인 개항장 부산에 적응하기가 쉽지 않았다.

그의 몸을 타향에서 더욱 두렵게 만든 것은 동료의 죽음이었다. 1886년 부산항 감리서 서기 유공환은 부종으로 고생하면서 체증에도 시달렸다. 동래부에서 의원을 보내어 치료하였다. 병세가 심하여 민건호는 권재형과 3차례나 의논하였다. 다케시타에게 부탁하여 일본인 의사가 와서 부은 곳을 보았다. 병세가 악화되어, 무당을 불러 각처에

---

33 『해은일록』 1886.4.9.

축원을 하였다. 민건호는 무당을 불러 축원하는 것이 세간의 속된 풍습이지만, 병 상태가 너무 근심스러워 어쩔 수 없는 것으로 여겼다. 조선인 한의원, 무당, 일본인 의원을 통한 여러 치료에도 불구하고 유공환은 5월 13일 사망하고 말았다. 민건호는 동료의 죽음에 대해, 홀몸으로 천리 먼 곳에 있는 것은 마찬가지라고 하면서, 두렵고 떨려서 마음을 안정시킬 수 없다고 하였다. 동료의 죽음 앞에서 개항장 부산은 민건호에게 타향이면서 죽음의 땅으로 인식되었다.

그는 1892년 10월 18일 아침에 건장환 30개를 먹었다. 평생 처음 먹어보는 약의 부작용 탓인지, 하루 6~7차례씩 이틀 연속 설사를 하였다. 자기 몸 외에는 다른 사물이 없기 때문에 먹었지만, 매우 어리석은 생각이라 하였다. 몸을 벗어나서는 부나 명예 아무 것도 없다는, 주체로서 몸을 보는 그의 인식을 잘 보여준다. 그는 동양적·전통적인 보신·양생적 삶을 살고 있었다. 보신·양생이나 질병 처방을 위해 한약만 먹는 것은 아니었다. 병에 따라 미신, 민간자연요법, 한의학, 양의학 등 다양한 방식으로 대응하였다. 병에 대응하는 몸의 혼동을 볼 수 있다. 몇 가지 구체적인 사례를 살펴보자.

첫째, 민간요법과 한의학으로 대응한 경우다. 1885년 7월 26일 혀 왼쪽 윗부분이 붓는 부종이 생겼다. 다음날 더욱 심하여 약을 먹고, 한의원을 불러 오른쪽 팔뚝 4곳에 침을 맞고, 택화사열탕 2첩도 먹었다. 28일에는 음식을 못 먹고, 잠도 못 잘 정도로 심하여, 지렁이 즙을 뿌리고, 지렁이 가루를 바르면서 밤새 치료했다. 그 결과 다음날 효과가 나타났다. 혀 부종을 치료하기 위해 침·한약 등 한의학으로 대응했지만, 치료 효과를 본 것은 지렁이 즙과 가루라는 민간요법 때문이었다.

둘째, 한의학과 양의학으로 대응한 경우이다. 1887년 7월 22일 피부에 두드러기가 나고 가려운 피부병으로 고생하고 있었다. 치료를 위해 방풍통성산을 먹었다. 고통이 심하여 상약[민간약]도 여러 종류 써 보았으나 효험이 없자, 일본 병원을 찾았다. 피부병 약에 대해 상담하고, 고약 같은 것도 조금 샀다. 의사는 가려운 곳을 긁다가 피가 나면 약을 바르라고 하였다. 피부 속에 작은 충[벌레]이 있어, 충을 죽이는 약을 쓴다는 것이다. 피부병 치료를 위해 한약, 각종 민간약도 먹고, 동래에 가서 온천욕도 하였다. 일본 병원의 양의학을 통해 피부병은 피부 속에 있는 작은 충에 의해 생기고, 그 때문에 가렵다는 것을 알게 되었다. 피부병의 원인인 세균에 대한 인식을 하게 된 것이다.

셋째, 민간요법, 한의학, 양의학으로 대응한 경우이다. 1884년 10월 12일 나귀에서 떨어져 오른쪽 어깨를 다쳤다. 뼈가 어긋났다고 탄식하면서 밤새 고생하였다. 다음날 민간요법·한의학에 따라 치자·계란·보리가루를 식초에 타서 바르는 방법을 먼저 시도하였다. 15일 제생의원에 가서 상처를 문의하였다. 의사는 뼈가 어긋났다고 진단하였다. 먼저 다친 뼈를 맞추고, 물약을 사서 발랐다. 통증은 더 심해졌다. 16일 조선인 한의원을 불러 4곳에 침을 맞았다. 17일 무즙을 붙이고 따뜻하게 하면 효과가 있을 것이라는 동래부사의 말에 따라 즉시 시행하였다. 그래도 차도가 없자 18일 의술이 뛰어난 한의원을 불러 의논하고, 일본 병원에서 물약을 사왔다. 19일 일본 병원에 갔으나 진료를 마친 후여서 그냥 돌아왔다. 다시 침을 맞고, 무즙을 구워 붙였다. 차도가 없자 21일 동래부에 사람을 보내 가미활맥탕 2첩을 지어 오게 했다. 1첩을 끓여 먹고, 흑우 똥을 술과 섞어 상처에 붙였다. 효능이 없자 24일 다시 일본 의사에게 가서 다친 뼈를 맞추고 물약을 사왔다. 25일 어깨 2혈에 침을 맞고, 일본인 물약을 발랐다. 개의 간이 혈맥에 큰 효과가 있다는 말을 듣고, 개 1마리를 잡아 생간을 구하여 술안주로 먹었다.

그의 질병에 대한 대응은 먼저 민간요법을 시도하였다. 그리고 한의학과 양의학을 병행하였다. 개항장 부근에 사는 두 한의원을 불러 침도 맞았다. 특히 동래부까지 사람을 보내어 한약을 지어오게 했다. 그가 시도한 처방은 다음과 같다.

민간요법	한의학	양의학
치자·계란·보리가루를 식초와 섞어 붙임	가미활맥탕 먹음	뼈 정형
무즙 붙임	침(혈침)	물약 바름
흑우 똥을 술과 섞어 붙임		
개 생간 먹음		

어깨를 다친 지 17일째인 29일에야 다친 어깨가 제법 완치되었다. 병이 나은 것은 침과 개 간 효과 때문이라고 여겼다.

탈골된 뼈를 치료하기 위해서는 일본 병원의 처방처럼 뼈를 맞추는 정형이 가장 효과적이었을 것이다. 하지만 그는 다친 곳, 아픈 곳인 '상처'만 다스린다고 병이 나은 것으로 보지 않았다. 상처 난 부위 때문에 맥이 약해지고, 기가 막혀서 낫지 않는다고 보았다. 그래서 활맥탕을 먹고 침을 맞아 약한 맥을 통하게 하고, 개의 간을 먹어 혈맥 활동을 돕도록 한 것이다. 그는 이 같은 방법으로 병이 나았다고 보았다. 그에게 몸은 정체되어 있는 장소가 아니라 다양한 문화가 혼동하고 유동하는 공간이었다.

3) 서양 의학 보급과 전염병 통제

일본 병원과 약국, 서양인 의사, 서양인 등을 통해서 개항장 부산은 일본과 서양 의학 등 새로운 의학을 직접 경험하는 공간이었다. 또한 근대 의학을 부산 외부로 전파하는 공간이기도 하였다. 동래부 호방 이사훈이 토사관락약을 부탁하자, 민건호는 일본약 10개를 사서 보냈다. 고향집의 어른과 아이가 개창옴으로 고생한다는 소식을 듣고 개창약을 보냈다. 고향 친구로부터 우두를 치료할 침과 약도 부탁받았다. 이처럼 개항장 이외 지역에 사는 조선인도 개항장 조선인과의 관계를 통해 근대 의학을 경험하였다.

전라도 해남에 사는 민건호의 가동 권호는 1892년 윤6월 7일 종기 치료를 위해 부산에 왔다. 그는 다리가 붓는 각종으로 이미 여러 달 고생하고 있었다. 민건호는 물약 2병, 고약 1첩을 보낸 적도 있었다. 그는 부종으로 고생한 지 8~9개월 만에 부산에 온 것이다. 부산에 오자 일본 의사에게 상의할 것을 부탁하였다. 민건호는 그와 함께 서양인 의사 하지에게 가서 바르는 약, 마시는 약을 사왔다. 그와 함께 일본 병원에 가서 약을 물어보고 오기도 하였다. 해남에 사는 권호는 민건호를 통해 개항장 부산에서 일본 병원과 서양 의사라는 새로운 의학을 접하였다.

조선인들이 근대 의학의 위력을 경험한 것은 전염병이 발생했을 때였다. 조선인 전염병 환자 가운데 가장 많은 것은 학질 환자였다. 치사율이 높은 학질도 특효약인 금계랍이 들어온 후로 1돈만 먹으면 즉시 낫지 않는 자가 없었다. 이에 "우두법이 나와 어린애가 잘 자라고, 금계랍이 들어와 노인이 장수한다"[34]라는 노래가 나올 정도였다. 금계랍 광고가 처음 등장한 것은 1896년 11월 7일 『독립신문』이다.[35] 민건호가 처음 접한 것은 1884년 여름이다. 7월 24일 동래부에 갔다. 날씨가 너무 더워 동래부사 조병필이 병에 걸렸다. 민건호는 학질이라 판단하였다. 28일 부산 사는 한의원 백찬석이 치료하였으나 차도가 없었다. 민건호가 이 사실을 Lovatt에게 전하자, 금계랍 4봉을 보냈다.[36] 금계랍을 복용한 후 동래부사는 8월 2일 조금 차도가 있다가, 다음날 병이 나았다.

민건호가 금계랍을 복용한 것은 1887년 여름이다. 7월 17일 온몸이 춥고 떨리고, 뼈 마디마디가 아파서 이불을 덮고 누웠다. 저녁 먹은 후에는 두통도 있었다. 학질이 아닌가 의심했지만, 평생 경험하지 못한 병에 걸리지 않을 것이라 위안하였다. 19일 학질을 염려하여 금계랍 1봉을 샀다. 그해 여름 감리서 동료도 학질 때문에 고생했다. 금계랍은 학질 치료약의 대명사로, 근대 의학·문명의 상징이었다. 독일 세창양행이 『독립신문』에 600여 회 이상 광고를 한 것은 이를 단적으로 보여준다.[37] 민건호는 금계랍을 구하여 다른 사람·지역에 보내주기도 하였다. 초학(하루걸이)을 앓는 홍석정의 첩실을 문병한 후, 금계랍 1푼을 구해 보내거나,[38] 해남 조카 집에 2푼을 보냈다.[39]

당학唐瘧인 학질을 민건호는 서학西瘧이라 불렀다. 서양에서 온 전염병으로 인식한 것이다. 『해은일록』 1884년 끝 부분에는 서학약 제조법이

---

34 황현, 『매천야록』 권1, 갑오이전 상, 「학질과 금계랍」.
35 여인석, 앞의 글, 56~57쪽.
36 『해은일록』 1884.7.30.
37 마정미, 『광고로 읽는 한국 사회문화사』, 개마고원, 2004, 17~19쪽.
38 『해은일록』 1894.5.16.
39 『해은일록』 1892.4.23.

적혀있다. 동창진(먼지)와 밀가루로 녹두 크기만한 환을 만든 후, 목상산(조팝나무)를 넣고 달인 물을 공복에 먹는 방법이다. 그가 개발한 것인지, 이미 알려진 민간요법인지 여부는 알 수 없다. 키나나무 대신 조팝나무를, 특히 동창 먼지를 원료로 한 점이 특이하다. 효과 여부와 관계없이 키니네에 대응하는 방안으로 서학약이 만들어지고 있는 점이 주목된다.

동아시아의 전염병은 무역 경로를 통해 유포되는 일종의 무역병이다. 19세기 이후에는 청-조선-일본, 일본-조선-청의 쌍방적인 루트로 확산되었다.[40] 개항장 등 항구를 통해 외국과의 접촉·교역이 증가하면서, 콜레라 등 전염병 수입이 증대하였다. 조선 정부가 전염병 검역을 인식한 것은 1879년 7월 콜레라 대유행 때부터다. 여름에 콜레라가 크게 유행하자, 일본은 부산 조계의 일본인을 보호하는 명목으로 절영도에 소독소와 피병원을 설립하였다.[41] 당시 절영도는 일본인 조계가 아니었다. 조선 정부는 이를 허락한 동래부사 윤치화를 서울로 압송하고 즉시 허가를 취소하였다.

조선 정부는 1885년부터 본격적인 해항 검역에 들어갔다. 개항장 부산·원산·인천에 검역소를 두고, 검역 활동 지침인 온역장정을 제정하였다. 장정은 7월 20일 개항장에 전달되었다. 그런데 1885년 여름 나가사키에서 전염병이 발생하였다. 부산 일본 영사관은 "각국이 통상한 이후 어느 나라의 악질 등 소식이 있으면, 조계 밖 한적한 곳에 피병소를 세워 병자를 치료하는 것은 만국 공통의 법규이며, 피차 상인을 보

---

40 신규환, 『질병의 사회사 동아시아 의학의 재발견』, 살림, 2008, 28~30쪽.
41 신동원, 앞의 책, 116~120쪽.

호하는 길"이라고 하였다. 감리서가 이 사실을 동래부에 전하자, 동래부는 중앙의 처분을 기다려야 한다고 하였다.[42]

1886년에도 괴질이 발생하였다. 민건호는 5월 2일 동료와 일본 조계에 갔다가 온몸에 소독 세례를 받았다. 일본 측은 질병을 퇴치하기 위해 일반인은 물론 관원까지 몸에 소독수를 뿌렸다. 민건호는 법과 기율이 미치지 못하여 저항하기 어려운 사정을 한탄하였다. 일본 조계는 조선 속의 일본, 부산 속의 일본이었다. 그곳은 치외법권 지대였다. 5월 2일부터 일본은 조선인의 왕래를 막았다. 관원도 마음대로 공무를 보지 못하였다. 이런 조치에 대해 그는 분하고 답답함을 견딜 수 없어 했다. 검역과 출입 금지는 1달 이상이나 계속되었다.

1890년 5월 나가사키에서 전염병이 발생하였다. 조정에서는 부산항에 방역을 지시하였다. 지시가 내려진 후에도 나가사키에서 배가 계속 입항하였다. 7월 19~21일에는 부산항에 전염병이 급속하게 번져서, 민간인 출입을 통제하라는 통리기무아문의 전보가 전달되었다. 23일에는 절영도진으로 시장을 옮겨 무역하는 이유, 익히지 않은 음식과 찬 음식을 먹지 말 것, 노상에서 잠자지 말 것 등 검역 사항을 고시하였다. 초량, 구관(고관), 부산 등지에서 전염병이 성행하여, 사람이 날마다 죽어간다는 소문이 퍼져서 민심이 극도로 시끄러웠다. 8월 7일에야 조선인의 일본 조계 출입이 허용되었고, 전염병 사태는 진정되었다.

1880년 7월 일본 영사는 변소·하수도에서 오물·오수가 새지 않도록 청결을 강조하였다. 일본 조계를 대상으로 한 것이지만, 부산은 위생

---

42 『해은일록』 1885.8.1.

이라는 새로운 경험을 하게 되었다. 개항장은 개화된 청결과 미개한 불결을 나누는 위생의 대상이 되었다. 전염병 방지책은 통행·거주이전의 자유를 제한하고, 익숙한 음식을 먹지 못하게 하는 등 습관을 제한하는 등 새로운 생활양식을 강제하였다. 피병원도 치료보다는 환자를 격리하여 전염병 전파를 막으려는 의도로 설립된 것이다. 근대적 위생의 도입은 몸을 보는 시선이 시혜에서 통제로 바뀐 것을 의미한다.[43]

　개항장 부산은 민건호가 몸을 통제하는 근대적인 위생을 가장 먼저 경험한 공간이었다. 일본의 개항장이나 항구를 통해 들어온 전염병은 부산에 가장 먼저 들어와서, 부산을 통해 다른 지역으로 확산되었다. 인구가 집중된 도시에 전염병이 유행하면서 환자를 격리시키는 등 검역이 실시되었다. 위생과 소독이라는 근대적인 통제와 규율이 실시되었다. 전통적 몸에 근대적 몸 다스리기가 실시된 것이다.

5. 혼동(성)으로서의 로컬리티

　개항장 부산은 토박이, 객지인, 뜨내기, 외국인 등이 만나고, 교류하고, 살면서 삶과 문화를 만들어간 상업과 문화가 교차하는 항구도시였다. 이러한 공간 속에서 낯선 사람·문화의 만남은 거기에 대한 익숙함과 낯섦을 혼동하게 만들었다. 낯선 것에 대한 익숙해지기 또는 적응하기는 주체에 따라 차이를 보였다.

43　강신익, 『몸의 역사 몸의 문화』, 휴머니스트, 2007, 185~186쪽.

민건호에게 언어나 질병에 대한 적응은 음식이나 기호품보다는 훨씬 많은 시간을 필요로 하였다. 언어는 더욱 그러했다. 언어는 듣기, 말하기, 쓰기, 읽기 등의 부단한 반복을 통해 습득되는 것이다. 그는 30대 말~40대 초에 일본어나 영어를 배우려고 하였다. 한글과 한문에 익숙한 그에게 외국어는 장벽 그 자체였다. 그가 영어를 직접 쓴 것은 알파벳뿐이다. 알파벳, 단어, 문장 발음은 한글로, 뜻은 한자로 적었다. 일본어는 오십음 순서로 적은 것이 아니다. 한글 모음에 따라 '아예오우이'로, 자음에 따라 '가계고구기, 나니노누니'로 적었다. 일본어 'カキクケコ'를 'カケコクキ'로 배운 것이다. 모국어와 외국어가 섞였지만 혼성어를 만드는 단계로는 나아가지 않았다. 오십음에 한정된 것이지만, 일본어를 모국어 체계 속에서 이해하려는 혼종적 양상이 일부 나타났다.

민건호는 개항장 부산에서 영국인·미국인 등 서양인, 일본인, 중국인과 일상적으로 교류하면서 살았다. 외래문화를 배우는 것은 외국어를 배우는 것과 같다[44]고 한 것처럼, 말은 곧 문화였다. 그는 일본말을 몰라 개항장에 들어온 일본문화를 보고도 이해하지 못한 때가 있었다. 말의 장벽은 문화의 몰이해로 이어졌다.

사람은 건강을 정상적, 아픔을 비정상적인 것으로 여기고, 수단과 방법을 가리지 않고 정상화하려고 한다.[45] 조선 사람의 몸은 개항장에서 조선의 미신·민간요법과 한의학, 서양의 근대 의학, 서양을 통한 일본의 근대 의학과 부딪치고 있었다.[46] 불결한 환경과 병자의 몸이

---

44 피터 버크, 강상우 역, 앞의 책, 88쪽.
45 고미숙, 『고미숙의 몸과 인문학』, 북드라망, 2013, 27쪽.
46 강신익, 앞의 책, 51쪽.

세균의 온상이므로, 전염병 예방법으로 청결이 부각되었다. 질병 대책을 통해 만들어진 공중위생 관념과 제도는 근대 도시의 중요한 규범이 되었다.[47] 민건호의 몸이 소독약 세례를 받은 것은 근대적인 도시 공간에서 삶에 대응·적응해야 하는 새로운 신체 기법이다.

개화와 문명은 몸속에 각인된 삶의 양식이 근본적으로 바뀌지 않고서는 쉽게 이룰 수 없다.[48] 학질 특효약인 금계랍을 복용하고 다른 사람·지역에 전파시켰지만, 민건호 자신이 그것을 체화시키기까지는 혼돈의 시간이 필요했다. 혼돈을 겪는 동안 그의 몸은 익숙하고 낯익은 방법을 찾았다. 그것은 바로 먼지·밀가루·한국산 나무껍질로 만든 서학약이다. 민건호는 한편으로는 금계랍을 수용하면서, 다른 한편으로는 금계랍을 거부하고 있었다. 새로운 외래문화에 대해 민건호의 몸은 용인과 거부라는 혼돈의 반응을 보이고 있었던 것이다.

한 문화와 다른 문화의 만남, 서로 다른 문화를 가진 사람들의 만남, 한 사람의 다른 문화와의 만남은 특정한 장소에서 격렬하게 부딪쳤다. 개항장은 이러한 문화의 접촉·교역지대였다.[49] 개항장에서 접촉·수용한 문화는 상호작용을 하면서 교류하였다. 그러나 개항장에 투사된 근대는 근대의 한 상징인 사진처럼 그대로 투영된 것은 아니다. 투과된 스펙트럼의 띠는 다양하며, 투과되지 못하는 경우도 허다하였다.

현대를 사는 지금, 근대는 이미 일상화된 과거의 시간이다. 근대적인 것의 기원이 된 시공간이 개항장이다. 그러나 개항장 부산의 시공

---

47 나리타 류이치, 서민교 역, 『근대 도시공간의 문화경험』, 뿌리와이파리, 2011, 32쪽.
48 강신익, 앞의 책, 186쪽.
49 피터 버크, 강상우 역, 앞의 책, 111쪽.

간은 근대라는 한 방향, 편향된 방향으로 나간 것은 아니다. 도시는 모든 것이 살아서 움직이는 유동하는 공간이다.[50] 모든 만남은 처음에는 낯선 것이다. 그것이 몸에 각인되고, 삶에 뿌리를 내리기 위해선 혼효하는 시간이 필요하다. 개항장 도시에서의 살아있는 움직임은 일향적, 편향적 흐름의 움직임이 아니다. 그것은 어느 방향으로도 흐를 수 있는 혼동의 움직임이다. 접경과 경계에서 상호 끊임없이 관계짓기를 시도한다. 개항장 도시는 그런 혼동적이고 역동적인 시공간이다. 그것은 살아있는 시공간이다.

개항장 도시 부산을 산 민건호의 삶도 마찬가지였다. 때로는 전통의 유지를, 때로는 근대의 지향을, 때로는 양자의 사이를 갈망하였다. 그의 바람은 이루어지기도 하고 막히기도 하였다. 그것은 혼동 그 자체였다. 그의 삶은 개항장 부산을 산 주체의 한 조각이다. 조각난 삶이 모여 '개항장'이라는 장소의 결을 만들고, 이는 개항장 부산의 로컬리티로 추상화된다. 이런 점에서 민건호의 삶이 보여준 혼동(성)은 개항장 부산의 로컬리티의 일면이라 할 수 있을 것이다.

---

50 나리타 류이치, 서민교 역, 앞의 책, 20∼21쪽.

참고문헌

민건호, 김동철 외역, 『동행일록』, 부산근대역사관, 2008.

─────────, 『해은일록』 I~II, 부산근대역사관, 2008~2009.

민건호, 문순요·김동석 역, 『해은일록』 III~VI, 부산근대역사관, 2010~2013.

박기종, 김봉곤·서동일 역, 『상경일기』, 부산근대역사관, 2005.

─────, 장경준 역, 『도총』, 부산근대역사관, 2005.

박상식, 이성주 역, 『동도일사』, 부산박물관, 2012.

알렌, 김원모 역, 『알렌의 일기』, 단국대 출판부, 2008.

강신익, 『몸의 역사 몸의 문화』, 휴머니스트, 2007.

고미숙, 『고미숙의 몸과 인문학』, 북드라망, 2013.

김재승, 「부산해관 개청과 초대해관장 W. N. Lovatt」, 『국제무역연구』 9권 2호, 국제
　　　무역학회, 2003.

─────, 『부산·부산항 130년』, 부산광역시 중구청, 2005.

마정미, 『광고로 읽는 한국 사회문화사』, 개마고원, 2004.

민희수, 「조선 개항장 감리서의 성립 과정(1883~1886)」, 『동북아역사논총』 36호, 동
　　　북아역사재단, 2012.

서용태, 「1877년 부산 제생의원의 설립과 그 의의」, 『지역과 역사』 28, 부경역사연구
　　　소, 2011.

신규환, 『질병의 사회사 동아시아 의학의 재발견』, 살림, 2008.

신동원, 『한국 근대보건의료사』, 한울, 1997.

신재의, 「부산 일본 제생의원에 대한 자료」, 『대한치과의사학회지』 18권 1호, 대한치
　　　과의사학회, 1999.

신지은, 「사회성의 공간적 상상력 : 신체-공간론을 통해 본 공간적 실천」, 『한국사회
　　　학』 46집 5호, 한국사회학회, 2012.

아이 사키코, 「부산항 일본인 거류지의 설치와 형성-개항 초기를 중심으로」, 『도시
　　　연구』 3호, 도시사학회, 2010.

양흥숙, 「개항 후 초량 사람들과 근대 공간의 형성」, 『한국민족문화』 44, 부산대 한국
　　　민족문화연구소, 2012.

여인석, 「학질에서 말라리아로-한국 근대 말라리아의 역사(1876~1945)」, 『의사학』 20권 1호, 대한의사학회, 2011.

이종찬, 「의와 오리엔탈리즘-개화기 조선을 중심으로」, 『의사학』 11권 1호, 대한의 사학회, 2002.

차철욱・양흥숙, 「개항기 부산항의 조선인과 일본인의 관계 형성」, 『한국학연구』 26 집, 인하대 한국학연구소, 2012.

나리타 류이치, 서민교 역, 『근대 도시공간의 문화경험』, 뿌리와이파리, 2011.

모리스 메를로-퐁티, 김화자 역, 『간접적인 언어와 침묵의 목소리』, 책세상, 2005.

피터 버크, 강상우 역, 『문화 혼종성』, 이음, 2012.

木村健二, 「在外居留民の社會活動」, 『近代日本と植民地』 5, 岩波書店, 1993.

전염병 대책의 혼선

요코하마 · 나가사키 · 고베 외국인 거류지를 중심으로

이치카와 토모오

1. 일본의 개항과 거류지 자치

이 글은 메이지明治시대 일본의 요코하마橫浜, 나가사키長崎, 고베神戸 외국인 거류지 양상을 전염병 대책과 연관을 지어 비교한 것이다. 19세기 후반 동아시아는 콜레라, 천연두, 흑사병 등의 급성전염병이 각지에서 만연하였고, 이 때 사람이 이동하고 물자가 유통되는 항만 도시가 전염병 확산의 중심이 되기도 하였다.

주지하다시피 1858년 일본은 구미 각국과 수호통상조약을 체결하고 주요 항구를 개항장으로 두게 되었다. 각 개항장에는 상업 거래 및 거주를 위한 외국인 거류지가 마련되었고, 그 토지는 일본 측이 외국인에게 대여하도록 되어 있었다. 그리고 외국인 거류지의 운영은 다음과 같은 수호통상조약 제3조에 따라 일본의 지방 행정과 각국 영사의 협의를 통해 결정되었다.

미국인이 사용할 건물의 대여, 매각 및 각 항구의 정칙定則은 일본 관리와 미국 영사가 협의하여 정한다.

각 개항장에서는 양자 간에 토지 배분과 관리에 관한 규칙地所規則과 약정서 등이 체결되었고, 거류지는 이에 근거하여 운영되어 왔다. 거류지를 둘러싼 이러한 약정은 당연히 개항 시기와 거류지 조성의 사정에 따른 것으로, 여기에는 각 개항장의 지역성이 반영되어 있다고 볼 수 있다.[1]

또한 개항장의 여러 약정을 바탕으로 거류 외국인은 자치적으로 행정을 수행할 수 있었다. 실제로 나가사키, 요코하마, 고베의 거류지에서는 개항 직후에 자치 행정이 발족된 바 있다. 그러나 그 행정 영역에 대해서는 주의가 필요하다. 외국 영사와 지방 정부 사이에서 성립된 토지에 관한 규칙이란 거류지 건설 이후 토지 관리에 관한 약정을 의미하는 것이었다. 때문에 자치 행정, 자치 정부라는 용어와는 반대로, 그 실제 내용은 거류지에서 발생하는 여러 가지 문제 가운데 지극히 제한된 부분에 그치고 있었다.

이 글에서는 요코하마, 나가사키, 고베의 각 거류지를 대상으로 각각의 자치 행정 발족 시기와 그 양상을 비교, 고찰해 보고자 한다. 자치 행정에서는 어떠한 문제들을 다루고 있었는지, 특히 전염병 대책은 어떠한 전개를 보였는지(예를 들면 자치 행정 문제에 전염병 대책이 포함되었는가 아니면 배제되었는가, 외국인 거류지에서는 전염병 대책이 어떻게 강구되었는가 등)에 대해 명확히 밝히고자 한다.

---

1   大山梓, 『旧條約下に於ける開市開港の研究－日本に於ける外國人居留地』, 鳳書房, 1967.

지금까지 일본의 외국인 거류지에 관한 연구는 경제사, 무역사 분야에 집중되어 있었다.[2] 경제 활동을 수행하는 외국인의 생활공간으로 외국인 거류지를 조명한 시도는 문화사 연구를 제외하면 거의 찾아 볼 수 없는 실정이다. 제도사 연구 가운데에서는 거류지 운영에 관해 다루고 있는 내용을 찾을 수 있지만, 외국인에게 임대한 토지를 관리하는 규정인 지소규칙地所規則을 분석하는 데 그치는 경우가 많다. 따라서 외국인 거류지 생활상에 대한 연구는 아직 본격적으로 이루어지지 않았다고 보아야 할 것이다.[3]

이러한 연구 실정은 분석 사료에 크게 좌우되기 때문일 것이다. 외국인 거류지의 동향을 검토하기 위해서는 일본 측의 기록인 '외무성 기록'(外務省 외교자료관 소장)과 거류지 측의 기록인 「영국외무성문서」(The National Archives 소장) FO262를 검토할 필요가 있다. 일본 측의 기록 '외무성 기록'은 일본의 외무성과 영국공사관이 개항장 문제에 대해 협의하였던 과정에 대해 알 수 있는 정보를 제공한다. 한편 거류지 측의 기록 「영국외무성문서」는 파크H. Parkes공사, 영사 및 관계자 간의 통신을 기록한 것으로, 거류지에서 발생한 여러 문제와 다양한 정보를 담고 있다. 이 글에서는 이와 같은 사료를 적극적으로 활용하여 거류지 및 주변의 일본인 거주 지구를 포함한 개항장에서 전염병 대책이 어떻게 전개되었는지를 구체적으로 밝히고자 한다.

---

2   여기에서 모든 연구를 거론할 수는 없으나 대표적인 것으로 石井寬治, 『近代日本とイギリス資本-ジャーディン・マセソン商會を中心に』, 東京大學出版會, 1984가 있다.
3   大山梓, 앞의 책; 齋藤多喜夫, 「開港港則の成立過程」, 『横浜開港資料館紀要』 第23号, 2005 등.

2. 개항장 요코하마의 거류지 행정과 전염병 대책

1)요코하마의 거류지 자치 전개

막말 개항 이후, 에도막부江戸幕府는 매립 사업으로 요코하마 외국인 거류지 건설을 개시했다. 이 사업은 유신 후에 가나가와神奈川현이 계속 추진하여 간나이關內 거류지가 완성되었다. 일련의 건설계획은 영국인 기사 브런턴R. H. Brunton이 측량, 건설하였다고 전해진다.[4] 또 거류 외국 인이 증가하고 영국군과 프랑스군이 주둔함에 따라 추가로 야마노테山 手의 구릉지대가 거류지로 만들어졌다(야마노테 거류지). 처음에는 각국 영사관 용지로서 대차를 시작했으나 1867년에는 야마노테 일대가 외국 인 거류지가 되었다. 그 결과 1875년경에는 요코하마 거류지의 전모가 완성되었다〈그림 1〉.[5] 이 외국인 거류지는 1899년에 철폐되기까지 요 코하마의 수출입거래(소위 거류지무역)의 거점이 되었고, 또 많은 외국인 들의 생활의 장이 되었다. 〈그림 2〉는 거류지 외국인 인구의 추이를 나 타낸 것이다. 이를 살펴보면 1870년에 이미 구미 외국인만 1,082명에 달 하고 있었음을 알 수 있으며, 또한 일본거류 외국인의 50~60%정도가 요코하마 거류지에 거주하고 있었음을 알 수 있다.[6]

1860년 8월 요코하마에서는 영국, 미국, 네덜란드 영사 간에 '가나가 와 지소 규칙神奈川地所規則'이 만들어졌다. 이 규칙은 거류지 토지 소유

4　橫浜市 編,『橫浜史』第3卷(上), 橫浜市, 1961, 421~445쪽.
5　橫浜市 編,『橫浜史』第3卷(下), 橫浜市, 1963, 817~818쪽.
6　위의 책, 817쪽.

〈그림 1〉 橫浜居留地 1876年.
〈Kaisei Yokohama an'nai〉, 1876.

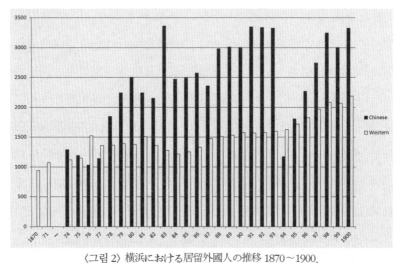

〈그림 2〉 橫浜における居留外國人の推移 1870~1900.
「Commercial Reports from Her Majesty's Consults in Japan」, 『神奈川縣統計書』.

권이 막부에 있다는 것을 이유로 내세워, 도로와 선창, 하수도 등의 시
설은 일본 측이 책임을 지도록 하고, 거류지 내의 청소 및 경비, 조명은
각국 영사의 관리하에서 거류지 외국인이 자치적으로 관리한다는 내

용을 담고 있었다.[7] 이 같은 내용은 거류민의 부담을 경감하면서 자치적인 거류지 행정의 전개를 바라는 각 영사들의 뜻이 반영되어 만들어진 것이라 여겨진다.[8] 그 후 거류지의 확장 등을 배경으로 하여 1864년 12월에 '요코하마 거류지 각서'가 가나가와 부교(奉行, 행정, 사무, 재판 등을 담당하는 무사)와 구미 각국 영사 사이에서 체결됨에 따라 거류지 자치는 정식적인 것이 되어 갔다. 이리하여 토지를 빌려 쓰게 된 임차인이 거류지 참사회參事會, Municipal Council를 조직하고 일본 측에 지불하는 임차료 중 20%를 재원으로 하여 조명과 도로 청소, 그리고 하수도 관리 등을 실시하게 되었다.[9]

그러나 일본 측이 기반 정비의 부담을 맡고, 거류 외국인이 그 관리를 맡는다는 요코하마식의 방식이 오랫동안 이어졌던 것은 아니다. '요코하마 거류지 각서'에 의한 거류지 자치는 재정 기반의 문제 때문에 곤란해졌고, 1867년 11월 각국 영사와 가나가와 부교 사이에서 '요코하마 외국인 거류지 단속규칙'이 체결되어 일본 측에 거류지 관리의 주체가 이관되게 되었다.[10] 이는 가나가와 부교쇼奉行所에 거류지 감독국Land and Police Office을 설치하고, 그 아래에서 거류지 감독관Foreign Director이 거류지 참사회의 활동을 계승한다는 것이었다. 초대 거류지 감독관에 임명된 사람은 영국 영사관 서기관 도멘M. Dohmen이다. 이러한 일련의 변

---

7   위의 책, 745쪽.
8   齋藤多喜夫,「横浜居留地の成立」,『横浜と上海』共同編集委員會 編,『横浜と上海―近代都市形成史比較研究』, 横浜開港資料館, 1995, 146쪽.
9   横浜市 編,『横浜市史』第2卷, 横浜市, 1959, 841~848쪽.
10 大山梓, 앞의 책; 齋藤多喜夫,「明治初年の横浜居留地―「金川港規則」から」,『横浜居留地と異文化交流―19世紀後半の國際都市を讀む』, 山川出版社, 1996.

화는 제도적으로는 요코하마의 거류지 행정권이 일본 측에 의해 회수
된 것이라 볼 수도 있다.[11] 그러나 실질적으로는 거류민이 선임한 감독
관이 기존의 거류지 운영을 이어간 점 등을 고려할 때, 행정권의 반환은
명목상으로 이루어진 것이라고 생각하는 편이 타당할 것이다.

2) 요코하마 거류지의 전염병 대책

요코하마에서 최초로 직면한 전염병 유행은 1870년부터 1971년에
걸친 천연두였다.[12] 이에 대처하기 위해 가나가와현은 요코하마의 쥬
젠의원十全醫院 및 주변 지역의 네덜란드 의사와 함께 종두사업을 계획
하고자 했다. 그러나 영국공사 파크는 거류지 주변에 천연두가 만연하
는 것에 위기감을 느끼고, 외교 루트를 통해 다음과 같이 요코하마의
천연두 대책에 개입했다.

근자에 요코하마의 각국인들이 빈번하게 병에 걸리고 있다는 소식이 날
마다 들어오고 있습니다. 일본인 사이에 천연두가 몹시 창궐하고 있지만,
치료의 손길이 미치지 못하여 전염되고 있으므로, 각국인들이 마음을 놓을
수 없어 단연코 안심할 수 있는 방법이 있었으면 합니다. 병원 개원의 뜻을
실행하시겠다는 약속을 해 주시기를 바랍니다. '숙고 중'이라는 말만으로

---

11 橫浜市 編, 『橫浜市史』 第3卷(下), 828~831쪽.
12 이에 대한 자세한 내용은 市川智生, 「明治初期の伝染病流行と居留地行政-1870~71年橫
    浜の天然痘對策」, 『日本歷史』 第762号, 2011 참조.

는 각국인들이 안심할 수가 없습니다.[13]

이리하여 영국해군 군의관 뉴튼G. Newton에 의해 호도가야保土ヶ谷, 가나가와, 가와사키川崎 등 구舊 도카이도(東海道, 옛날 일본 八道의 하나. 지금의 近畿·中部·關東 지방의 태평양 연안의 지역) 역참마을에서 조직적인 종두가 실시되었다.

한편 천연두 발생은 거류지의 공중위생 문제가 토지 문제, 즉 지소 규칙에 의한 토지 관리 틀로는 해결할 수 없다는 것을 표면화시키는 것이기도 하였다. 가나가와현은 외국인 거류지의 천연두 대책에 직접적으로 관여하는 것이 불가능했다. 때문에 영국 영사 로버슨R. Robertson을 중심으로 한 구미 영사 및 자선 병원으로 운영되었던 Yokohama General Hospital의 구미 의사가 거류민의 종두와 격리 등을 실시하게 되었다. 1871년 1월 영국 영사관에서는 천연두 예방 회의가 개최되었는데, 여기에 참석한 것은 영국 영사 및 의무관, 미국 해군 군의관, 거류지의 개업의開業醫 등으로, 요코하마 거류지의 의료 관계자를 중심으로 회의가 진행되었음을 알 수 있다.[14] 이러한 사실은 전염병 대책이 기본적으로 거류민에 의해 자치적으로 이루어지고 있었음을 반증하는 것이다. 그리고 이를 계기로 하여 외국인 거류지에서는 다음과 같이 자치행정을 부활시켜 전염병 문제를 해결해야 한다는 의견이 나오게 되었다.

---

13 「省於テ卿大輔神奈川縣大參事英公使館書記官卜前件病院設立方ノ応接記」, 1871.1.10(明治 3年11月20日)(「外務省記録」3.11.3.2, 「明治三年 横浜地方疱瘡流行ニ付伝染予防ノ爲避病院設立ノ義在本邦英國公使勧告一件」).

14 "FO262/218 No.2", R. Robertson to H. Parkes, 1871.1.12.

일본 정부의 부주의로 재해가 발생한 것이기 때문에 (천연두가 만연한) 이유는, 간접적이라 하더라도 자치 정부Municipal Government부재에 그 근원이 있다. 거류지에는 구미계에 의한 자치 조직을 절망하는 그룹이 확실히 있지만, 그러한 조직이 실현가능하다면 더 이상 기쁠 것이 없다. (…중략…) 즉 우리들은 이 거류지를 보다 건강하면서 안전하게 만들 수 있도록 위생적인 조치를 강력히 취할 자격이 있는 자치 정부를 필요로 한다.[15]

이러한 거류지 자치의 재개 요구는 '요코하마 거류지 각서'에 의한 자치 행정이 겨우 4년 만에 폐지된 경위를 생각하면 현실적이라고 볼 수는 없는 것이었다. 그러나 전염병 대책을 둘러싸고 거류지에서 이와 같은 독자적인 전개가 펼쳐졌던 사실에는 주목해야 할 것이다.

다음으로 1877년 요코하마에서 콜레라가 발생했을 당시의 거류지 대응을 살펴보자. 이 해 요코하마의 방역은 가나가와현이 설치한 콜레라 사무취급소虎列刺事務取扱所가 실시하도록 되어 있었지만, 구미계 영사 및 의사가 거류지 위생회Board of Health를 조직하고 거류지 내에서 소독약 살포 등을 실시하였다. 말하자면 1871년에 거류지 주민이 요구한 자치 재개가 부분적으로 실현된 것이다. 이러한 상황이 전개된 것은 일본인 사무관 및 의사만으로 구성된 콜레라 사무취급소에 콜레라 대책을 맡겨 둘 수 없다는 거류지 측의 판단이 작용하였기 때문이었다.

외국인 거류지가 일본인 거주 지구로부터의 콜레라 침입을 막지 못하지는

---

15 "Small-pox and its Prevention", *Japan Weekly Mail* Vol.II No.4, 1871.1.28, p.46.

않을까 걱정입니다. 때문에 거류지 전역에 위생 조치를 명령하고 강제하는 권리를 가진 거류지 위생회를 조직하는 것은 필요한 대응이라고 생각합니다.[16]

1899년 개정 조약을 시행하기 전까지 일본에서는 자국의 행정 규칙을 거류 외국인에게 적용시킬 수 없었다.[17] 이는 전염병 대책에 있어서도 마찬가지였다. 당시의 방역법령인 '콜레라 예방법 수칙'(內務省達乙 제79호, 1877.8)을 거류 외국인에 적용할 수 있는 법적 근거가 없었던 것이다. 1877년 요코하마의 거류지 위생회 활동은 이러한 법적 조건하에서 비공식적으로 이루어진 거류지의 자치 행정의 한 양상이라 할 수 있다.

1879년의 콜레라 대책은 가나가와현 지방 위생회Yokohama Local Board of Health 주최로 실시되었다. 이 조직은 기본적으로 가나가와현이 구성한 것이었지만, 현청의 사무관 이외에도 지역의 유력자, 무역상인, 일본 및 구미 의사 등, 지역 사회를 구성하는 여러 층위의 사람들도 포함되어 있었다. 여기에서 문제가 되었던 것은 일본의 법령 '콜레라 예방 규칙'(다죠간太政官, 메이지 신정부의 최고 관청. 포고 제23호, 1879.6)을 거류 외국인에게 직접 적용할 수 없는 환경에서 어떻게 콜레라 대책을 일원화할 것인가 하는 것이었다. 때문에 가나가와현은 구미계 의사를 고용하여 그들을 경유하는 형태로 외국인 거류지를 포함한 개항장에 콜레라 대책을 실시하고자 하였다. 그러나 결과적으로는 주객이 전도되는 형태가

---

16 "FO262/314 No.69", R. Robertson to H. Parkes, 1877.9.20.
17 不平等條約에 있어서의 行政規則의 자리매김에 대해서는 「開國と不平等條約改正―日本による國際標準への適應過程」, 川島眞・服部龍二 編, 『東アジア國際政治史』, 名古屋大學出版會, 2007.

되었다. 가나가와현 지방 위생회에서 이루어졌던 논의의 대부분은 구미계 의사에 의해 주도되었고, 결국 거류 외국인의 의향이 강하게 반영된 전염병 대책이 전개되었다. 그리고 여기에서 실시된 시가지의 우물조사, 변소 구조의 개량계획, 전역의 위생조사 등은 위생공학분야 기술을 바탕으로 장기적인 전망 속에서 계획되어 요코하마의 위생 개선으로 연동되어 갔다. 요약하자면 거류지 측이 일본 측에게 의료와 위생 기술을 제공하고, 또 행정적으로도 간섭, 개입한 셈인데, 이러한 사정이 바로 개항장 요코하마의 의료 및 위생 환경의 특징이라 지적할 수 있다. 가나가와현의 이 같은 사례는 다양한 이해관계가 착종하는 지역 사회에서 전염병 대책을 성공적으로 마련한 것으로 정부에 보고되었다. 그 결과 1879년 12월에 '지방 위생회 규칙'(다죠간 포고 제23호)이 각 지방에서 제도화되기에 이르렀다.[18]

또한 요코하마에서는 1885년부터 1990년에 걸쳐 대규모의 아시아 콜레라가 재차 발생했다. 이때의 콜레라 유행이 이전과 다른 점은 외국인 거류지에서도 일정수의 환자가 발생했다는 점이다.[19] 이 때문에 거류지 미디어에서 종종 언급되던 사실, 즉 외국인 거류지에 비하여 주변의 일본인 마을이 불결하다는 담론이 설득력을 가지지 못하게 되었다. 따라서 당시의 거류지 측은 요코하마의 위생환경, 전염병 발생을 가지고 가나가와현의 위생 대책을 비판하지는 않았다. 거류지 주민이 일본 측에 일관되게 요구했던 철관鐵管 수도에 의한 급수와 하수도

---

18 市川智生,「近代日本の開港場における伝染病流行と外國人居留地-1879年「神奈川縣地方衛生會」によるコレラ對策」,『史學雜誌』第117篇 第6号, 2008.
19 神奈川縣 編,『明治十九年 神奈川縣 虎列剌病 流行紀事』, 神奈川縣, 1887.

부설공사가 실현되어, 아시아 콜레라를 발생시킨 요인을 인프라 정비의 지연 및 일본인 주민의 행동과 환경에서 찾을 수 없었던 것이다. 일본 측에서 전염병의 원인을 발견하지 못한 거류지 측은 그 비판의 화살을 중국계 주민에게 돌렸다. 자신들과 근접한 중국계 주민들이야말로 거류지의 위생 상황을 악화시키는 존재라며 빈번하게 비난했던 것이다. 예를 들면 다음과 같이 중국인의 생활습관이 문제시 되었다.

> 위생 관념이 없는 자들에게 주의를 줄 수 있도록 해 주십시오. 태만한 자들 중에서도 가장 태만한 자는 중국인들입니다. 그들은 하수도라는 것을 절대로 거들떠보지 않습니다. 곧 새로운 대하수도가 그들이 무리 지어 사는 지역 주변에 생길 것입니다. 중국인the Celestial이 그들의 불결함을 어떻게 유지하는 지 — 시각적으로 또 후각적으로 — 관찰하게 될 것입니다.[20]

방역을 수행하던 사람도 1870년대와 비교하면 크게 달라졌다. 당시의 일본 방역법령인 '전염병 예방규칙'(다죠간 포고 제34호, 1880.7)은 기본적으로 거류 외국인에게 직접 적용될 수 없었다. 현청에 설치된 검역국은 현청 사무관 및 경찰관으로만 구성되었는데, 이 검역국은 거류지도 방역 대상으로 삼았다. 이는 세균학을 비롯한 위생 전문 교육을 받은 일본인 방역관이 개항장에 중점적으로 배치되게 된 결과이기도 했다.[21] 때문에 구미계 의사의 역할은 거류 외국인의 진료에 국한되거나

---

20 NASO, "Cholera Compounds", *Japan Weekly Mail* Vol.IV No.12, 1885.9.12, p.260.
21 神奈川縣 編, 앞의 책.

현청의 전염병 대책 중개에 한정되는 등, 점차 왜소화되어갔다. 요코하마 의료 사정에 있어서 구미계 의사의 영향력은 거류지의 철폐 이전에 이미 미온적이었던 것으로 생각된다.

3. 개항장 나가사키의 거류지 행정과 전염병 대책

1) 나가사키의 거류지 자치 전개

나가사키의 지리적 조건을 확인해 보면, 〈그림 3〉과 같이 나카지마가와中島川를 사이에 두고 북쪽 일대(오른쪽)가 일본인 거주 지구이며, 남쪽(왼쪽) 해안에 면한 지역 및 구릉 일대가 외국인 거주 지구인 것을 알 수 있다. 나가사키 거류지는 10개 지구로 나뉜다. 대별하면 오우라大浦·히가시야마테東山手 지구와 나미노히라浪平·미나미야마테南山手 지구로 나눌 수 있다(근세 이래의 데지마出島·도진야시키唐人屋敷도 외국인 거류지로서 편입되었다). 나가사키구長崎區 면적은 70만 평이 조금 못 되는 데 그 중 약 15%에 해당하는 10만 8천 평이 최종적으로 거류지로 조성되었다.[22]

나가사키의 거류 외국인 인구는 1876년부터 1899년 사이에 800명 정도에서 1,700명 정도로 증가했고, 나가사키 전체 인구 가운데 2% 전후를 차지하고 있었다(〈그림 4〉). 구미계 인구는 거의 변함이 없었고, 항상 과반수를 차지한 것은 중국계 주민이었다. 이는 요코하마와 고베

---

22 長崎縣 編, 「第三十 居留地ノ總坪」, 『明治十五年 長崎縣 統計表』, 長崎縣, 出版年 不明.

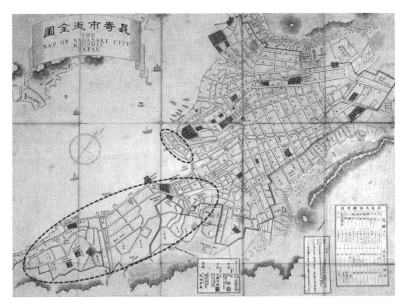

〈그림 3〉 長崎居留地 1887年.
〈Nagasakishigai zenzu〉, 1887.

거류지의 중국인 규모가 3천 명 내지 5천 명이었던 것과 비교하면 다
소 적은 편이라 할 수 있다. 나가사키 거류지의 토지 면적은 시가지의
15%를 차지한다. 비교적 넓은 범위에 걸쳐 있는 것을 알 수 있는 데, 반
면 인구수는 적은 것이 특징이다. 때문에 뒤에서 논하는 바와 같이 거
류지 행정에 필요한 비용을 나가사키 부교 및 나가사키현에 의존하는
경향이 강했다고 지적할 수 있다.

나가사키 거류지를 둘러싼 제도는 다음과 같다. 1859년의 통상조약
체결로 나가사키가 개항장으로 지정되자, 에도시대부터 있던 데지마
및 도진야시키를 재편하여 새로이 외국인 거류지를 설치하게 되었다.
다음해 나가사키 부교와 각국 영사 사이에서 '나가사키 지소 규칙'이 성
립되어 외국인 거류지의 제도적 틀이 마련되었다. 이 규칙에 따라 부두

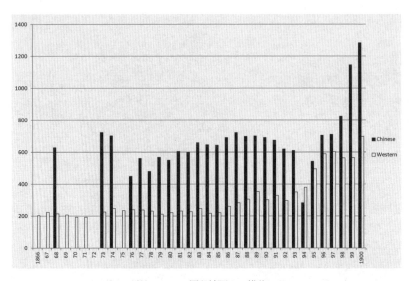

〈그림 4〉長崎における居留外國人の推移 1866~1899.
「Commercial Reports from Her Majesty's Consults in Japan」, 『長崎縣統計書』.

건설, 매립지 조성, 하수도 설치 등의 인프라는 일본 측이 정비하고, 거류지 외국인은 경비, 소방, 도로 청소, 거리 관리를 자치적으로 실시한다는 관계가 성립되었다.

　나가사키 거류지에서는 영국인 주민이 중심이 되어 거류지 위원회 Municipal Council가 활동을 개시하였다. 동 위원회의 재원은 토지 임차인이 지불하는 임차료 중 20%를 막부 측(이후 나가사키현)이 반환하는 형식으로 충당하였는데, 이것으로 모든 거류지를 관리하는 것은 불가능하였다.[23] 게다가 영국 상인 토머스 글로버T. B. Glover의 의장 선정에 관해서는 대립이 발생하기도 하여 거류지 위원회는 1876년에 폐지되고 말았다. 위원회의 관할 사항이었던 경비, 소방, 도로청소, 거리 관리

23　菱谷武平,「長崎外國人居留地における「二割金制」について」,『長崎外國人居留地の研究』, 九州大學出版會, 1988.

는 일괄적으로 나가사키현이 맡게 되었기 때문에, 이 단계에서 나가사키 현이 거류지의 행정권을 회수했다고 볼 수 있다.[24]

그러나 이 거류지 위원회의 폐지 이후부터 1899년 개정조약 시행에 의한 거류지 철폐에 이르기까지, 나가사키 거류지의 행정 전개는 불명확한 점이 매우 많다. 나가사키의 각국 영사가 현 측에 보낸 통신을 살펴보면, 지소 규칙의 범주에 포함되지 않는 안건을 논의하거나 일본인과 외국인이 관계한 범죄가 발생했을 때에는 매번 각국 영사와 나가사키 측이 교섭하여 해결 방안을 모색했음을 확인할 수 있다.[25]

2) 나가사키 거류지의 콜레라 대책

여기에서는 나가사키 거류지 위원회가 폐지된 이후의 거류지 행정을 콜레라 대책 측면에서 살펴보고자 한다.

주지하다시피 개항 이전부터 나가사키에서는 막부가 파견한 학생 및 나가사키 사제師弟들이 네덜란드 상관의 의무관을 통해 의사 양성 교육을 받고 있었다. 의학전습醫學傳習이라 불리는 이러한 방식은 메이지 이후에도 이어졌다. 나가사키 병원에서의 진료, 네덜란드인 의사에 의한 나가사키 의학교 교육 등이 바로 그것이다.[26] 때문에 나가사키에서는 개항 후 비교적 이른 시기부터 일본인 스태프가 양성되었다는 특

---

24 長崎居留地의 제도에 대해서는 大山梓, 앞의 책, 50~53쪽 참조.
25 長崎歷史文化博物館에는 「來翰」으로서 1860~1903年분이 소장되어 있다.
26 長崎大學医學部 編, 『長崎医學百年史』, 長崎大學医學部, 1961, 153~201쪽.

징을 가지고 있다. 예를 들면 요시다 다카요시(吉田健康, ?~1897)는 메이지 시대의 나가사키 의료 행정의 중심인물이다. 그는 네덜란드인 의사 보드윈A. F. Bauduin과 맨스벨트C. G. Mansveldt로부터 의학 교육을 받았고, 나가사키 병원장과 현縣 위생과장을 겸임하였다. 이후 나가사키에 제5고등중학교 의학부가 설립되었을 때에는 초대 의학부장에 취임하기도 했다.[27] 같은 시기의 요코하마에서는 선교의 출신 미국인 의사와 영국 영사관 부의관付医官이 교대로 현립 병원장으로 근무하였다. 이처럼 요코하마와 비교했을 때, 나가사키에서는 일본인 의사가 일찍부터 양성되었다고 할 수 있다. 이러한 선진성 때문에 나가사키 의학교 스태프는 대만 출병과 세이난西南전쟁 때에 군의관으로 징용되었고 나가사키병원도 군영병원으로 전용되었다.[28] 그리고 1888년에 나가사키 의학교는 제5고등중학교 의학부가 되었다.

앞에서 서술한 요코하마의 경우와 마찬가지로, 나가사키의 콜레라 대책의 쟁점은 거류지 방역을 거류지 주민이 행할 것인가 그렇지 않으면 일본 측(나가사키현)이 시행할 것인가 하는 점에 있었다. 앞에서 지적한 바와 같이, 1876년에 거류지 위원회가 폐지된 이후 형식적으로 거류지 행정은 나가사키현 측으로 일원화되었다고 해석하는 것도 가능하다. 그러나 『콜레라병유행기사虎列刺病流行紀事』를 비롯한 일본 측의 기록에는 거류지의 콜레라 대책에 대한 특별한 서술을 찾아 볼 수 없다.[29]

나가사키 주재 영국 영사가 공사에게 보낸 통신 기록에는 거류지의

---

27 長崎縣教育會 編, 『大礼記念長崎縣人物伝』, 長崎縣教育會, 1919, 694~695쪽.
28 長崎大學医學部 編, 앞의 책, 271~275쪽.
29 長崎縣 編, 『明治十九年虎列刺病流行記事』, 長崎縣, 出版年 不明(長崎歷史文化博物館所藏).

콜레라 대책에 관한 경위가 남아 있다. 1877년에 콜레라가 유행했을 때, 구미계 영사를 중심으로 대책회의가 열려, 나가사키에 체류하던 영사관의 의무관 및 선의船医를 중심으로 의료 위원회Medical Commission 를 조직시키고, 그들에게 거류지 내의 조사와 대책을 명하였다.

영사들의 회의에서는 이 병의 만연을 방지하기 위해 의료 위원회를 소집 해야 할 것이라는 의견이 모아졌다. 기항 중인 전함에서 의무관을 초빙하 는 것에도 동의했다.[30]

이는 나가사키현 측이 개설한 방역 조직이 일본인 스태프로만 구성 되었던 것에 대한 대응이었다. 이와 같이 제도적으로는 거류지 행정권 이 일본 측에 반환되었지만 콜레라 대책과 같은 긴급 사안에는 구미계 거류민에 의한 자치활동이 일부분 이루어졌다고 보아야 할 것이다.

그런데 이러한 사정은 1885년 및 1886년의 콜레라 유행으로 크게 달 라졌다. 나가사키현은 도쿄에 있던 의학사 야마네 마사지(山根正次, 1858 ~1925)를 초빙하여 나가사키병원에서 치료법을 연구하도록 의뢰하고, 기타자토 시바사부로(北里柴三郎, 1853~1931)에게는 콜레라균의 분류를 의뢰하는 등, 나가사키를 세균학 연구의 거점으로 삼고자 하였다.[31] 이 는 1883년 콜레라균 발견으로 상징되는 세균학 연구의 수용을 거류지

---

30 "FO262/310 No.51", M. Flowers to H. Parkes, 1877.9.14. 또 "FO262/341 No.25", J. Troup to H. Parkes, 1879.8.9에도 비슷한 기록이 있다.

31 北里柴三郎, 「長崎港虎列刺病調査ノ談」, 『大日本私立衛生會雜誌』第31号, 1885; 山根正 次, 『虎列刺病汎論』, 英蘭堂, 1887.

측에 제시하여, 일본 측이 콜레라 대책의 주도권을 장악하려는 의도하에 이루어 진 것이라 볼 수 있다. 영국 영사는 방역 업무가 일본인 스태프만으로 이루어지는 것에 불만을 나타내면서도 기본적으로는 나가사키현 측에 의존하는 입장을 취했다.[32]

이상과 같이 나가사키 거류지에서는 1876년 거류지 자치 폐지 이후에도 구미계 영사 및 의무관이 나가사키현과는 독립적으로 콜레라 대책을 전개하고 있었다. 그러나 일본 측의 세균학 도입 등으로 인하여 1880년대 중반에는 거류지를 포함한 나가사키의 전염병 대책은 나가사키 병원 등의 일본인 의사에 의해 실시되었다.

4. 개항장 고베의 거류지 행정과 전염병 대책

1) 고베거류지의 성립과 자치행정

먼저 고베 거류지의 성립과 조직에 대해 확인해 두고자 한다. 효고兵庫, 고베가 1868년 1월에 개항하자, 성립 직후에 있던 효고부 지사知事와 외국 영사 사이에 거류지 운영 협정 「오사카 효고 외국인 거류지 약정서」가 체결되었다. 약정서를 보면 거류지 관리비는 일본 측이 외국인에게 토지

---

32 "FO262/443 No.82", J. J. Enslie to H. Parkes, 1885.9.1. 이 때 長崎医學校의 네덜란드인 의사는 나가사키 현의 방역업무에 참여하여 나가사키 병원에서 일본인 환자를 치료했는데 이때 일본인의 콜레라 전염상황과 현의 정보를 영국을 비롯한 각국 영사에게 정기적으로 전하고 있었다. 여기에서 네덜란드인 의사는 일본 측 고용외국인일 뿐만 아니라 거류지 측 이해관계에 따라 행동을 취하는 존재로서 생각할 필요가 있다.

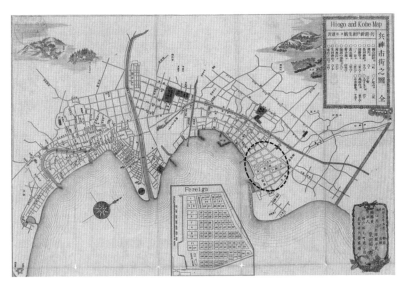

〈그림 5〉 神戸居留地 1880年.
〈Hyoshin shigai no zu〉, 1880.

임차권을 경매한 돈으로 충당하는 방식을 취했던 것을 알 수 있다. 결과적으로 126구획이 구미계 외국인에게 대여되어, 고베에 외국인 사회가 형성되었다〈그림 5〉. 단, 개항 전에 거류지가 완전히 조성되지 않았기 때문에 임시로 시가지 곳곳에 잡거지雜居地를 인정하기도 했다.[33]

인구 구성은 1872년 시점에서 구미계가 373명이었다. 그 가운데 가장 많은 수를 차지한 것은 영국인이었다. 1899년 거류지가 철폐되기 직전에는 1,000명에 달하기도 했다〈그림 6〉. 중국인의 경우, 그들은 거류지 주변에 집단 거주하며 난킨마치南京町, China town을 형성하기도 했다.

전염병 대책에 있어서 중요한 것은 거류지 자치와의 연관이다. 지금까지 서술해 온 바와 같이, 요코하마와 나가사키에서는 재원 부족 및 영

---

[33] 고베거류지 성립사정 및 제도에 대해서는 神戸外國人居留地研究會 編, 『神戸と居留地 ―多文化共生都市の原像』, 神戸新聞總合出版センター, 2005, 50~53쪽 참조.

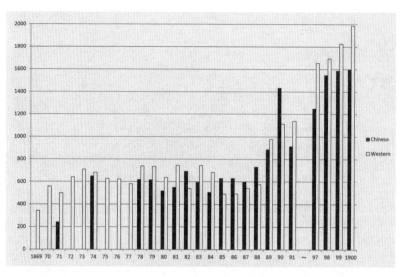

〈그림 6〉 神戸における居留外國人の推移 1869～1900.
『Commercial Reports from Her Majesty's Consults in Japan』, 『兵庫縣統計書』.

사의 대립으로 인하여 조기에 자치행정이 실패하고 말았다. 이에 비해 고베에서는 자치 행정의 대상을 한정했기 때문에 1899년 신조약 시행에 이르기 전까지 32년간 존속할 수 있었다. 고베 거류지에서는 각국 영사, 효고현 지사, 3인의 토지 임차인 대표로 구성된 거류지 회의Municipal council를 발족시키고, 집행기관으로서 거류지 행사국Municipal Office을 편성시켰다. 일본 측이 제공하는 재원, 즉 토지임차권 경매비의 20% 외에 별도로 토지세Land tax를 징수했다.

거류지 행정 범위는 「오사카 효고 외국인 거류지 약정서」에 따라 도로정비, 하수도 유지, 거리, 경비 등으로 한정되었다. 지금까지 서술해 온 것처럼 많은 행정 내용이 여기에 포함되지는 않았다. 예를 들면 출생 및 사망 신고서, 혼인 신고서의 수리 등과 같은 주민 관리는 기본적으로는 영사의 관할이었고 그 대상은 당연히 자국민에 국한 되었다.

이 글에서 살펴보고 있는 의료와 위생문제, 특히 전염병 대책은 외국인 거류지의 인프라와 관계되는 것으로 일본 측이 담당해야할 사안이지만, 격리와 소독과 같은 실제 조치는 상정되지 않았다.

고베의 일본인 거류지구의 의료는 1869년 4월에 설치된 효고현 병원(이후의 고베병원)에서 이루어졌다. 여기에는 미국 동인도함대의 군의관 출신인 베더A. M. Vedder가 효고현의 의사医事감독Medical Director으로서 의료 활동을 전개했다. 한편 고베 거류지의 의료를 담당한 것은 자선활동이었다. 1871년 구미계 주민의 기부에 의해 거류지에 고베국제병원International Hospital of Hiogo이 건설되고, American board의 미국인 선교의 베리J. C. Berry가 진료를 맡았다.[34] 1870년대 후반부터 80년대에 걸쳐 대규모 콜레라가 발생했을 때에는 효고현 병원이 일본인 마을을, 고베국제병원이 거류지를 담당하였다.

2) 콜레라 발생과 고베 거류지

고베에서는 1879년부터 1995년 사이에 감염 환자가 1,000명이 넘는 콜레라 유행이 4번이나 발생했다. 그 가운데에는 1879년의 에히메愛媛산 콜레라처럼 해외에서 유입된 것이 아닌 토착화한 콜레라도 있었다. 토착 콜레라는 기본적으로는 나가사키에서 유입된 콜레라가 선박을 통해 고베에 상륙한 이후 요코하마, 도쿄로 확산되는 패턴이 가장 많았다.

---

34 田中智子, 「明治初期の神戸とJ.C.ベリ──医療をめぐる地域の力學」, 『キリスト教社會問題研究』第52号, 2003.

앞에서도 지적한 바와 같이, 1899년 신조약 시행 전까지 일본 쪽의 방역법령을 거류 외국인에게 적용할 수 있는 근거는 없었다. 때문에 개항장에서는 일본 측과 거류지 측 쌍방의 협상으로 전염병 대책 방향을 결정하는 비공식적인 상태가 발생했다.

1879년의 아시아 콜레라는 고베에도 전파되어 1,228명의 환자가 발생했다. 그러나 이 경우는 일본인 거주 지구에서만 발생한 것이었기에 거류지 측에서 특단의 대책을 처한 흔적은 찾아 볼 수 없지만 효고현 쪽에서 발생한 환자 및 사망자 통계를 제공을 받는 등, 쌍방이 정보를 공유했던 것은 알 수 있다.[35]

이러한 상황에 변화가 찾아 온 것은 1886년이다. 효고현에서는 6,662명의 콜레라 환자가 발생하였고 그 가운데 5,437명이 사망하는 일이 발생했다. 고베 거류지와 오사카 사이에 교통이 빈번해지고 또 경제적인 추진력을 잃어 가던 나가사키에서 사람들이 유입되어, 고베에 콜레라가 전파될 가능성이 매우 높아져 갔던 것이다. 이는 일본인 마을과 마찬가지로 고베 거류지에서도 전염병 대책이 필요하게 되었다는 것을 의미한다. 고베의 각국 영사는 연명으로 콜레라 환자의 격리, 소독, 개별검사를 거류민에게 통지했다. 본래 토지 관리와 경비를 담당하던 거류지 행정국 스태프는 격리와 소독과 같은 전염병 대책을 실시하게 되었다. 뿐만 아니라 거류민의 안전을 위해 영사의 통지는 거류지 내의 일본인에게도 적용되었다. 이것은 콜레라 대책이 조직과 제도를 넘어서 전개된 것을 보여주는 예라 할 수 있다.[36]

---

35 "FO262/339 No. 24", M. Flowers to H. Parkes, 1879.7.14.

그런데 1890년에는 사정이 바뀌어 거류지 행정국이 콜레라 대책을 실시하지 않았다. 선교의와 영사관 군의관 등으로 제한된 의료 스태프도 문제였지만, 자금원과 토지임차료가 부족했기 때문에 거류지에서 콜레라 대책을 본격적으로 실시하는 것은 어려웠다. 이러한 상황에서 효고현 측은 거류지 내의 전염병 대책을 현 경찰부Sanitary Police가 실시할 것을 제안하였다. 즉 일본 측은 전염병 대책을 거류지를 포함하여 전역에 일원화시키고자 한 것이었다. 고베국제병원의 구미계 의사들은 조직적인 소독과 호별검사가 가능하다면 효고현의 제의를 받아들이는 것이 바람직하다고 의견을 제시했다.[37] 이 때 해외 유학 경험자와 세균학자 고용 등을 제안하며 일본 측에 스태프 보충을 요구한 점에는 주목이 필요하다. 다만, 영사와 거류지는 일본의 예방 법규가 거류 외국인에게도 적용되어 경찰이 거류민을 부당하게 다루지 않을까 하는 점을 우려하고 있었다.

거류지의 주요 의사와도 의논한 바, 현 지사의 제의에 따른 소독 작업에는 이의가 없습니다. (…중략…) 그러나 거류민이 일본 경찰에게 부당한 취급을 받지 않을까 염려 됩니다.[38]

영사들은 일본 측이 가옥검사와 소독을 할 때 고베국제병원의 의사가 입회하기를 원했다. 이는 외국인이 필요 이상의 강제적 조치를 받지 않도록 대비하기 위해서였다. 이와 같은 과정을 거쳐 일본 측은 거

---

36 "FO262/561 No.26", J. Troup to F. Plunkett, 1886.6.2.
37 "FO262/631 No.31", J. Longford to H. Fraser, 1890.8.16.
38 위의 글.

류지를 포함한 고베 전역의 전염병 대책을 통괄할 수 있었다. 예를 들면 1895년 외국인 콜레라 환자의 격리 규칙 제정, 1898년 외국인 전염병 묘지 폐지 등은 효고현 측의 발령으로 결정되었다.[39]

일본 측과 영사의 타협에 의한 전염병 대책은 1899년 거류지 철폐 이후에도 지속되었다. 예를 들면 1899년 겨울에 가래톳 페스트가 고베에서 유행했을 때에도 기존 거류지 내에서의 검사와 소독은 구미인 의사 입회하에 실시되었다.[40]

고베에서는 이와 같은 형태로 거류지 자치가 실시되었는데 요코하마 및 나가사키 거류지와 마찬가지로 그 대상은 도로 청소와 경비 등에 한정되었고 공중위생 대책은 규정 외에 있었다. 때문에 콜레라가 발생할 때마다 일본 측(효고현)과 거류지 측은 협상을 통해 대책의 주체를 정할 필요가 있었다. 당초에는 영사가 거류지 자치의 대상을 확대 해석하여 거류지 위원회가 콜레라 대책을 실시했지만, 1890년의 콜레라 대책을 계기로 일본 측이 거류지 주민을 포함하여 전역에 전염병 대책을 실시하게 된다. 거류지 측이 먼저 전염병 대책을 실시하고 이후에 일본 측이 개입하는 일련의 과정은, 조기에 자치 행정이 폐지된 요코하마, 나가사키 거류지의 경우와 동일하다고 지적할 수 있다.

---

39 「明治二十七年以降 伝染病ニ關スル諸法規 衛生課」(000-221-0), 兵庫縣公館縣政資料館所藏
40 「元居留地の消毒法」, 『神戸又新日報』 4842号, 1899.11.27, 2면.

5. 거류지 자치의 종언과 비공식적인 자치의 지속

거류지의 자치 행정은 토지 관리를 목적으로 한 것으로, 행정 전반을 규정하는 성질을 가지고 있지 않았기 때문에 상정 밖의 문제를 해결하기는 어려웠다. 전염병 대책이 바로 그 전형적인 예일 것이다. 이러한 사정으로 인하여 메이지 시대에 천연두와 콜레라가 발생하면 그 대책을 일본 측과 거류지 측 중 어느 쪽이 실시할 것인지를 두고 논쟁이 벌어지기도 하였다. 그 배경에는 방역법령, 즉 일본 측의 행정규칙을 거류 외국인에게 직접 적용할 법적 근거가 없다는 사정이 있었다.

요코하마, 나가사키, 고베의 거류지 운영은 각각 다른 전개를 밟아 왔다. 요코하마에서는 1867년에, 나가사키에서는 1876년에 자치가 폐지되고 형식적으로는 거류지 행정이 일본 측에 반환되었다. 이에 비해 고베에서는 1899년에 거류지가 철폐되기까지 일관되게 거류지 위원회가 자치 행정을 계속해 왔다.

그러나 전염병 대책을 둘러싼 양자의 협상 과정을 살펴보면, 요코하마, 나가사키, 고베 세 개항장의 사정은 서로 닮아 있다고 볼 수 있다. 1860년대에서 70년대에 걸쳐 거류지 자치가 실시된 고베는 물론이고 이미 폐지된 요코하마 및 나가사키에 있어서도 전염병 대책은 거류지 측이 독자적으로 전개하였다. 즉 개항장의 공중위생사업은 지소 규칙에 근거한 거류지 자치의 유무라는 제도적인 틀과는 다른 논리로 전개되었다고 볼 수 있는 것이다. 그것은 오히려 의료 기술의 문제였다. 천연두 대책 시의 격리와 종두기술, 콜레라 대책 시의 위생공학 분야 기술 등은 모두 의료 기술과 관계되는 것으로, 거류지 자치 행정과는 거리를 가질 수밖에 없었다. 의료 분야는 구미계의 거류 외국인이 독판하에 전개되었다. 그 때문에 거류지의 전염병 대책 주체는 요코하마와 나가사키의 경우와 같이 자치 행정이 종언을 맞이하더라도 거류지 측이 장악하게 되었다. 이러한 배경 때문에 요코하마와 나가사키에서는 비공식 자치라고 부를 만한 사정이 발생하게 되었다.

그 후, 일본 측은 1880년대 말부터 1890년대에 걸쳐 세균학의 수용을 주장하고 방역관을 개항장에 배치하는 등, 거류지에서의 전염병 대책에 개입했다. 나가사키가 세균학자에 의한 콜레라 연구의 필드가 되었던 것은 그 전형이라 할 수 있다. 그 결과 1890년경에는 요코하마, 나가사키, 고베의 전염병 대책은 실질적으로 일본 측이 통괄하여 실시하였다. 그러한 의미에서 이는 1899년 개정조약 시행에 의한 거류지 철폐 이전에 이루어진 선례라고 할 수 있다.

참고문헌

『神戶又新日報』.

「省於テ卿大輔神奈川縣大參事英公使館書記官卜前件病院設立方ノ応接記」1871年 1月
　　　10日(「外務省記錄」3・11・3・2, 「明治三年 横浜地方疱瘡流行二付伝染予防ノ
　　　爲避病院設立ノ義在本邦英國公使勸告一件」)

「明治三年 横浜地方疱瘡流行二付伝染予防ノ爲避病院設立ノ義在本邦英國公使勸告
　　　一件」

「明治二十七年以降 伝染病二關スル諸法規 衛生課」, 兵庫縣公館縣政資料館所藏.

大山梓, 『旧條約下に於ける開市開港の研究－日本に於ける外國人居留地』, 鳳書房, 1967.

菱谷武平, 「長崎外國人居留地における「二割金制」について」, 『長崎外國人居留地の
　　　研究』, 九州大學出版會, 1988.

北里柴三郎, 「長崎港虎列剌病調査ノ談」, 『大日本私立衛生會雜誌』第31号, 1885.

山根正次, 『虎列剌病汎論』, 英蘭堂, 1887.

石井寬治, 『近代日本とイギリス資本－ジャーディン・マセソン商會を中心に』, 東
　　　京大學出版會, 1984.

市川智生, 「近代日本の開港場における伝染病流行と外國人居留地－1879年「神奈川
　　　縣地方衛生會」によるコレラ對策」, 『史學雜誌』第117篇 第6号, 2008.

＿＿＿＿＿, 「明治初期の伝染病流行と居留地行政－1870・71年横浜の天然痘對策」, 『日
　　　本歷史』第762号, 2011.

神奈川縣 編, 『明治十九年 神奈川縣 虎列剌病 流行紀事』, 神奈川縣, 1887.

神戶外國人居留地研究會 編, 『神戶と居留地－多文化共生都市の原像』, 神戶新聞總
　　　合出版センター, 2005.

長崎大學医學部 編, 『長崎医學百年史』, 長崎大學医學部, 1961.

長崎縣 編, 『明治十九年虎列剌病流行記事』, 長崎縣, 出版年 不明(長崎歷史文化博物
　　　館所藏).

＿＿＿＿＿, 『明治十五年 長崎縣 統計表』, 長崎縣, 出版年 不明.

長崎縣教育會 編, 『大礼記念長崎縣人物伝』, 長崎縣教育會, 1919.

田中智子, 「明治初期の神戶とJ.C.ベリー－医療をめぐる地域の力學」, 『キリスト教

社會問題研究』第52号, 2003.

川島眞・服部龍二　編, 「開國と不平等條約改正－日本による國際標準への適応過程」, 『東アジア國際政治史』, 名古屋大學出版會, 2007.

齋藤多喜夫, 「横浜居留地の成立」, 『横浜と上海』共同編集委員會 編, 『横浜と上海－近代都市形成史比較研究』, 横浜開港資料館, 1995.

_____, 「明治初年の横浜居留地－「金川港規則」から」, 『横浜居留地と異文化交流－19世紀後半の國際都市を讀む』, 山川出版社, 1996.

_____, 「開港港則の成立過程」, 『横浜開港資料館紀要』第23号, 2005.

横浜市 編, 『横浜市史』第2巻, 横浜市, 1959.

_____, 『横浜市史』第3巻 上・下, 横浜市, 1961・1963.

"FO262/218 No.2", R. Robertson to H. Parkes, 1871.1.12.

"FO262/310 No.51", M. Flowers to H. Parkes, 1877.9.14.

"FO262/314 No.69", R. Robertson to H. Parkes, 1877.9.20.

"FO262/339 No.24", M. Flowers to H. Parkes, 1879.7.14

"FO262/341 No.25", J. Troup to H. Parkes, 1879.8.9.

"FO262/443 No.82", J. J. Enslie to H. Parkes, 1885.9.1.

"FO262/561 No.26", J. Troup to F. Plunkett, 1886.6.2.

"FO262/631 No.31", J. Longford to H. Fraser, 1890.8.16.

"Small-pox and its Prevention", *Japan Weekly Mail* Vol.II No.4, 1871.1.28.

NASO, "Cholera Compounds", *Japan Weekly Mail*, Vol.IV No.12, 1885.9.12.

개항장도시 하코다테의
근대적 도시경관
문화접변의 양상과 의미

이상봉

1. 개항장 도시경관과 문화접변

　동아시아의 개항장은 외세의 요구나 압력에 의해 열려진 항구이다. 개항의 과정은 외세의 요구를 수용하는 방식, 즉 어쩔 수 없는 선택에 의해 이루어졌지만, 개항과 함께 외세와 외래문물이 유입되는 통로가 됨으로써 다른 곳에 앞서 서구의 근대적인 문물을 접할 수 있었다. 또한 개항장은 단순한 문물유입의 창구 기능만이 아니라 사람과 물자가 모여들고 상업 활동이 활발하게 이루어지는 물류 중심지의 기능을 수행했다는 점에서, 근대적 의미의 도시 기능이 다른 지역에 앞서 수행되었다. 따라서 개항장은 동아시아의 근대성 또는 근대도시 연구에 있어 중요한 의미를 지닌다.

　개항장 도시의 근대성은 상업 활동이나 직능분화 등과 같은 경제적 기능의 측면에서 주로 다루어지고 있지만, 도시경관을 통해서도 확인 가능하다. 즉, 근대도시의 출현과 발전을 근대적 제도나 사회관계 등과 같은 특정 도시기능의 수행의 측면만이 아니라, 근대적인 건축물의 등장이나 도시시설 정비 등과 같은 경관 요소를 통해서도 확인 가능하다는 것이다.

경관을 구성하는 건축물이나 도시시설은 일종의 기호이다. 이러한 기호를 통해 의미들이 전달된다. 즉, 근대적 건축물이나 시설들을 통해 근대적 인식이나 사고가 형성되거나 변용되는 것이다. 어떤 근대적 건축물들이(영사관, 교회, 학교, 상관 등), 어떤 모습으로(양풍, 화풍, 화양절충 등), 어디에(전관거류지, 중심지, 외곽, 잡거 등) 자리하였는가에 따라 근대성의 구체적인 양상들, 즉 서구문화 수용에 대한 태도, 근대적 사고 형성의 빠르고 늦음, 문화 접변의 양상 등이 달라질 수 있다는 것이다. 이러한 근대성의 구체적인 양상들은 또한 해당 개항장 도시 나름의 특성, 즉 로컬리티를 구성하는 중요한 요인이 됨은 물론이다.

이 글은 개항시기 그리고 개항장이라는 시-공간에서 발생했던 유입문화와 수용문화 간의 문화적 접변의 양상을 건축물이나 도시시설 등과 같은 경관 요소를 통해 확인하고자 한다. 이를 통해 하코다테函館 특유의 문화접변 방식을 도출하고, 아울러 이러한 방식이 하코다테의 지리적 환경, 역사, 사람, 문화 등의 요소와 어떻게 관련되는지를 고찰함으로써, 개항장 도시 로컬리티의 형성 과정에 대한 접근을 시도하고자 한다. 특정 도시의 로컬리티는 그 도시의 물리적 환경, 역사, 사람, 문화 등이 상호작용하여 형성된다고 보기 때문이다.

2. 하코다테와 개항

1) 개항 이전의 하코다테

하코다테가 속해 있는 홋카이도北海道 지역은 일본의 가장 북방에 위치하며, 중세 이전부터 아이누들이 어로를 행하며 살고 있던 곳으로 에조지蝦夷地, 즉 아이누의 땅이라는 의미로 불렸다. 혼슈本州의 일본인들이 집단으로 이곳으로 건너와 살게 된 것은 1604년 마쓰마에松前번의 성립과 함께이며, 점차 하코다테箱館 방면으로도 퍼져 살게 되었다. 하코다테에는 하코다테만으로 흐르는 하천인 가메다가와龜田川를 경계로 북쪽지역에 일본인들이 가메다무라龜田村라는 부락을 형성하여 살았다. 당시 부락을 형성하고 살았던 자들은 주로 어부들이었다.[1]

북방의 변방에 위치한 에조지는 혼슈의 입장에서 밭농사의 비료, 다와라모노(俵物 : 수산물), 식료품 등의 공급지로 여겨졌다. 에조지의 물자를 혼슈로 공급하기 위해 항구가 필요했으며, 하코다테는 마쓰마에, 에사시江差와 함께 에조지와 혼슈를 잇는 에조시마蝦夷島 즉 주요 3항(松前, 江差, 函館) 가운데 하나로 그 역할을 다했다. 하지만 그 항세가 번이 소재한 성읍지城下町인 마쓰마에항에는 미치지 못하였다. 에조지는 북방의 변방에 위치한 지리적인 특성상 러시아의 진출을 막아내는 것 또한 중요한 과제가 되었다. 당시 러시아의 팽창을 막아내기 위한 다양한 방안이 제시되었으나, 바쿠후幕府는 현실적으로 마쓰마에번에 에

---

1 岡本哲志・日本の港町研究會, 『港町の近代－門司・小樽・横浜・函館を讀む』, 學藝出版社, 2008, 49쪽.

조지 관리를 맡겨두는 방식을 택했다.[2]

하코다테는 개항 이전에 이미 항구거리로서의 모습을 어느 정도 갖추었다. 그 배경에는 바쿠후가 동쪽 에조지 지역에 대한 직할을 실시하면서, 하코다테에 직할 관청인 부교쇼奉行所를 설치한 사실이 자리하고 있다. 에조지 인근에 외국선의 출몰이 빈번하자 마쓰마에번의 힘만으로는 이곳을 효과적으로 방어해 낼 수 없다고 생각한 바쿠후는 1802년 하코다테 부교의 설치와 함께 동에조지의 직할에 나섰으며, 이후 1821년에 마쓰마에번에 다시 관할권을 반환할 때까지 14년 동안의 바쿠후 직할통치는 하코다테의 성장에 큰 영향을 미쳤다.[3] 직할통치 기간 동안, 비록 일시적이지만, 하코다테는 정치 · 행정의 거점이 되었다. 당시에는 어획과 관련된 일의 대부분이 바쿠후의 관리하에 있었기에, 부교와 결탁한 지역 상인도 출현할 수 있었고 그 역할 또한 무시할 수 없었다. 개항 이전(1785), 하코다테 인근에는 약 450호(인구 2,500명) 정도의 사람이 살았고, 1791년 간행된 『東蝦夷地道中記』에는 하코다테 인근에 8개의 마치町가 이미 존재했다고 기록하고 있다.[4]

하코다테의 경우, 개항장이 됨으로써 비로소 근대 항구도시로서의 모습을 갖추게 되었다고 흔히 평가된다. 하지만 개항장이 된 이후 구체적으로 어떤 변화들이 생겨나게 되었는가를 검토하기 위해서는 개항 직전의 하코다테의 경관과 관련된 상황을 먼저 정리해 둘 필요가 있다. 개항 직전인

---

2 藤田覺, 『江戸幕府と蝦夷地 · 函館』, 函館學ブックレット NO.8, キャンパス · コンソーシアム函館, 2009, 10쪽.

3 函館市 市史編さん事務局, 『目で見る函館のうつりかわり−市制施行50周年記念歷史寫眞集』, 函館市, 1971, 19쪽.

4 岡本哲志, 앞의 책, 152쪽에서 재인용.

1853년의 하코다테는 인구 1만 명(9,419명) 정도의 작은 항구에 불과했다. 하지만 대형 어선의 출입과 해산물 무역이 활발하게 이루어져 밀도 높은 중심시가지는 이미 형성되어 있었다. 즉, 해안으로부

〈分間箱館全圖(1801)〉

터 항구-상인거리-직인거리-유곽-사원으로 층을 이루며 공간이 구획되는 전형적인 일본의 근세 항구거리港町를 형성하고 있었다. 이러한 모습은 가장 오래된 지적도地籍圖인 〈分間函館全圖〉(1801)를 통해 확인할 수 있다.

개항 이전의 하코다테의 상황은 변경邊境과 신개척지라는 2가지 키워드로 정리할 수 있을 것 같다. 우선 하코다테는 중앙 권력에서 멀리 떨어져 있다는 의미에서 변경이었다. 이는 나중에 하코다테가 개항장으로 지정되는 이유가 되기도 한다. 또한 하코다테는 섬나라 일본으로서는 드물게 외국과 국경을 가까이 한다는 의미에서도 변경이었다. 이 때문에 외국(특히 러시아)의 침투를 막아내기 위한 방어용 개발이 필요한 곳이었다. 그리고 하코다테는 인구가 적고 낙후된 곳이라는 의미에서도 변경이었다. 이는 식민에 의한 대규모의 개척을 필요로 하는 신개척지라는 이미지와 연결된다. 근대적 국경 개념의 정착과 함께 비로소 일본의 땅으로 포획되면서, 식민과 개척에 의해 개발을 도모해야할 대상으로 여겨졌던 하코다테에, 개항이라는 변수가 더해짐으로써 양상은 더욱 복잡하게 전개된다. 따라서 하코다테의 개항은 변경과 신개척지라는 개념과 결부시켜 읽어낼 필요가 있다.

2) 개항의 방식과 의미

1854년, 에도江戸 바쿠후와 미국 간의 '미일화친조약'이 체결됨에 따라 하코다테는 개항하게 된다. 화친조약에 의거한 1955년 3월의 개항은 물이나 연료, 비상식량 등의 보급을 위한 제한적인 개항이었다. 당초 개항을 요구한 페리가 원했던 에조지 내의 개항장은 마쓰마에의 후쿠야마福山였다. 샌프란시스코와 상하이를 잇는 항로를 운항하는 미국 선박이 쓰가루津輕 해협을 통과하였고, 미국의 포경선 또한 인근에 피항지가 절실히 필요했기 때문이다. 바쿠후는 후쿠야마의 경우 마쓰마에번에 의해 통치되는 번령藩領이라는 이유를 들어 페리의 요구를 거부하고, 그 대신에 하코다테를 개항장으로 제공하였다. 하코다테의 경우 피항지로서 전혀 손색이 없는 지리적 조건을 갖추고 있어 페리가 이를 받아들이는데 별 문제는 없었다.

화친조약에 이은 1859년의 '미일통상조약'에 의해 하코다테는 단순한 피항지에서 무역항으로 탈바꿈한다. 일본은 미국에 이어 영국, 러시아 등과도 통상조약을 체결하였지만, 이들 각 국가들이 하코다테에 대해 가진 관심은 각기 달랐다. 우선, 미국 정부는 피항지로서 하코다테가 필요했지만 무역항으로서의 관심은 별로 없었다. 당시 미국은 포경대국으로, 미국의 포경단체가 일본을 개항시켜 피항지를 확보해 달라고 의회에 강하게 요구하였고, 그것이 받아들여져 일본을 개항시키고자 한 측면이 강하다.[5] 그리고 러시아가 하코다테를 선택한 이유는

---

5   保科智治, 『函館開港-みなとが語る函館の歴史』, 函館學ブックレット NO.9, キャンパス・コンソーシアム函館, 2009, 28쪽.

해군과 관련이 깊다. 러시아는 병력의 휴양, 자재의 공급, 군함의 수리 등을 위한 부동항을 절실히 원했고, 하코다테는 이를 위한 적지였다. 러시아 해군에게 있어 하코다테는 단순한 피항지에 그치지 않고 병원까지 갖춘 휴양소의 의미를 지녔다. 때문에 일시적으로 상륙한 자 외에 잔류한 사관이나 수부로 불리는 승조원들의 다수가 체류하기도 했다.[6] 이에 비해, 영국은 상업 활동에 상대적으로 관심이 많은 편이었다. 하코다테의 수출품은 다시마를 비롯한 해산물이 대부분이었고, 이는 거의가 중국시장에서 소비되었기에, 영국 동인도회사나 상하이, 홍콩 등에 진출해 있던 상사들이 하코다테를 통한 중국과의 무역에 관심을 가졌기 때문이다.

하코다테에 있어 개항이 가진 의미는 대내적 측면과 대외적 측면의 2가지 차원에서 정리할 수 있다. 우선, 대내적 측면에서는 하코다테 부교쇼의 설치에 주목해야 한다. 개항과 함께 바쿠후는 또 다시 에조지 전역을 직할지로 삼고, 그 행정의 중심이 되는 부교쇼를 하코다테에 두었다. 하코다테가 에조지의 행정 중심지가 된 것이다. 바쿠후가 개항을 결심하면서 가장 먼저 생각한 것은 일본의 영토를 방어하는 것이었다. 특히 에조지는 러시아나 중국 등과 국경을 가까이 하고 있는 데다 외국 선박이 자주 출몰하여 주요 경계대상이었다. 따라서 바쿠후는 개항과 함께 하코다테에 부교를 두어 이곳을 에조지 방어와 개발의 중심지로 삼고자 한 것이다. 부교의 설치는 권력구조의 변동을 수반하여, 하코다테는 번소가 있던 마쓰마에나 에사시를 능가하는 세력을 형

---

6   위의 책, 161쪽.

성해 나갔다. 그리고 대외적 측면에서는 영사, 선교사, 상인 등의 외국인과 외국문화의 본격적 유입에 주목해야 한다. 개항장은 그동안 통제되던 서구문물이 공식적으로 유입되는 곳으로, 유입된 문화와 기존 문화가 충돌하면서 다양한 문화적 접변이 발생한다. 흔히 문화접변이라는 중립적인 용어로 표현하긴 하지만, 당시 동아시아 개항장 도시에서 나타난 문화접변은 문화 간의 상호교류라기보다는 대체적으로 일방적인 수용에 가까웠다. 하지만 구체적인 문화접변의 양상은 유입(자)문화와 수용(자)문화 간의 권력관계나 태도 그리고 상황적 요인에 따라 다양하게 나타날 수 있다. 즉, 문화접변의 양상에 영향을 끼친 요인들의 구체적인 분석을 통해 하코다테가 가진 개항장 일반으로서의 공통성과 다른 개항장과는 다른 특수성을 모두 추론해 볼 수 있다.

3. 근대적 경관의 형성과 문화접변

수용문화와 유입문화의 상호관계에 의해 나타나는 문화접변의 양상은 주민들의 인식이나 생활방식, 법, 사회제도, 경관 등 다양한 경로를 통해 확인 가능하다. 그 가운데 건축물이나 도시 시설과 같은 경관을 통한 접근은, 자료들만 충분히 남아있다면, 당시의 양상을 가시적으로 드러낼 수 있다는 점에서 매우 유용하다고 할 수 있다. 이하에서는, 앞서 살펴본 배경요인들을 참고로 하여, 개항장 공간에서 이루어진 문화접변의 양상과 의미를 경관을 통해 읽어내고자 한다.

1) 근대적 건축－모방과 혼종

일본에 양풍洋風의 건축이 유입된 것은 16세기 중반 나가사키長崎를 통해서인 것으로 알려져 있다. 비교적 오랜 역사를 갖고 있다고 할 수 있다. 하지만 이는 규모가 작고 다른 지역에 미친 영향 또한 크지 않았다. 본격적으로 근대 양풍 건축이 지어진 것은 개항장 도시의 외국인 거류지를 통해서라고 해야 할 것이다. 개항장에 지어진 양풍 건축들은 이후 몇 개의 세부적 스타일로 나뉘면서 전체적으로는 양풍 건축이라는 하나의 계보를 형성했다. 특히 1860년대에서 1920년대(막부 말기에서 메이지・다이쇼시기) 사이에 지어진 양풍 건축은 일본에 근대건축이 정착하게 되는 과도기의 산물로, 다양한 양식의 모방과 혼종을 드러내고 있다.[7]

하코다테산의 산록에서 해안을 향해 펼쳐진 구시가지(이전의 개항장 공간)에는 곳곳에 양풍의 건물들이 자리하고 있어 상당히 이국적인 경관을 연출한다. 현재에도 메이지・다이쇼 시기의 건물이 다수 남아있는데, 아쉽게도 그 대부분은 1907년(메이지 40년)의 대화재 이후 수년 사이에 재건된 것들이다. 주로 산 측에는 영사관이나 교회, 학교 등의 공공건물들이 자리하고 있으며, 항구 쪽으로 가면서 상관, 은행, 창고 등의 양풍 건물이 구시가지 전체에 골고루 자리하고 있어 개항 당시의 건물과 시가지의 모습을 전체적으로 파악할 수 있는 좋은 사례가 되고 있다. 현재 남아 있는 대표적인 건조물들을 살펴보면, 공공건물로서 모토마치元町에 자리한 구舊개척사 하코다테지청 서고(1880), 하코다테 공원 내 박물장博物場 2동

---

7   葉華 外, 「四つの開港都市における近代洋風建築を中心とした歷史的環境保全再生の現狀に關する硏究」, 『日本建築學會大會學術講演梗槪集(東海)』, 1994, 397쪽.

(1878, 1883), 후나미초船見町의 하코다테 검역소(1885) 등이 있고, 상가로는 구舊가네모리金森 양물점(1880), 다치가와太刀川 상점(1901) 등 주로 방화조土藏つくり 양식으로 지어진 상점이 약간 남아있을 뿐이다. 따라서 개항기의 양풍 건물의 양태를 파악하기 위해서는 현존 건물 외에 당시에 간행된 그림지도나 사진자료 등에 상당부분 의존해야 한다.[8]

개항과 함께 외국인이 들어오면서 하코다테에 지어지기 시작한 양풍 건물들은 당시 일본인의 시선에서는 여태까지 본 적 없는 획기적인 것이었고, 전체 시가지의 이미지를 확 바꿀 정도로 두드러진 경관의 변화를 이끌었다.[9] 현재 남아 있는 건물만으로도 방문자들이 이국적 정취를 만끽할 정도인데, 당시 이러한 양풍 건물들이 들어서는 것을 처음 본 하코다테 주민들이 느꼈을 충격이나 감상은 능히 짐작할 수 있을 것 같다.

개항 초기에 가장 먼저 등장한 양풍 건물은 영사관이었다. 통상조약의 체결(1858) 이듬해인 1859년부터 각국 영사들이 하코다테에 부임하기 시작한다. 하지만, 미처 마땅한 거처를 준비하지 못한 터라 이들은 임시로 절의 일부를 가假영사관으로 사용하면서 영사관 건물의 신축을 계획했다. 조약에 따르면, 영사관 건물은 부교 측이 지어서 각국에 임대하는 것이 원칙이었다. 경우에 따라서는 관의 건축비 부담을 피하

---

8 越野武 外, 「明治中期 函館の中心市街とその建築」, 『日本建築學會計劃系論文報告集』 第360號, 日本建築學會, 1986, 102쪽.

9 1860년 9월 하코다테를 방문한 러시아인 식물학자 마키시모비치는 그의 자서 『하코다테 일기』에서 당시의 러시아 영사관 건물에 대해, "마을에는 색다른 건물이 있다. 좌측 높은 곳에 군림하고 있는 것 같은 러시아 영사관, 매력적인 3층 건물……"이라고 묘사하고 있다. 이 건물은 당시의 일본인들의 눈에도 멋있는 건물로 비쳤음에 틀림없다. ヘルベルト・プルチョウ, 『外國人が見た十九世紀の函館』, 武藏野書院, 2002, 53쪽.

기 위해 상인 등으로 하여금 건물을 지어 임대하게 하는 방식도 사용되었지만, 하코다테의 경우 해당자가 없어 부교 측의 부담으로 신축하게 된다. 이에 1860년 가장 먼저 러시아 영사관이 신축되는데, 이것이 하코다테 최초의 양풍 영사관 건물이다.

러시아 영사관은 1859년 6월에 건설공사가 시작되었다. 「亞館御普請御用留」(文久2年, 1862)라는 부교쇼 소장 기록문서에 나타난 바에 의하면, 이 공사를 맡은 자는 일본인 도편수棟梁 '주지로忠次郎'라는 인물이며, 이 자는 나중에 러시아병원, 영국영사관, 미완에 거친 미국영사관, 오마치大町 매립지 조성 등과 같은 일련의 공사를 청부한다. 공사는 러시아 영사관 측과 주지로와의 협의하에 진행되었으며, 기술적인 문제는 러시아인 나지모프P. N. Nazimoff 중위가 건축기사로서 조언을 행했다. 공사 도중에 러시아 영사는 일본인 목수나 인부들의 행동이 태만하다고 부교에게 지도를 부탁하고 있다. 처음 양풍 건물을 짓는 일본인 목수들은 여러모로 낯설고 서툴러 시간이 많이 걸릴 수밖에 없었음을 확인할 수 있는 대목이다.[10]

당초 러시아 영사관은 모토마치元町 부근 산록에 지어졌다. 유리창 등 새로운 소재를 사용하고, 군림하는 듯 커다란 규모로 지어진 영사관은 하코다테를 방문한 외국인들은 물론 현지 주민들에게도 매력적인 건물로 인식되었다. 아쉽게도 당시의 영사관은 화재로 소실되었고, 현재 후네미초船見町에 남아있는 영사관은 1907년에 신축된 것이다. 새로 지어진 영사관은 붉은 벽돌의 외벽과 하얀 회칠의 외장, 그리고 청

---

10 函館市史編纂室, 『函館市史 通説編』第2卷, 函館市, 1990, 175쪽.

〈러시아영사관(1868년 당시)〉

〈구영국영사관〉

〈러시아영사관(船見町 : 1907년 신축)〉

록의 지붕의 대조가 두드러진다. 언덕길에 접하고 있는 현관에는 가라하후唐破風11 장식이나 정자모양의 기둥 등 화풍和風의 양식이 가미되어 있다. 양풍 건물을 지으면서 부분적이지만 과감하게 화풍을 가미하

---

11 하후破風란 지붕의 처마부분에 2장의 판자를 산 모양으로 조립해 만드는 3각형의 장식이며, 가라하후唐破風는 헤이안시대에 주로 쓰이던 하후의 한 형태이다.

여 이른바 화양절충을 시도하고 있다.[12]

영국영사관은 1960년 4월에 부지가 정해졌지만 착공까지는 2년 가까이 걸렸다. 영사 호지슨C. P. Hodgson이 폭행사건의 책임으로 경질되는 등 나름의 지연사유가 있었지만, 부교쇼의 미온적 대처와 양측의 협상 지연도 그 원인이 되었다. 당시 영사였던 유스덴(R. Eusden, 1861년 부임)이 부교에게 보낸 서한(1861년 3월 19일자) 등을 통해 영사관과 부교쇼 사이에 빈번한 교섭이 이루어졌음을 확인할 수 있다. 건립 과정은 영사관 측에서 먼저 배치도면 정도를 제시한 뒤, 이를 바탕으로 부교쇼 측 직인들과 비용이나 기술적인 문제 등의 타당성을 교섭하는 방식을 취했다.[13] 당시 유스덴이 제시한 배치도면을 보고 부교쇼의 직인이 "과거에 없던 이상한 형태다都て模様異り居候"라고 표현한 것에서, 양풍 건물의 설계가 일본 가옥과는 매우 다른 형태로 여겨졌음을 짐작할 수 있다. 공사의 진행을 기록한 자료에는, "유리창은 수 종류의 크기로 총 566장이 소요되며 손상을 대비해 여분으로 115장이 필요하다", "자물쇠는 모두 65개가 필요한데 여분 5개를 포함해 홍콩에서 가져왔다", "앞문의 색은 나무색木地色으로 지정했고, 석회石灰를 만드는 방법은 영사관 직원에게서 배웠다" 등의 상세한 기록이 남아 있는데,[14] 자재나 기술이 부족한 하코다테에서의 양풍 건물 짓기가 매우 힘든 과정이었음을 짐작할 수 있다.

---

12 岡本哲志 앞의 책, 177쪽.
13 越野武, 「文久3年在箱館英國領事館について―創建・燒失年と建設經緯」, 『日本建築學會計劃系論文報告集』第341號, 日本建築學會, 1984, 139쪽에서 재인용.
14 「英館御普請御入用留(慶應2)」, 函館市史編纂室, 『函館市史 通說編』第2卷, 函館市, 1990, 176쪽에서 재인용.

영사관과 함께 개항초기에 지어진 교회 건물은 하코다테의 화려하고 이국적인 경관 이미지를 형성하는데 매우 중요한 역할을 하였다. 교회 건물은 현재에도 하코다테의 이국적 이미지를 나타내는 상징으로, 각종 관광안내서나 시가지의 보드블록, 맨홀 뚜껑 등에 단골로 등장하고 있다. 교회 건물 가운데도 단연 눈에 띄는 것이 하리스토스 정교회 부활성당이다. 초대 성당은 1962년에 러시아 영사관의 부속 건물로 지어졌으며, 일본 최초의 하리스토스 정교회 성당이었다. 건립 당시는 기독교에 대한 해금이 이루어지기 전이라 거류 외국인들을 위한 교회로 지어졌지만, 내심 일본인들에게 친근하게 다가가기 위해 교회 내부에 도소쿠(土足 : 신발 신은 발)를 금지하고 의자를 비치하지 않는 등 본국과는 다른 형태를 취했다.[15] 목조로 지어진 최초의 성당은 1907년의 대화재로 소실되고, 현존하는 것은 1916년에 벽돌조의 내화건축으로 다시 지어진 것이다. 정식 명칭은 '하코다테 부활성당'이지만, 매일 울리는 종소리를 따라서 주민들에게는 '강강테라ガンガン寺'로 잘 알려졌으며, 이 종소리는 일본의 소리풍경音風景 100선選으로 선정될 정도로 유명하다. 최초의 성당 역시 일본인 도편수에 의해 지어졌으며, 이는 하코다테에 지어진 최초의 비잔틴 풍의 건물이기도 하였다. 이 건물은 규모는 작지만 디자인적으로는 도쿄의 니콜라이 성당보다 완성도가 높은 것이라는 평가를 받고 있다.[16] 당시 하코다테에 와서 러시아 영사관과 부속 성당을 본 사람들은 하코다테를 러시아의 거리라고 여길 정도로 감탄했다고 한다.[17]

---

15 函館と外國人居留地硏究會 編, 『函館と外國人居留地－ロシア編』 참조.
16 鈴木博之, 『函館の近代建築遺産』, 函館學ブックレット NO.14, キャンパス・コンソーシアム函館, 2010, 15쪽 참조.

하코다테에 가톨릭이 들어온 것은 1859년 10월 파리외국선교회 소속의 메르메 카숑De. M. Cachon이 오면서이다. 이 역시 초기에는 거류 외국인들을 위한 성당이었으며 일본인에 대한 선교활동에는 제약이 심했다. 하지만 1873년 기독교 해금과 함께 선교활동이 활발하게 전개 되어 1877년경에는 세례자가 100명을 넘게 된다. 이러한 기세를 업고 1877년에 정식성당인 하코다테 천주교회당이 고딕 양식으로 건립된 다. 이 역시 1907년과 1921년의 대화재로 완전 소실되었으나 멋있게 재건되어 현재의 위치에 자리하고 있다.

영사관이나 교회 건물 이외에 거류 외국인들의 사저도 곳곳에 지어 졌다. 외국인의 사저에 관한 기록은 단편적으로만 남아 있어 정확한 양태는 알 수 없지만 몇몇 자료들을 통해 당시의 상황을 유추해 볼 수 는 있다. 사저 가운데 사진자료가 남아 있는 블래키스톤T. W. Blakiston[18] 의 저택은, 1872년에 지어진 것으로 하코다테산의 중턱에 위치하고 있 었다. 이는 빅토리아왕조풍의 아름다운 건물로 많은 유리창을 사용하 여 멋을 내었으며, 특히 낮고 단조로운 일본식 집들 사이에 우뚝 솟아 있어 그 화려함을 더했다.[21] 그리고 〈奧州箱館之圖〉에는 영국 상인 하 웰A. Howell의 집으로 추정되는 건물이 그려져 있다. 이 역시 창이 물색

---

17 函館と外國人居留地硏究會 編, 『函館と外國人居留地－キリスト敎編』 참조.
18 1861년에는 식물학자로서, 1863년에는 사업가로서 하코다테에 들어 온 영국인으로 쓰 가루 해협의 동물분포 연구와 기계력을 사용한 제재소를 시작한 것으로 잘 알려져 있다.
19 모토마치 소재. 1916년 지어진 비잔틴 양식의 성당 건물. 벽돌로 된 벽면에 흰 회칠을 바 르고, 지붕은 목조 천장에 동판을 붙였다. 종루의 첨탑을 포함해 6개의 둥근 천정cupola과 십자가를 붙인 형식은 일본에서 유일한 것이다.
20 모토마치 소재. 1924년 지어진 고딕 양식의 벽돌 조 성당. 외벽은 인조석이 섞인 모르타 르를 바른 후 씻어 드러내는 방식이다.
21 ヘルベルト・プルチョウ, 앞의 책, 137쪽.

〈하리스토스정교회부활성당(1862·1916)〉[19]

〈천주교회당(1877) 및 현 가톨릭 성당(1924)〉[20]

〈블래키스톤저택(1872)〉

으로 묘사되어 있어, 유리창을 사용하고 있음을 확인할 수 있다.[22]

기록에 의하면, 목수大工 이케다 에이시치池田榮七란 자는 1861년 6월에 영국인 포터A. P. Porter와 프랑스인 카숑De. M. Cachon의 사저 건립을 청부했지만, 공사과정에서 애를 먹고, 완공 후에도 비가 새는 등의 부실공사로 위약금을 배상했다고 한다.[23] 익숙하지 않은 양풍 건축에 도전하다 큰 손해를 본 것이다. 공사를 맡긴 포터는 부교와의 교섭을 통해 지정거류지가 아닌 민유지에 사저 건축을 인정받아, 1861년 지금의 후네미초에 최초로 양풍의 사저를 지은 인물이다.[24] 이케다가 이들 외국인의 사저를 건립할 당시 작성된 견적서를 보면, 양자의 집에는 모두 유리가 사용되고 페인트가 칠해졌음을 확인할 수 있다.[25]

이처럼 개항 후 얼마 되지 않은 시기에 하코다테에서는 이미 양풍 건축을 짓는 직인職人들이 출현했다. 도편수를 정점으로 다양한 직인과 인부가 비잔틴, 고딕, 빅토리아풍 등의 다양한 양풍 건물 공사에 도전하면서 나름으로 양풍 건축을 받아들였고, 이 과정에서 얻은 지식이나 기술이 다음 시기로 이어지면서 하코다테 특유의 화양절충형 건축을 낳게 된 것으로 여겨진다. 일본식 집을 지어오던 직인들은 양풍 건축을 가장 먼저 경험하고 수용한 자들이다. 이들은 양풍 건축이 가진 기술적 특성에 주목했으며, 러시아영사관의 건축에서 볼 수 있는 바와 같이 때로는 일본식 양식을 끼워 넣는 재미도 구사하면서, 선진적 건

22 保科智治, 앞의 책, 44쪽.
23 村田專三郞, 「函館建築工匠小伝」, 『函館市史史料集』 第31集, 函館市, 1984 참조.
24 函館と外國人居留地硏究會 編, 『函館と外國人居留地－ドイツ・諸外國編』 참조.
25 函館市史編纂室, 『函館市史 通說編』 第2卷, 178쪽.

축기법을 배운다는 관점에서 양풍 건축을 수용했다.

곳곳에 영사관이나 교회 그리고 상관이나 사저 등 양풍의 건물이 들어서게 되면, 그것은 이제 가시적인 형태로 주민들에게 영향을 미치게 된다. 양풍 건물은 서양인들이 사는 공간이지만, 그곳을 바라보는 주민들은 그것을 자신들이 사는 공간의 일부로서, 그리고 근대적 서양문화를 대변하는 이미지로서 수용하게 된다. 특히 하코다테처럼 외국인 거류지가 별도로 격리된 것이 아니라, 매일 매일의 생활에서 마주할 수밖에 없는 일상의 공간 주변에 자리한 경우, 이는 일본인들의 서양문화 인식에 큰 영향을 미쳤을 것으로 여겨진다. 자신들의 공간에 이식된 이질적인 서양식 건물에 대한 주민들의 시선이 긍정적이지만은 않았을 것이다. 즉, 주민들 가운데는 외국인을 증오하여 살해하는 등 문화적 마찰을 빚어내는 자들도 없지 않았다. 하지만 대다수의 주민들에게는 서양문화를 동경하면서도 자신들의 삶과는 비교가 되는, 이른바 선망과 질시의 이중적 시선이 교차했을 것이다. 다만, 앞서 살펴본 바와 같은, 하코다테의 지리적·역사적·상황적 특수성으로 인해 부정적 측면보다는 긍정적 측면이 부각되는 방식으로 문화접변이 이루어진 것으로 볼 수 있다.

양풍 건물의 이제까지 본 적 없는 화려한 외양과 규모는 호기심과 동경을 끌어내기 충분했고, 유리창을 사용하고 거주공간을 효율적으로 분리하는 등의 기능적 측면에 있어서도 그것은 서양문화의 선진성과 우수성을 상징적으로 드러냈다. 하지만 양풍 건축을 접한 주민들의 반응이 모두 같지는 않았을 것이다. 우선, 직인들은 기술적 측면에서 새로운 건축기술을 익히고자 과감하게 때로는 무모하게 도전을 하였고, 그 과정에서 화양절충이라는 결과를 가져오는 계기를 만들었다. 그리고 경제적 여유가 있고 또 외국인과 자주 접하던 상인들은 양풍 건축을 단순히 감상하는 데 그치지 않고 자신들의 생활에 접목하고자 했다. 이들은 '나도 나중에 집을 짓게 된다면 멋있는 양풍으로 짓고 싶다'라는 생각을 가졌을 것으로 여겨지며, 나중에 이를 실행에 옮긴 경우가 적지 않다. 이에 비해 일반 주민들에게 양풍 건물은 서양문화를 대변하는 시각적 이미지로 수용되었다. 양풍 건물이 들어선 하코다테의 이국적 이미지는 하코다테가 혼슈本州의 다른 도시들에 뒤지지 않는 선구적인 도시임을 드러내는 일종의 문화코드로 수용되었다. 이러한 인식은 남아있는 근대적 양풍 건물들을 대하는 현재의 하코다테인의 태도에서도 확인할 수 있다.

교회나 영사관과 같은 외국인의 거주공간이 아니라, 일본인이 자신들의 공간을 지을 때 양풍 건축을 수용하는 방식은 시기적으로, 그리고 용도에 따라 차이가 있다. 양풍 건축의 화려함과 기능성을 일상을 통해 눈에 익힌 일본인들은 관청 등의 공공건물을 지을 때 우선 양풍을 적극적으로 채용하게 된다. 특히 세관, 구역소區役所, 병원, 은행, 학교 등 근대적 기능을 수행하는 공공건물이나 외국인들이 자주 드나드는 상관 등은 전형적인 양풍 건물로 지어지는 경우가 많았다. 즉, 새로운 근대적 기능을 수행하는 공간은 근대적 양풍 건물로 지었으며 이에 대한 거부감은 별로 없었다. 다만 개항 후 20~30년이 지난 1880~90년대가 되면 다양한 양풍 건축양식을 응용하거나 부분적으로 화풍을 가미한 건물들을 짓기 시작한다. 하지만 유감스럽게도 1907년의 대화재의 영향으로 현존하는 건물들은 그 이후의 것이 대부분이라 이를 실물로 확인하는 것은 제한적이다. 현존하는 공공건물 가운데 홋카이도청 하코다테지청과 하코다테 공회당은 당시 양풍 건축의 패션을 잘 드러내고 있다. 전

〈區役所(1880당시)〉

〈箱館병원(1871)〉

〈三井은행지점(1873당시)〉

〈箱館商船학교(1883)〉

자는 1909년 재건된 3층의(지붕 층 포함) 르네상스양식 목조건물로, 오소독스orthodox한 디자인의 석조건물에서는 볼 수 없는 독창성이 돋보인다. 정면의 현관은 포티코(portico, 주랑현관)를 채용하여, 엔타시스entasis풍의 4개의 코린트Corinth식 기둥이 지탱하고 있다. 2층까지 이어지는 기둥이 다소 어색해 보이지만 서양 건축양식을 수용하여 나름대로 미를 표현하려는 의지가 넘쳐나고 있다. 2층까지 이어지는 기둥은 바로크시대 이후에 유행했던 양식을 모방한 것으로 여겨지고 있다.[26]

---

26 鈴木博之, 앞의 책, 14쪽.

〈홋카이도청 하코다테지청(1909)〉

〈구하코다테區 공회당(1910)〉

〈舊リューリ商會(1907)〉

그리고 구舊하코다테구 공회당 건물은 하코다테의 이국적이고 화려한 경관을 형성하는데 크게 기여하고 있는 건물이다. 이는 1910년에 당시 부상富商 소마 사토시다이라相馬哲平의 기부 등에 의해 건립된 것으로 당시 일본 각지에 건립된 공회당 건물 가운데에서도 건축의장과 기법이 뛰어난 것으로 평가된다. 건물의 개조가 적고 실내 가구의 보존상태도 좋아 1975년에 국가중요문화재로 지정되었다. 관내에는 귀빈실, 130평의 홀 등 당시의 화려한 분위기가 그대로 남아 있다. 이밖에 1907년 상사商社 건물로 지어진 구舊류리상회リューリ商會 등은 양풍 건축의 화려함을 마음껏 보여준다.

공공건물이나 상관 등 근대적 기능의 건축물에 양풍 건축양식을 채용하던 하코다테 사람들은 점차 자신들의 거주공간을 지을 때도 양풍 건축양식을 도입하게 된다. 다만 여기서는 전통적인 화풍 건축에 양풍 건축을 가미하는 특유의 화양절충식 방식을 택하게 된다. 하코다테는 무역항으로서는 다른 개항장에 비해 그리 번창하지 않았기에 거류 외국인 수도 많지 않았고, 따라서 외국인들에 의한 양관 건축의 수요도 그리 많지 않았다. 초기에 어렵사리 양풍 건축양식을 습득한 하코다테의 직인들은 양관을 지을 기회가 그리 많지 않자, 당시 재력을 가진 상인들의 개인 저택이나 점포 등의 건축에 양풍 건축 양식을 본격적으로 가미한다. 우선, 당시 서양 상인들과 경쟁관계에 있던 하코다테 상인들은 서양 상인들에게 기죽지 않으려는 듯 화려한 양풍을 가미한 건물들을 짓게 된다. 다만 양풍 건축양식을 수용함에 있어 그 외향적 화려함과 기능적 우수성을 적절히 고려하고 있다. 즉, 외국인과의 접촉이 많거나 서양 상인들과 경쟁해야할 회사 건물 등의 공간은 본격적으로 양풍을 채용하면서도 일상의 주거공간에서는 전래의 화풍 양식을 견지하려는 태도를 나타낸다.

1863년 소마相馬주식회사라는 미곡상을 설립한 부상 소마의 경우 이러한 점을 잘 드러낸다. 소마는 회사 건물은 물론 사저에도 양풍과 화풍을 가미한 양식을 채용하고 있다. 우선, 벤덴초辯天町에 위치한 소마주식회사 건물은 1912년에 지어진 화양절충식 상가 건물이다. 이는 보기 드문 그린색의 외벽에 페더럴 스타일Federal Style[27]의 세련된 창을 설치한 르네상스풍 건축으로, 양풍을 토대로 출입구 위에 설치된 처마의 문양이나 지붕 모양 등에 화풍을 부분적으로 취한 화양절충식 건물이다. 이에 비해 1908년에 지어진 소마의 저택은 화풍을 토대로 양풍을 부분적으로 가미한 역사적인 건물이다. 소마는 자신의 거주공간인 저택을 전형적인 화풍으로 지으면서 외부인을 맞이하는 응접공간은 과감하게 양풍으로 지어 넣었다. 화풍 건물의 옆면을 차지하는 그린색의 응접공간은 창틀이나 기둥 등에 정교한 세공을 하여 양풍 건축의 화려함을 더하고 있다. 상인이던 소마의 집을 방문하는 자들 가운데는 외국인도 적지 않았을 것이다. 이러한 점에서 이는 양풍 건축의 기능적 측면과 외향적 화려함을 잘 고려한 접합형태라고 할 수 있다.

이처럼 초기 서양인의 양관을 지으면서 그 기술을 습득한 목수들과

---

27 정면 현관을 중심으로 창을 대칭적으로 배치하고, 정면 현관의 위는 반원 부채꼴의 란마창欄間窓, transom window을 설치하며, 정면 현관의 측면에는 좁은 창을 그리고 위에는 왕관의 장식이나 지붕을 설치하는 것.

28 오마치大町 9-1번지 소재, 외벽의 1층에는 3각형의 페디먼트pediment, 2층에는 빗 모양의 페디먼트로 멋을 낸 상하개폐식 창이 나란히 설치되어 있고, 산가와라부키(桟瓦葺 : 골판지모양 기와 쌓기)식 지붕에다 둥글고 각진 창을 내었다.

〈소마相馬주식회사(1912)〉[29]   〈구舊소마相馬저택(1908)〉

　서양인의 양관을 일상적으로 바라보면서 그 화려함과 기능성을 취하고
싶었던 상인들의 의도가 결합되면서 하코다테 고유의 이른바 상하화양
절충식 주택이 생겨나게 된다. 상하화양절충식이란 2층 건물의 1층을
화풍으로, 2층을 양풍으로 지은 건물을 말하며, 일상의 공간인 1층은 전
래의 화풍으로 하면서도 2층은 서양식 창과 발코니 등을 설치해 화려한
외양을 마음껏 뽐낸 형태를 말한다. 현재 하코다테 시가 전통적 건조물
로 지정한 현존 건조물은 모두 75건인데, 이 가운데 22건이 화양절충식
에 해당하며, 양풍은 30건, 화풍은 24건으로 분류된다.
　하코다테 고유의 화양절충식 주택의 건립 양상을 파악하는 데는 나
카가와中川의 연구가 많은 참조가 된다. 나카가와는 현존하는 하코다테
의 그림지도 및 사진첩(총 7점)을 사료로 삼아 당시 건물의 입면구성을
분석하는 작업을 수행하였다.[29] 그 결과에 의하면, 확인 가능한 시가지
건축물 총 520건 가운데, 1층에 화풍 2층에 양풍의 요소를 가진 상하화
양절충식은 모두 209건(40%)에 해당한다고 한다. 나아가 그는 이들 209

29　中川武 外, 「明治大正期の函館における和洋折衷町家の展開」, 『日本建築學會北海道支部
　　研究報告集』No. 80, 2007, 344쪽.

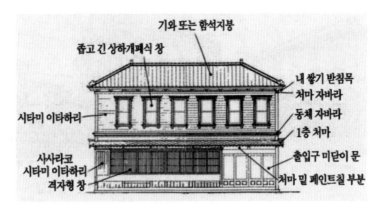

〈상하화양절충식의 전형(函館の歷史と風土에서)〉

건을 지붕형식의 차이나 아치형 창, 발코니의 유무, 1층 출입구의 구성
등에 따라 건축의 입면구성을 14개의 종류로 나누어 연도별로 각각의
건립 추이를 살펴보았다. 그 결과 1890년경(메이지 중기)까지는 아직 화
양절충식 건물이 정형화되지 않은 채 다양한 입면구성, 즉 지붕형태가
요세무네寄棟인 것과 키리즈마切妻인 것, 양풍의 아치형 창을 가진 것,
발코니를 가진 것 등의 다양한 형태가 존재함을 확인하였다.

　다양한 방식으로 이루어지던 양풍 건축의 절충은 1900년 경(메이지 후
기)에 이르면 일정한 전형적 형태로 수렴된다. 요세무네 지붕과 히라이리
平入り30 형식의 2층 건물에, 1층은 미닫이문과 격자창을 둔 화풍 양식, 2
층은 세로로 긴 유리창과 코니스cornice로 꾸민 양풍 양식을 취하고 있다.
이러한 상하화양절충식 건물은 홋카이도 지역에서는 보편적으로 나타
나며, 특히 하코다테에서 두드러진 것이다. 전형적인 화양절충식 건물의

30　건물의 긴 벽면 혹은 용마루와 평행한 면을 히라平라고 하며, 짧은 면을 쯔마妻라고 한다.
　　사찰이나 마치야 건축에 있어서 히라이리平入り나 쯔마이리妻入り란 정면의 출입구가 어
　　디에 있는가에 따른 분류이다.

〈小森家店鋪(1901)〉　　　　　　　　〈和雜貨いろば(1908)〉

경우, 창을 아치형으로 하거나 1층 옥상을 이용해 발코니를 두는 등의 초기의 화양절충 방식에 비해 양풍의 요소는 다소 줄어들고 있다.[31]

현존하는 건물들을 통해서도 상하화양절충식의 특징은 잘 확인된다. 모토마치에 소재한 고모리가小森家의 점포는 1901년 지어진 것으로, 1층 화풍, 2층 양풍의 전형적인 화양절충식 건물이다. 2층의 양쪽으로 열리는 창은 창틀받침이 없는 심플한 형식으로 되어 있어, 현존하는 건물 가운데는 드문 형식이다. 스에히로초未廣町에 소재한 와잣가이로바和雜貨いろば 건물은 1908년에 지어진 것으로, 1층은 사사라코시타미이타하리髟子下見板張り 방식의 벽과 격자의 지붕을 설치한 전통 일본식이고, 2층은 난킨시타미이타하리南京下見板張り 방식의 벽면에 세로로 긴 창을 등간으로 내고, 노키자바라(軒蛇腹 : 처마장식)로 멋을 낸 양풍을 취하고 있다. 역시 스에히로초에 소재한 오베르쥬고키안オベルジュ古稀庵은 1909년에 지어진 목조 2층 건물로, 1층은 조밀한 격자 모양의 화풍 의장을, 2층은 코니스의 조각이 수준 높은 전형적인 양풍 의장을 취하고 있다.

31　越野武 外, 앞의 글, 109쪽.

이처럼 하코다테의 근대적 건축물에 나타난 문화접변의 양태는 주거공간인 마치야町家의 건축에서 잘 나타난다. 즉, 주된 생활공간인 1층은 전래의 화풍 건축 양식으로 짓고, 2층은 양풍 건축의 요소를 가미하여 화려함과 기능성을 살린 특유의 상하화양절충이라는 전형적 형태를 낳은 점이 가장 두드러진 특징이라고 할 수 있다. 이 외에도 외국인들이 한곳에 모여 있지 않고 잡거하면서 도시의 곳곳에 근대적 건축물들이 산재한다는 점, 잦은 화재, 특히 1907년과 1921년의 대화재로 인해 화재 직후에 지어진 특정 시기의 건축물들이 상대적으로 많이 남아 있다는 점 그리고 영사관이나 은행 등과 같은 공공건물들만이 아니라 주택, 상가, 창고 등의 다양한 근대적 건조물들이 많이 남아 있다는 점 등의 특징을 함께 지니고 있다.[32] 이러한 특징들에 유의하면서, 다음으로 도시시설 등의 기능적 배치를 통해 문화접변의 양상에 접근해 보고자 한다.

2) 시가지─기능분화와 배치

하코다테는 하코다테산의 산록에서 해안 쪽의 항구로 이어지는 완만한 언덕에 시가지가 형성되었다. 따라서 산록에서 해안에 이르는 다수의 언덕길과 해안에 수평으로 형성된 도로를 중심으로 도시의 공간구획이 이루어져 있다. 즉, 언덕길을 따라 몇 개의 세로축이 형성되고,

---

32 葉華 外, 앞의 글, 397쪽.

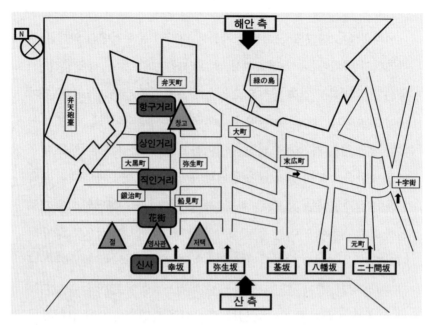

<해안 측>

弁天町
緑の島
弁天砲臺
항구거리
大町
창고
상인거리
大黒町
弥生町
末広町
十字街
직인거리
鍛治町
船見町
花街
元町
절
영사관
저택
신사 幸坂 弥生坂 基坂 八幡坂 二十間坂

<산 측>

〈사이와이자카幸坂 주변의 공간구획과 그 변화〉

여기에 시대를 더해 가면서 다양한 가로축의 층이 자리해 다원적인 공간 구조를 만들어 내었다.

개항 이전인 막부 말기, 에조시마의 3항 가운데 하나로 나름대로 번창하던 하코다테는 구시가지(서부지구)를 중심으로 대체적인 항구거리가 이미 형성되어 있었다. 당시의 시가지는 해안에서 산록에 이르는 경사지를 따라 기능적인 분화를 이룬, 전형적인 일본 근세의 항구거리의 모습을 나타냈다. 주된 언덕길의 하나인 사이와이자카幸坂를 예로 들자면, 해안에서 산록으로 가면서 항구-상인·직인 거리-화류 거리-사원이라는 공간구획이 형성되어 있었다.[33] 즉, 항구에 가까운 벤텐

---

33 岡本哲志, 앞의 책, 178쪽 참조.

초辨天町에는 항과 연계된 상업 시설이 모여 있었고, 산록 쪽으로 올라가면서 다이코쿠초大黑町에는 신흥 상업지, 그 위의 가지초鍛冶町는 직인이 모여 사는 직인거리, 더 산 쪽으로는 유흥가인 하나마치花街가, 그리고 가장 위에는 절이나 신사가 자리했다. 언덕길을 중심으로 해안에서 산을 향해 좁고 긴 층을 형성했던 것이다.

여기에 개항과 함께 외국인 거류지나 세관, 상관 등 새로운 용도의 시설들이 추가되면서, 근세 말기에 형성된 기능적 공간구획에 변화가 나타나게 된다. 개항과 함께 들어온 외국인들은 항구에 가까운 해안지대에는 창고나 상관 등의 상업시설을, 산 쪽에는 주택지를 두려는 경향이 있었다. 특히 영사관 등은 가장 산 쪽의 전망 좋은 높은 곳에 위치하고 있다. 이는 외국인 시설을 외곽의 격리된 곳에 두려는 당국의 생각이 반영된 것으로도 볼 수 있지만, 요코하마 등 다른 개항장에서도 확인할 수 있듯이, 거류 외국인들은 산 쪽에 거주공간을 마련하고자 하는 경향이 강했다는 점도 놓쳐서는 안 된다.

통상조약의 체결(1858) 이듬해인 1859년부터 각국의 영사들이 하코다테에 부임하기 시작한다. 미처 마땅한 거처를 준비하지 못한 채 입국한 이들은 임시로 절에 거처를 마련한다. 즉, 미국은 죠겐지淨玄寺, 영국은 쇼묘지称名寺, 러시아는 지쓰교지實行寺의 일부를 각 각 가假영사관으로 사용하면서 영사관 건물의 신축을 계획했다. 당시 대부분의 가영사관을 절에 마련하게 된 이유는 경호와 방한 그리고 일본의 체면 등과 관계가 있다. 즉, 당시 절 이외의 대다수의 하코다테 건물들은 지붕이 낮고 벽이 얇아 외국인들의 안전을 지키고 겨울의 추위를 막는데 한계가 있었으며, 그나마 절은 규모나 건축형태 등에서 외국인이 일본

문화를 얕보지 않을 정도로 제대로 지어진 건물이었기 때문이다.

이처럼 외국인들이 들어와 최초로 거주공간을 마련한 절들은 대부분이 시가지 내에 위치하고 있었으며, 현지인들이 자주 드나드는 일상의 공간이자 공유의 공간이었다. 비록 임시로 거주하는 가영사관이라고는 하나, 각국은 절 영내에 자신들의 국기를 계양하고 필요한 시설들을 추가로 설치했다. 예를 들면, 죠겐지를 거점으로 삼은 라이스를 비롯한 미국인들은 경내에 베란다가 딸린 2층의 양풍 건물을 새로 건축하고 돌담을 축조했다.[34] 그곳은 임시 거처가 아니라 실질적으로 미국 영사관이나 마찬가지였다. 일상의 생활을 통해 자주 접할 수밖에 없는 인근에, 특히 절과 같은 공유 공간 내에 외국인의 거주공간이 자리했다는 점은 외국문화에 대한 현지인들의 수용이나 인식에 적잖은 (긍정적) 영향을 미쳤을 것으로 추론할 수 있다.

개항과 함께 외국인의 거주공간이나 상업시설들이 다수 추가되었지만, 기능적 공간구획의 기본 틀은 대체로 유지되었다. 개항 이후 가장 큰 변화가 생긴 곳은 해안선 부근이다. 외국과의 무역 업무를 담당할 운상회소(運上會所, 세관의 전신), 외국인 전용거류지, 상업 활동을 위한 창고 등의 새로운 시설들이 필요했고, 이들 시설들을 묶는 새로운 기능 또한 필요하게 되었지만 그에 충당할 용지는 부족했다. 따라서 해안의 매립을 통해 이러한 용지를 마련하였다. 매립과 해안을 잇는 도로의 개설로 해안선 부근의 지형은 크게 바뀌었다.

개항 이후 전개된 공간구획상의 변화를 살펴보면, 우선 사이와이자

---

34 函館と外國人居留地研究會 編, 『函館と外國人居留地－アメリカ編』 참조.

카의 경우, 앞서 살펴본 근세말기의 공간 구획에 창고와 영사관 등의 새로운 시설이 추가되어, 해안으로부터 항구-창고-상인·직인 거리-화류 거리-저택 거리-절-영사관-신사로 이어지는 층위를 나타낸다. 언덕길을 따라 바다와 산 쪽으로 공간이 연장되면서 새로운 용도가 더해지는 방식이다. 일반적으로 도시의 규모가 확대될 때 원래의 도시공간을 그대로 남겨둔 채, 주변에 새로운 기능의 공간이 따로 조성되는 방식으로 도시가 확장되는 경우가 많다. 하지만 하코다테에서는 기본 틀은 그대로 유지된 채, 해안(매립지)과 산의 양쪽으로 공간이 늘어나면서 확대 재구성되는 방식을 취하고 있다.[35] 여기에는 하코다테가 개항 이전에 이미 근세적인 항구거리를 대체로 형성하고 있었다는 점과, 제한된 공간 내에 외국인 전용거류지가 형성되지 않고 외국인들이 도처에 잡거하는 방식을 취했다는 점 등이 영향을 미쳤을 것으로 추론할 수 있다.

이와 관련하여, 하코다테에서도 외국인들을 전용거류지에 묶어두려는 시도가 없었던 것은 아니었다. 바쿠후나 하코다테 부교 당국은 가능하면 외국인들을 시가지 외곽에 격리시키고자 하였지만 외국인들은 이에 순순히 응하지 않고 자신들이 원하는 곳에 산재하게 되었다. 외국인들에게는 매립지에 조성된 외국인 전용거류지가 임대되었다. 하코다테 부교 측은 1860년 9월 오마치大町 해안 매립지에 2000평가량의 외국인거류지를 조성하여 1861년 4월, 라이스를 비롯한 미국인 6명, 영국인 3명, 러시아인 1명 등 10명의 외국인에게 이를 대부했다. 그러나 외국인거류지의 면적이 너무 좁은데다 죠겐지 등에 머물던

---

35 岡本哲志, 앞의 책, 178쪽.

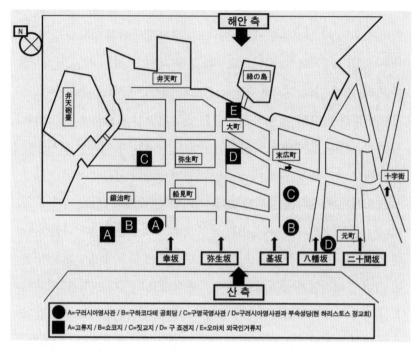

〈시가지 주요시설 배치도〉

미국인들은 거처를 옮기지 않고 버텼다. 외국인들은 해안 매립지에 조성된 오마치 외국인거류지를 사람이 거주하는 공간이 아니라 창고용지藏地에 불과하다고 인식하고 있었다.[36]

위에서 살펴본 사이와이자카가 민간을 중심으로 한 도시공간의 배치를 보여준다면, 모토이자카基坂는 관官을 중심으로 한 공간구획의 특성을 잘 나타낸다. 모토이자카 주변은 마쓰마에번 치하에 있을 당시에는 번소番所가, 바쿠후 직할 당시에는 바쿠후의 야시키屋敷가 자리해 있었다. 그리고 1802년에는 하코다테 부교쇼奉行所가 있었고 그 주위에는 관

---

36 函館市史編纂室, 『函館市史 通說編』, 第2卷, 469쪽.

용 택지가 조성되었었다. 근세시기에 형성된 이러한 공적 공간으로서의 성격은 개항 후에도 이어져, 1869년에는 개척사 하코다테 지청支廳이 과거 부교쇼가 있던 자리에 설립되고, 영사관을 비롯해 세관, 경찰서, 병원, 은행 등의 공공시설이 즐비하게 들어선다.[37] 그리고 이들 공공시설의 외곽은 다시 민간 시설들이 둘러싸는 형태를 나타내고 있다. 또한 모토이자카 산록부에 위치한 모토마치元町 지구에는 부호 상인의 저택, 교회, 외국인의 사저 등이 조망이 좋은 장소를 골라 지어졌다. 모토마치 지구는 당시 지어진 양풍 건물들이 아직도 많이 남아 있어 사이와이자카 일원의 공간과는 완전히 다른 이국적 분위기를 만들어내고 있다.

한편, 도시의 확장과 함께, 북서쪽의 사이와이자카에서 남동쪽의 쥬지가이十字街 쪽으로 도시의 중심이 점차 이동하는 형태를 나타낸다. 쥬지가이는 시가지가 확장되면서 형성된 근대적 도시공간이다. 쥬지가이 동쪽의 지조우마치地藏町는 도매상가로, 크고 작은 수백의 도매상이 이어져 있고, 남쪽의 에비스초惠比須町에는 남북으로 이어진 긴자거리銀座通り가 자리하고 있다. 이곳 긴자거리는 중후하고 거대한 근대식 건물이 아닌 조촐한 근대식 건물이 연립해 있는 독특한 거리를 만들어 낸다. 쥬지가이를 중심으로 한 메인스트리트는 1921년의 대화재로 전소된 후, 콘크리트나 블록을 사용한 이른바 내화조 방식의 건축으로 새로 지어지면서 서양풍 거리로 다시 태어났다. 스에히로초에 자리했던 가네모리金森백화점(7층 철근 콘크리트)이나 마루이丸井백화점(5층 철근 콘크리트)을 비롯해, 니혼日本은행, 다이이치第一은행, 홋카이도北海道은행, 야

37 岡本哲志, 앞의 책, 180쪽.

스다安田은행, 하코다테 세관 등 근대적 건물들이 즐비했다.[38] 1920년 대 하코다테가 도쿄이북 최대 인구의 도시(전국 9위)로 번창을 구가할 때 이곳은 근대 도시 하코다테의 중심적 경관을 연출했던 것이다.[39]

하코다테가 근대도시로서의 경관을 본격적으로 드러내는 것은 시 가지가 크게 확대된 1880년대 말 이후이다. 개항과 함께 근대적 문물 이 넘쳐나면서, 기회의 땅으로 여겨진 하코다테에는 혼슈 등지로부터 급격한 인구의 유입이 이루어졌다.[40] 당연히 유입인구를 수용할 거주 공간과 기반시설이 필요했고, 이에 시가지의 확대와 함께 도로, 상수 도, 공원 등 근대적 도시 시설의 확충이 이루어졌다. 우선, 1879년에는 근대적 도시공원인 하코다테 공원이 조성되었다. 개항장인 하코다테 에는 다수의 외국인이 체류하는데다 시민들의 휴식공간도 부족해 공 원조성이 기획되었으며, 시민들이 직접 참여하는 방식으로 건설이 이 루어져 일명 '(관-민) 파트너십 형' 도시공원으로 불린다. 공원의 구성 또한 서양식과 일본식이 절충된 형태를 띠었다. 그리고 1889년에는 근 대식 상수도가 부설되었다. 이는 요코하마에 이어 일본에서 두 번째로 만들어진 것이지만, 일본인의 손에 의한 것으로는 최초이다. 이처럼 근대적 도시 시설이 정비되면서 거주환경이 좋아지자, 다시 좋은 거주 환경을 찾아 사람들이 몰려드는 식으로, 하코다테의 인구는 계속 증가

---

38 函館市史編纂室, 『函館都市の記憶－市制施行70周年記念寫眞集』, 函館市文化スポツ振 興財団, 1992, 3쪽.

39 保科智治, 앞의 책, 53쪽.

40 개항 직전인 1853년 9,419명이었던 하코다테의 인구는 1871년 25,403명을 거쳐 1910년대 에는 10만 명을 돌파하고 1930년대에는 20만 명을 넘게 된다. 函館市史編纂室, 『函館市 史 統計史料編』, 函館市, 1987, 76쪽.

하였다. 실제로 시가지의 확대 범위는 상수도 등 도시 시설의 확충과 맞물려 이루어졌다. 시가지 확대의 범위는 급수전의 확장 배치와 연동하고 있었기 때문이다.[41]

4. 도시경관에 나타난 문화접변의 의미

하코다테 특유의 상하화양절충식 마치야라는 혼종적 건축양식의 등장은 유입(서양)문화와 수용(일본)문화가 접변하여 새로운 혼종문화를 만들어내는 과정을 잘 나타낸다. 동아시아 개항장 도시에서 발생한 문화접변은 권력성을 강하게 띠고 있다. 즉, 문화와 문화 간의 대등한 교류와 접변이라기보다는 힘과 효율성을 앞세워 밀고 들어오는 (서양)문화와 이에 수세적으로 저항하면서 모방하거나 대항하는 (동양)문화라는 권력관계가 흔히 작동한다. 하지만 그렇다고 해서 문화접변의 결과가 뻔히 정해진 것은 아니며, 구체적인 상황조건과 유입자(문화)와 수용자(문화)의 태도에 따라 그 결과는 달라진다. 유입문화가 기존문화를 압도하거나 기존문화가 유입문화를 밀쳐내는 접변의 결과도 가능하며, 문화적 절충, 즉 유입문화 주도의 수동적 수용이나 기존문화를 바탕으로 유입문화를 활용하는 주체적 수용방식 등이 있을 수 있다. 하코다테의 상하화양절충식 마치야 경우는 유입문화와 수용문화 간의 권력성에도 불구하고, 주체적 수용에 의한 혼종문화가 생성된 사례라고 볼 수 있다.

41 　函館市史編纂室, 『函館市史 通說編 第2卷』, 548쪽.

하코다테에서도 낯선 문화의 유입, 그것도 외부의 결정에 의해 타율적으로 유입된 문화에 대한 경계와 반발이 없었던 것은 아니지만, 결국 그것이 혼종성이 부각되는 방식으로 귀결된 배경에는, 호의적인 유입자와 개척의지에 충만한 수용자 그리고 그들의 일상적 접촉을 통한 만남이 자리하고 있다. 즉, 일상적 접촉과 경험은 유입자(문화)의 진정성과 선진성의 확인을 용이하게 하였고, 그것이 자신들의 지역과 문화를 보다 발전적으로 바꾸어가려는 강한 의지(개척에 대한 사명)와 결합되면서 주체적 혼종으로 이어지게 된다. 건축양식과 결부시켜보면, 서양식 건축의 수용에 가장 먼저 관심을 가진 자는 목수를 비롯한 건축 기술자들이다. 이들은 생소한 건축방식에 무모하다시피 도전하여 새로운 기술을 익혔다. 기술의 전수가 이루어진 것이다. 다음으로 서양식 건축문화를 수용한 자들은 상인을 비롯하여 자신의 건물을 지을 능력을 가진 자들이다. 이들은 도처에 산재하는 세련되고 웅장한 서양식 건물을 일상적으로 바라보면서 마음에 드는 요소들을 자신의 건물에 채용하고자 했다. 상인을 비롯한 경제적 능력을 가진 자들은 일본의 전통적 문화나 생활방식에 대해서도 일정한 자부심을 가지고 있었고, 따라서 자신들의 생활방식을 크게 바꾸지 않는 방식으로 서양건축의 화려함과 효율성을 취하고자 했다. 그 결과가 생활공간인 1층은 일본식을 고수하면서, 2층의 공간에 마음껏 서양식으로 멋을 내는 상하화양절충식으로 나타난 것이다. 그리고 대다수의 자신의 집을 지을 능력이 되지 않는 자들은 양풍 건축이나 화양절충식 건축을 일상적으로 바라보면서 건축양식이라는 문화를 수용한다. 절묘하게 어우러진 화양절충식 건물을 바라보는 주민들의 심성과 사고에는 서양문화가 일본

문화와 잘 어울리는 것이며, 이들 문화가 접변하여 생겨난 혼종문화 또한 긍정적이라는 평가가 자리하게 된다.

　하코다테 사람들은 단순히 서양 건축양식을 모방하는 것에서 나아가 다양한 기법들을 시험하기도 하고 섞기도 했다. 즉, 당시 유행했던 초기 르네상스 양식만이 아니라 바로크(16세기 말)에서 18세기에 이르는 기간 동안 유럽에서 발전해 온 다양한 디자인 기법들이 시험되었다. 중앙부분이 화려하게 강조되는 디자인은 그 좋은 예이다. 특히 1890년대 이후가 되면, 양풍 건축기술을 습득한 일본인 건축가나 목수들에 의해, 양풍 건축의 조잡한 모방이 아닌 세심한 예술적 디자인의 시도들이 나타난다. 앞서 살펴본 바 있는 홋카이도청 하코다테지청 건물(1909)은 그 좋은 사례이다. 목조 건물에 오소독스한 석조 건물의 디자인을 표현하고자 한 이 건물은 바로크 시대 이후에 유행한 양식으로 평가되고 있다.[42] 이외에도, 1890년대 이후의 건축 가운데는, 건물 기둥의 머리나 아래 부분의 장식 및 수직 홈이 없이 추상화된 기둥양식들도 등장한다. 이는 화려한 장식에서 추상적인 장식으로 넘어가는, 즉 19세기의 역사주의적 건축에서 20세기 모더니즘의 건축으로 이행하는 흐름으로 평가된다.

　시가지 형성과 관련해서도 하코다테 나름의 고유성이 발견된다. 오카모토岡本哲志의 연구에 의하면,[43] 일본의 근대 항구거리의 성립과 발전에는 특징적인 2가지의 흐름이 있다. 하나는 근대 항구거리가 성립

42　위의 책, 20쪽.
43　岡本哲志 앞의 책, 9쪽.

발전하는 과정에서, 근세 이전에 성립한 항구거리의 공간 만들기를 참고해, 새로운 장소에 독자적인 근대적 도시형성이 이루어진 경우이다. 이 경우 최신의 사고나 기술에만 의존하지 않고 일본의 역사적인 항구거리 형성의 경위에 따라 성립·발전해 왔다는 점이 특징이며, 항만기능을 중심으로 특화된 현대의 항구 조성과는 달리, 사람들이 생활하는 공간도 동시에 만들어 졌다. 항구와 생활공간을 하나로 묶은 도시 만들기가 시도되었던 것이다. 그는 이에 부합하는 항구거리로 식산흥업화의 선봉으로 번창한 모지門司와 오타루小樽의 사례를 들고 있다. 또 다른 하나는 근세 및 그 이전에 형성된 도시 구조의 기층위에 새로운 층이 덧칠되는 방식으로 근대적 항구거리가 형성된 경우이다. 여기서는 전근대의 도시 역사가 근대적 도시 공간에 그대로 남아 공간 만들기에 영향을 미친다. 도시 공간이 역사의 연속성을 그대로 드러내는 것이다. 이런 관점에서 읽어낼 수 있는 대표적 항구거리로는 요코하마와 하코다테를 사례로 들 수 있다.

하코다테는 다른 개항장 도시와 마찬가지로 개항과 함께 비로소 근대적 도시가 형성되었다. 개항장은 상업 무역을 위해 열린 항구이기에 외국과의 교역이 항구 기능의 주가 되었다. 그리고 많은 선박이 출입하는 장점을 살려 조선업이 그 도시의 기간산업으로 현저히 발달하기도 한다. 하지만 하코다테의 경우 무역항으로 계속 발전하기 보다는 북양어업의 기지로서의 역할을 주로 수행하였으며 현재에도 무역과 물류의 거점이라고 할 수는 없다. 하코다테에 조선 관련 산업이 없는 것은 아니지만 전후 성장기에 대규모의 조선 산업이 입지하지는 못했다. 산업 또는 물류도시로서 크게 성장하지 못한 것이 지역경제의 관점에서는 아

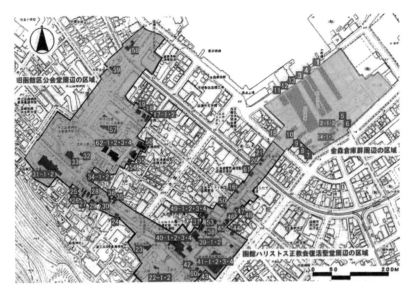

〈전통적 건조물군 보존지구〉

쉬움이 될지도 모르지만, 그 덕분에 근대적 도시 공간이 크게 파괴되지 않고 현재까지 남아 있다. 이처럼 근대적 경관이 잘 보존되어 있는 탓에 관광산업은 현재 하코다테 시의 가장 큰 소득원이 되고 있다.

하코다테의 근대적 건축이나 도시 경관은 다른 개항장 도시와 비교해 몇 가지 특징을 지니고 있다. 첫째, 시가 지정한 근대적 건조물이 75건에 이를 정도로 근대적 경관이 다양하게 그리고 대량으로 남아있다는 점이다. 1860년대부터 1930년대에 걸쳐 지어진 근대적 건물들이 이처럼 광범위하게 그리고 집중적으로 남아 있는 곳은 다른 예를 찾기 힘들다.[44] 여기에는 외국인 거류지가 어느 한곳에 구획되지 않고 잡거의 형태를 띠고 있었다는 점도 관계되어 있다. 또한 잦은 화재로 인해

---

44 鈴木博之, 앞의 책, 35쪽.

지구별로 새로운 건물들이 주기적으로 들어선 까닭에 건물의 양식이 다양하다. 둘째, 근대적 건조물이 모여 있는 거리보존지구가 도시 중심가에 그대로 존재한다. 이는 근대적 유산의 보존이 잘 이루어졌음과 동시에 근대 항구도시로의 번성을 구가하던 1920~30년대 이후 급격한 도시의 변화가 없었음을 말한다.

참고문헌

岡本哲志・日本の港町研究會, 『港町の近代－門司・小樽・横浜・函館を讀む』, 學藝出版社 2008.

藤田覺, 『江戸幕府と蝦夷地・函館』, 函館學ブックレット NO.8, キャンパス・コンソーシアム函館, 2009.

鈴木博之, 『函館の近代建築遺産』, 函館學ブックレット NO.14, キャンパス・コンソーシアム函館, 2010.

保科智治, 『函館開港－みなとが語る函館の歴史』, 函館學ブックレット NO.9, キャンパス・コンソーシアム函館, 2009.

葉　華 外, 「四つの開港都市における近代洋風建築を中心とした歴史的環境保全再生の現狀に關する研究」, 『日本建築學會大會學術講演梗槪集(東海)』, 1994.

越野武 外, 「明治中期 函館の中心市街とその建築」, 『日本建築學會計劃系論文報告集』第360號, 日本建築學會, 1986.

越野武, 「文久3年在箱館英國領事館について－創建・燒失年と建設經緯」, 『日本建築學會計劃系論文報告集』第341號, 日本建築學會, 1984.

中川武 外, 「明治大正期の函館における和洋折衷町家の展開」, 『日本建築學會北海道支部研究報告集』No.80, 2007.

村田專三郎, 「函館建築工匠小伝」, 『函館市史史料集』第31集, 函館市, 1984.

函館市史編纂室, 『函館都市の記憶－市制施行70周年記念寫眞集』, 函館市文化スポーツ振興財団, 1992.

＿＿＿＿＿＿＿, 『函館市史 統計史料編』, 函館市, 1987.

＿＿＿＿＿＿＿, 『函館市史 通說編 第2卷』, 函館市, 1990.

函館市 市史編さん事務局, 『目で見る函館のうつりかわり－市制施行50周年記念歴史寫眞集』, 函館市, 1971.

函館と外國人居留地研究會 編, 『函館と外國人居留地－ロシア編』, 2008.

＿＿＿＿＿＿＿＿＿＿＿, 『函館と外國人居留地－アメリカ編』, 2009.

＿＿＿＿＿＿＿＿＿＿＿, 『函館と外國人居留地－キリスト敎編』, 2011.

＿＿＿＿＿＿＿＿＿＿＿, 『函館と外國人居留地－ドイツ・諸外國編』, 2012.

ヘルベルト・プルチョウ, 『外國人が見た十九世紀の函館』, 武藏野書院, 2002.

그림출처

구舊소마相馬저택(1908), 필자 촬영.

區役所(1880당시), 『目で見る函館のうつりかわり−市制施行50周年記念歷史寫眞集』.

구영국영사관, 필자 촬영.

구하코다테區 공회당(1910), 필자 촬영.

舊リューリ商會(1907), 필자 촬영.

러시아영사관(1868년), 『目で見る函館のうつりかわり−市制施行50周年記念歷史寫
　　　眞集』.

러시아영사관(船見町 : 1907년 신축), 필자 촬영.

블래키스톤저택(1872), 『目で見る函館のうつりかわり−市制施行50周年記念歷史寫眞集』.

三井은행지점(1873당시), 『目で見る函館のうつりかわり−市制施行50周年記念歷史
　　　寫眞集』.

箱館병원(1871), 『目で見る函館のうつりかわり−市制施行50周年記念歷史寫眞集』.

箱館商船학교(1883), 『目で見る函館のうつりかわり−市制施行50周年記念歷史寫眞集』.

소마相馬주식회사(1912), 필자 촬영.

천주교회당(1877) 및 현 가톨릭 성당(1924), 필자 촬영.

하리스토스정교회부활성당(1862・1916), 필자 촬영.

홋카이도청 하코다테지청(1909), 필자 촬영.

小森家店鋪(1901), http://fkaidofudo.exblog.jp/11559917/

和雜貨いろば(1908), http://www.jr-tabi.com/hut/map/39

オベルジュ古稀庵(1909), http://www.city.hakodate.hokkaido.jp

3부

개항의 흔적과 기억, 그리고 로컬리티 재편

조정민　나가사키 개항 기억의 문화적 기획

이호현　개항장의 소환
'라오상하이' 열풍 속에 재현된 1930년대 상하이

조정민　편재된 기억이 로컬리티가 되기까지
일본 하코다테의 경우

나가사키 개항 기억의 문화적 기획

조정민

1. '유일', '유구'로 서사되는 나가사키 개항

분명, 나가사키長崎가 가지는 개항의 의미는 일본 내의 다른 개항장과 구별된다. 나가사키는 16세기 말 포르투갈의 배가 입항한 이후, 200년이 넘는 오랜 기간 동안 일본이 쇄국을 고집하는 가운데서도 유일하게 무역항으로서 열려 있던 곳이었다.[1] 이러한 예외적인 상황은 나가사키로 하여금 다른 지역과는 구별되는 차별적인 장소성을 가지게 했다. 압도적으로 오래된 개항의 역사와 더불어 소위 '남만문화南蠻文化'[2]로 일컬

---

[1] 히라도平戶에 네덜란드 상관(1609~1641)과 영국 상관(1613~1623)이 존재하고 있었던 점에는 유의할 필요가 있다. 1641년 네덜란드 상관이 히라도에서 나가사키로 이전된 이후에는 나가사키가 유일한 무역항으로 기능했다.

[2] 무로마치室町 말기부터 에도江戶 초기에 걸쳐 포르투갈, 스페인 등의 선교사와 무역상에 의해 전해진 서양문화이다. 의학, 천문학, 예술 분야 이외에도 철포 제조 기술 등이 유입되었

어지는 이국 문화의 유입도 지금의 나가사키 로컬리티 형성에 직간접적인 영향을 끼쳐 왔다. 나가사키 관광의 대표적인 명소라 할 수 있는 데지마出島,[3] 오란다자카オランダ坂,[4] 글로버 정원グラバー園,[5] 중화거리長崎新地中華街,[6] 그리고 나가사키 명물로 꼽히는 짬뽕과 카스텔라와 같은 음식은 쇄국이라는 상황 속에서 유일하게 열린 창구로 기능하던 나가사키의 오래된 개항 역사를 짐작하게 만드는 장소이자 기념품이다.

2009년, 일본의 다섯 곳의 개항장 도시(요코하마橫浜, 고베神戶, 하코다테函館, 니이가타新潟, 나가사키)는 개항 150주년을 맞아 공동으로 기념사업을 기획하였다. 이들 도시는 서구 문명을 도입한 창구로서 일본의 근대를 앞당겼다는 점을 공통적으로 부각시키고, 또 개항으로 인한 문화유산과 경관, 국제 친선적인 도시 분위기 등을 적극 활용하여 일본을 대표하는 국제 관광도시로 도약할 것을 다짐하였다.[7] 그렇지만 여기

다. 선교사들에 의한 기독교 전파와 그 영향 및 기독교 문화 전반을 가리킬 때에도 사용된다.

3 1636년 기독교 포교 금지를 목적으로 만든 부채 모양의 인공 섬으로, 처음에는 시내에 살던 포르투갈인이 격리되어 거주하기 시작했으나 나중에는 네덜란드의 무역상사가 이곳으로 이전해 왔다. 이후 200여 년 동안 일본 유일의 해외 무역 창구였다.

4 '오란다'는 네덜란드(홀란드)의 일본식 표현이며 '자카'는 언덕이라는 뜻의 일본어이다. 나가사키시 히가시야마테쵸東山手町에 위치한 언덕길로, 외국인이 다니던 길을 네덜란드인이 다니던 길로 대표되어 붙여진 이름이다.

5 스코틀랜드 출신의 무역상이자 글로버상회를 설립한 토마스 브레이크 글로버Thomas Blake Glover의 저택과 그 주변을 관광지로 만든 곳. 글로버 저택은 일본에서 가장 오래된 목조서양건축물로 알려져 있다.

6 에도시대의 나가사키가 대 중국 무역항으로 번성하던 것을 반증하는 곳으로, 요코하마, 고베와 함께 일본 3대 중화거리로 꼽히고 있다. 원래 중국인의 거주 지역은 도진야시키唐人屋敷에 한정되었으나, 1698년의 대화재로 중국선의 창고가 소실된 것을 계기로 도진야시키 앞바다를 매립하여 새로 창고 구역을 조성하고 신치新地라 불렀다. 도진야시키는 1859년 '안세이 5개국 조약安政五カ國條約' 당시 외국인 거류지에서 제외되고 1868년에는 폐지되면서 잔류 중국인들은 오우라大浦나 신치로 거주지를 옮기게 되었다. 이것이 나가사키 중화거리의 기원이다.

7 日本開港五都市觀光協議會, http://www.5city.or.jp/

에서 나가사키만큼은 개항 150주년이 아닌 '개항 400여 년을 자랑하는 낭만의 도시'[8]로 구별되었다. '개항 400여 년을 자랑'한다는 문구에서도 알 수 있듯이, 나가사키의 오랜 개항 경험과 시간의 축적은 다른 개항장들이 추월할 수 없을 정도의 독보적인 지위를 확보하게 만들었다. 어쩌면 나가사키의 개항 서사는 '유일'과 '유구'라는 수식어로 점철되어 왔고, 또 이러한 서사가 나가사키의 개항의 성격을 규정지어 왔는지도 모른다.

그런데 개항을 매개로 한 나가사키의 로컬리티 표상은 언제부터 어떻게 기획되어 그 일반성을 획득하게 되었을까. 즉 '나가사키'라는 지명이 환기시키는 공통의 기억은 어떠한 과정을 거쳐 구성되었을까. 이 글에서는 나가사키의 '유일'하고 '유구'한 개항의 역사를 홍보, 전시하여 나가사키 로컬 아이덴티티를 구축하고자 한 '나가사키 개항기념회(長崎開港記念會, 이하 개항기념회)'의 활동에 대해 조명해 보고자 한다. 1930년, 나가사키 상공회의소가 주축이 되어 창립된 개항기념회는 같은 해에 '나가사키 항구 축제(長崎みなと祭, 이하 항구 축제)'를 기획하고 실시한다. 이 축제는 아시아 태평양전쟁 당시 일시적으로 중단된 바 있지만 패전 이후에 다시 부활하여 지금까지 이어져 오고 있다. 이 글에서는 개항기념회가 전략적으로 기획한 개항 기억의 전시를 나가사키 로컬리티를 가시화시킨 일종의 실천적 행위로 보고, 개항 기념을 통한 나가사키의 자기규정과 로컬 표상과의 관계에 대해 살펴보고자 한다.

---

8   日本開港五都市觀光協議會, http://www.5city.or.jp/

2. 개항기념일의 탄생

개항기념회는 나가사키 상공회의소[9]가 만든 조직으로, 1930년부터 '나가사키 항구 축제'를 정례화하고 활성화시킨 단체이다. 우선 『나가사키 상공회의소 50년사』를 통해 개항 기념사업의 탄생 과정을 확인해 보자.

나가사키가 360여 년의 개항의 역사를 가지고 있음에도 불구하고 아직 개항기념일이 정해지지 않은 것을 유감으로 여겨, 향토 사학자 고가 쥬지로古賀十二郎, 무토 쵸죠武藤長藏, 나가야마 도키히데永山時英, 후쿠다 다다아키福田忠昭 등 네 명에게 (개항일) 선정을 위임하였지만 그 의견이 일치하지 않았다. 1930년 4월 2일 위의 사학자들과 나가사키 시의 장로 및 유지들이 함께 협의한 결과, 나가사키 개항을 겐키元亀 2년이라 보고 개항기념일을 4월 27로 지정한다고 결정하였다. 이리하여 나가사키 개항기념회 설립이 계획되었고 1930년 4월 7일에 창립위원회를 열어 다음과 같이 회칙을 정하고

---

9 나가사키 상공회의소의 출발은 마쓰다 겐고로松田源五郎라는 인물과 밀접한 연관을 가진다. 마쓰다 겐고로는 메이지明治 시기에 활동한 실업가로 1877년에 다이쥬하치국립은행第十八國立銀行을 창립하여 지배인이 되었고 이후 은행장으로도 취임했다. 1879년에는 지역 실업가들과 함께 나가사키상법회의소(長崎商法會議所, 이후 나가사키 상공회(1883), 나가사키 상업회의소(1893), 나가사키 상공회의소(1928) 등으로 변천)를 설립하여 초대 회장으로 활약하였다. 나가사키 상공회의소는 상공업자 대표 및 권업 위원, 회사 대표 등으로 구성되어 여러 방면의 상공업자 층을 망라하고, 상공업계를 대표하는 공인된 단체로서의 지위를 획득하며 각 관청에 건의, 청원하거나 자문하는 역할을 담당해 왔다. 더불어 나가사키 상공회의소는 상업 종사자의 자질 향상을 도모하기 위해 실무 교육에도 힘을 쏟았다. 실업 교육을 받을 기회가 부족한 상업 종사자들을 대상으로 상사商事 요항, 경제 개요, 상업 영어, 상업 산술, 상업 부기, 상업 작문, 주산 등의 강습회를 열었고, 이러한 교육을 받은 자에 대해서는 상업학교 졸업 정도의 학력을 인정하는 검정 시험 제도를 마련하기도 했다. 나가사키 상공회의소의 활동은 메이지 정부의 진취적인 식산흥업 정책에 부응하는 부분이 많았고, 나가사키 경제계의 근대화에도 기여하는 바가 많았다고 볼 수 있다(長崎商工会議所, http://www.nagasaki-cci.or.jp/nagasaki/).

사업계획의 대강을 정하였다.

나가사키 개항기념회 회칙
제 1조 본회는 나가사키 개항기념회라고 칭한다.
제 2조 본회는 나가사키의 개항을 기념하기 위해 적절한 지식을 보급하고
또한 나가사키 시의 해외무역 발달과 상공업 진흥을 꾀하는 데 필요한 부대
사업을 수행하는 것을 목적으로 한다.(강조는 인용자)[10]

위의 인용문에서도 알 수 있듯이, 나가사키 상공회의소는 개항의 시
작점을 분명히 하여 이를 기념일로 만들고자 하였고, 이를 위해 나가
사키 개항기념회를 조직하고 연이어 나가사키 항구 축제도 기획하였
다. 나가사키 상공회의소가 적극적으로 개항을 기념하고자 한 데에는
적어도 두 가지 이유가 있었던 것으로 파악된다. 첫째는 개항기념일이
지정되지 않았다는 유감스러운 사실을 반성하고 지금부터라도 개항
에 관한 '적절한 지식'을 널리 알려 지역 정체성을 가시화시키는 데 있
으며, 둘째는 '나가사키 시의 해외무역 발달 및 상공업 진흥을 꾀하는
데 필요한 부대사업을 수행하는 것'이었다.
　먼저 개항일 지정에 관해 살펴보자. 나가사키 상공회의소가 개항일
기념 문제를 논의의 대상으로 삼기 전까지 그것은 주목받지도 못했고
불분명했다. 겐키元龜 2년, 즉 1571년을 기점으로 나가사키가 국제적인
무역항이 되었다는 것은 현재에도 일반적으로 통용되고 있는 사실이

10　『長崎商工會議所五十年史』, 長崎商工會議所, 1943, 1008쪽.

지만,[11] 이와 같이 정리하는 데에는 많은 고민이 따랐을 것이다. 1571
년보다 앞선 1567년에 이미 포르투갈 선교사 알메이다Almeida는 나가
사키에서 기독교 포교를 개시하였고, 1569년에는 나가사키 최초의 교
회 토도스 오스 산토스 교회당이 건설되었다. 그리고 1570년 나가사키
는 포르투갈 무역항으로 열려, 다음 해인 1571년에 포르투갈 선박이
처음으로 입항하였다.[12] 개항기념회는 개항의 기준을 시간(기독교 포교)
에 두지 않고, 그 성격(무역항으로서의 개항)에 두고 있었던 것이다. 이렇
게 정의된 나가사키 개항기념일은 이후 반복되는 기념 의례를 통해 고
정불변한 '실체'로 자리하게 되었다.

여기에서 중요한 것은 나가사키 상공회의소가 '개항이 언제부터 시
작되었는가'하는 '기원의 창출'을 시도하고, 또 그에 대한 기념 의례를
마련했다는 점이다. 과거를 더듬어 개항의 시작점을 발굴하고 그 이후
360여 년간 이어져 온 지역의 역사를 적극적으로 평가하려 한 이와 같
은 시도는, '개항'이 나가사키라는 토지의 경험을 대변한다는 인식이
바탕에 있었음을 반증한다. 뿐만 아니라 나가사키 상공회의소는 '나가
사키 = 개항장'이라는 표상 체계를 공고히 하기 위해 개항일을 제정하
고 기념행사라는 제도적 장치를 마련하였다. 이러한 일련의 개항 기념
사업은 '나가사키 = 개항장'이라는 등식을 존립, 존속시키기 위한 기억

---

11 "겐키 2년 마카오에서 포르투갈 선박 2척이 처음으로 나가사키에 입항한 이후 나가사키
   는 무역항으로서 정착하게 되었다. 여러 나라로부터 상인들이 모여 살기 시작해 나가사
   키는 단기간에 무역 도시로 성장해 갔다."(瀬野精一郎 外, 『長崎縣の歷史 縣史 42』, 山川
   出版社, 1998, 132쪽).
12 原田博二, 「長崎と廣州」, 荒野泰典 外, 『近世的世界の成熟(日本の對外關係 6)』, 吉川弘
   文館, 2010, 201쪽.

의 통제 장치이기도 했다. '나가사키 = 개항장'이라는 인식의 틀을 내면화하는 순간, 종교(기독교)의 도시나 원폭의 도시와 같은 '복수'의 나가사키는 '개항장' 나가사키로 수렴되기 쉽기 때문이다.

한편, 나가사키 상공회의소가 이와 같은 사업을 전개한 것은 나가사키가 '유일한' 개항장이자 '오래된' 무역항이라는 사실에 대해 자부심을 가지고 있었기 때문이다.

나가사키 항은 겐키 2년(1571년)의 개항과 함께 탄생하여 **도쿠가와 시대의 쇄국(정책) 가운데서도 유일하게 개항장으로 존치되어 지금에 이르기까지 360여 년간 국제적 개항장으로서 세계에 그 이름을 알린 동양의 대무역항이다.**

나가사키 개항 이전에도 무역은 우리나라 각 연안에서 일시적으로 또는 다소 단속적으로 이루어진 것이 사실이지만 **공인된 개항(장)으로서 오늘날까지 360여 년간 이어져 온 것은 나가사키 항구 외에는 전혀 찾아 볼 수 없다.** 그러한 의미에서 본다면 **나가사키의 개항은 곧 일본의 개항이며 나가사키의 개항기념 축제 역시 일본의 개항기념 축제라고 말할 수 있다.** 4월 27일에 개최되는 개항기념 축제의 가장 큰 의의는 이러한 점에 있다.

그러나 개항기념 축제의 의미를 단지 과거의 공적을 헤아리고 선조를 기리는 것으로 그쳐서는 안 된다. 과거를 되돌아보는 행사임과 동시에 장래의 '대 나가사키大長崎'를 건설할 수 있도록 시민들이 분발하여 일어나기를 바란다.(강조는 인용자)[13]

---

13 『開港三百六十六年 第七回長崎開港記念會記錄』, 長崎開港記念會, 1936, 1쪽.

개항기념회가 개항이 시작된 날을 명확히 밝히고, 또 이를 기억하고 기념하는 이유는 나가사키가 '유일하게 개항장으로 존치되어 (…중략…) 360여 년간 국제적 개항장'으로 기능하고 있다는 데 있다. 유일하고 유구한 역사가 존재함에도 불구하고 이 같은 사실이 널리 알려지지 않은 것에 대한 유감과 개탄은 개항기념회 조직으로 이어졌고, 나아가 축제 기획으로도 이어졌다. 뿐만 아니라 나가사키의 개항과 기념 축제는 그 의미가 더욱 확대되어 일본의 개항 역사를 대변하기도 했다. '나가사키의 개항 = 일본의 개항', '나가사키의 개항기념 축제 = 일본의 개항기념 축제'라는 등식은 이를 반증한다. 나가사키 개항의 기원을 밝히고 그 의미를 기념하며, 또한 그것을 일본의 역사로 치환시키는 가운데에서 로컬의 경험은 국가의 경험으로 대표되고 그 가치도 입증 받게 된다.

그런데 나가사키의 개항 경험을 기억하고 기념하는 행위에 나가사키 상공회의소(나가사키 개항기념회)가 깊숙이 개입한 것은 무엇 때문일까. 이에 대한 답은 나가사키 상공회의소가 개항일을 지정한 두 번째 이유, 즉 '나가사키 시의 해외무역 발달과 상공업 진흥을 꾀하는 데 필요한 부대사업을 수행하는 것'에서 찾을 수 있다.

나가사키 상공회의소가 개항 기념에 관심을 가졌던 이유는 나가사키가 오랜 세월동안 국제 무역항으로 기능해 왔던 사실과도 무관하지 않다. 다시 말하면 상공인들의 생업 자체가 '개항' 및 '무역'과 직접적으로 관련 있기 때문에 개항의 의미를 적극적으로 평가하고자 하는 욕구가 있었을 것이다.

이와 더불어 중요한 사실은 개항일 지정 및 나가사키 항구 축제가 '상공업의 진흥을 꾀하는 데 필요한 부대사업'으로 기획되었다는 점이다. 사실, 나가사키 상공회의소에 의한 개항기념회 발족과 항구 축제는 다급하게 진행된 감이 없지 않다. 1930년 4월 2일에 향토 사학자들과 장로, 유지들이 협의하여 개항기념일을 제정하고, 5일 뒤인 4월 7일에는 개항기념회 창립위원회를 열었다. 창립위원회를 통해 회칙과 사업 계획을 정한 후에는 축제 준비를 서둘러 4월 27일에 나가사키 항구 축제를 개최하였다. 당일 기념식은 오전 11시 스와신사諏訪神社 정원에서 이루어졌다. 이 자리에는 나가사키 현 지사知事를 비롯하여 시장과 세관장, 각국 대사가 초대를 받았다. 그리고 사료와 무역품을 전시한 무역 전람회와 기념 강연회도 마련되었다. 그 외에도 나가사키 진흥 좌담회, 영화 상영, 하모니카 연주회, 고서古書 시장, 개항기념 각종 특판 등, 다양한 행사가 마련되었는데 이는 시민들로부터 대단한 호응을 얻었다고 한다.[14] 이와 같은 내용으로 구성된 항구 축제는 산술적으로 계산해서 단 20일 만에 준비된 것이었다. 물론 여기에서 논의하고자 하는 것은 축제 준비 기간을 문제 삼거나 축제 내용 그 자체를 충실히 검토하는 데 있지 않다. 오히려 검토의 대상이 되는 것은 개항기념회가 짧은 시간 내에 위와 같은 다양한 행사를 준비할 수 있었던 배경이나, 기념행사를 준비해야만 했던 현실적인 이유 등이다. 이에 대한 실마리는 나가사키 항구 축제가 열리기 직전의 해인 1929년에 나가사키 상공회의소가 개입한 또 하나의 축제에서 찾을 수 있을 것이다.

1929년 9월, 나가사키 상공회의소는 스와신사의 축제 '군치くんち'[15]

---

14 『長崎商工會議所五十年史』, 長崎商工會議所, 1943, 1008쪽.

15 규슈 북부에서는 가을에 열리는 신사의 제례를 '군치'라고 한다. 음력 9월 9일 중양重陽에 열렸기 때문에 '구니치(9일을 뜻하는 일본어)'라고 불렸는데, 이것이 '군치'로 변화하여

를 나가사키 시 내외에 널리 알려 관광객을 유치하고 이를 통해 경기를 만회하고자 대책을 강구하였다. 주지하다시피 당시의 일본은 1927년의 금융공황을 비롯한 1929년의 세계공황 때문에 심각한 불황에 빠져 있었다. 나가사키 상공회의소는 침체된 나가사키 경기를 회복시키기 위해 축제 '군치'를 이용하고자 하였고, 이러한 취지에 나가사키 시와 신사 측도 동의하였다. 그 결과 나가사키 군치 진흥회(長崎宮日振興會, 이하 군치 진흥회)가 설립되었고 곧바로 사업이 진행되었다. 보통 스와신사의 축제 '군치'는 10월 초순경에 열리는데, 행사의 구체적인 방안이 마련되는 시점은 행사를 약 한 달 앞둔 9월이었다. 말 그대로 축제를 목전에 두고 협의가 진행되었음을 알 수 있는데, 이는 나가사키 상공회의소가 경기 회복을 위해 사업을 공격적으로 추진했음을 가늠하게 하는 대목이다. 군치 진흥회는 '군치'를 안내하는 선전문과 입간판 등을 제작하고 봉납 무용 관람석을 마련하는 등 관광객의 유치와 접대에 힘을 쏟았다. 이때 관광객으로 상정되었던 것은 일본 국내 관광객에 한정되어 있지 않았다. 이들은 해외 관광객까지 시야에 넣어 '군치'를 홍보하였다고 한다.[16] 축제 '군치'는 1937년 중일전쟁이 발발하기 전까지 매년 지속적으로 실시되었고, 1940년에 다시 부활하기에 이른다.[17]

나가사키 상공회의소와 지역 경제와의 관계를 알 수 있는 또 다른

고유명사화되었다.

16 『長崎商工會議所五十年史』, 長崎商工會議所, 1943, 1013쪽.

17 1944년, 나가사키 군치 봉납 무용이 중지됨에 따라 진흥회도 자연스럽게 소멸되었다. 1949년 진흥회를 대신하여 나가사키 오군치진흥회長崎おくんち振興會가 결성되어 '군치'가 운영되었다. 이후 여러 차례 조직의 변화를 겪은 후, 나가사키 전통예능진흥회長崎傳統藝能振興會에 이르게 되었다. 나가사키 전통예능진흥회는 나가사키 상공회의소 산하 단체이다.

예는 1934년 나가사키 시가 주최한 '나가사키 국제산업관광박람회(長崎國際産業觀光博覽會, 1934.3.25~5.23)'에서도 찾을 수 있다. 이 박람회는 일본 최초의 국립공원으로 운젠雲仙이 지정된 것을 기념하기 위해 개최되었다. 회장은 나가사키와 운젠에 각각 설치되었고, 나가사키관長崎館, 관광관觀光館, 문명발상관文明發祥館, 외국관外國館, 산업무역관産業貿易館, 기계관機械館, 제철관製鐵館, 연예관演藝館 등의 다채로운 구경거리가 마련되어 수많은 관광객들을 불러 모았다. 나가사키 상공회의소는 '국제산업관광박람회 협찬회國際産業觀光博覽會協贊會를 조직하고, 연예관 개설, 휴식소·안내소 개설, 환영문·장식탑 설치, 입간판·포스터 작성, 연예 공연 등과 같은 각종 사업을 전개하고 기부금도 모았다.

다시 나가사키 항구 축제 이야기로 돌아가 보자. 앞에서 언급한 바와 같이 나가사키 상공회의소가 개항을 기념하려 한 이유 가운데 하나는 '상공업 진흥을 꾀하는 데 필요한 부대사업'을 전개하기 위해서였다. 그것은 나가사키 상공회의소가 주축이 되어 이끈 또 다른 축제 '군치'의 기획 배경에서도 유추해 낼 수 있는 사실이다. 즉, 1929년 10월의 군치에 이어 1930년 4월의 항구 축제는 모두 나가사키 상공회의소가 기획한 경기 부양책의 일환으로 전개되었던 것이다. 항구 축제에서 '개항기념 각종 특판開港記念各市大賣り出し', '봄 시장春の市'이 실시되었던 것은 이러한 맥락에서 이루어진 것이라 볼 수 있고, 또한 군치 진흥회와 개항기념회의 회장을 모두 마쓰다 세이이치松田精一가 맡았던 점도 간과해서는 안될 것이다. 마쓰다 세이이치는 1922년부터 1939년까지 다이쥬하치국립은행第十八國立銀行[18] 은행장으로 있었고, 1925년부터 1933년까지는 나가사키 상공회의소 7대 회장으로 있으며 나가사키의 경제계 및 실업

계에서 지도적인 역할을 해 왔다. 이처럼 기존의 축제를 재정비한 '군치' 와 새롭게 기획된 항구 축제는 서로 별개의 것으로 보이지만 지역 경제를 활성화시키려는 목적하에 연속적으로 기획된 이벤트였다.

　경제 불황을 극복하기 위한 비책으로 이들 축제가 기획되었다 하더라도 그 취지가 설득력이 없다면 축제는 열릴 수 없고 또한 지속되지도 못할 것이다. 바꾸어 말하면 항구 축제가 호응을 얻어 정례화될 수 있었던 것은 개항기념회가 표방한 슬로건, 즉 공식적으로 유일하게 열려있던 오랜 개항장의 경험을 기억하고 기념하자는 내용이 설득력을 얻었기 때문이다. 개항기념회는 나가사키가 가지는 토지의 상징성을 '개항'에 두고 이를 광범위하게 확대시키기 위한 '기억의 정치'를 수행하였고, 이를 용인한 결과 항구 축제는 탄생되었고 지속될 수 있었다. 이와 같은 기념사업을 통한 공공 기억의 생산은 집단적 심성(망딸리테) 형성에 대단히 큰 영향을 미친다. 기념사업이 가지는 정치적 함의가 중요하게 작용하는 것은 바로 이와 같은 지점이다. 아무튼 나가사키 로컬 아이덴티티는 개항일 제정과 항구 축제를 통해 구축되고 이러한 기념 의례가 안팎의 시선에 노출됨으로써 나가사키의 로컬리티 담론은 확대 재생산되고 또한 계승되어 갔다.

18　쥬하치은행의 '쥬하치' 즉 '18'은 전국에서 18번째로 설립된 국립은행이라는 뜻이다. 국립은행이란 일본에서 최초로 만들어진 은행으로 1873년부터 12년에 걸쳐 153개의 은행이 전국 각지에 설립되었다. 지금의 쥬하치은행은 1877년에 '제18국립은행'으로 창립된 이래, 나가사키를 대표하는 지방 은행으로 입지를 굳혀왔다. '국립은행'이라는 명칭과는 관계없이 국가가 경영한 은행이 아니라 민간인이 출자한 주식회사였다. 국립은행은 화족이나 사족이 출자하여 설립되는 경우가 대부분이나 쥬하치은행은 상인과 시민의 출자로 만들어진 은행이었다. 상인과 시민의 경제적 이익 창출은 은행의 존립과도 연관이 깊기 때문에 은행장이자 상공회의소 회장인 마쓰다 세이이치는 개항 기념사업에 관심을 두었는지도 모른다.

그러나 앞에서 언급한 두 개의 축제 사이에 존재하는 묘한 단절을 간과할 수는 없다. 나가사키 군치는 에도시대부터 이어지는 축제로, 지역 마을들이 교대로 '오도리쵸踊町'가 되어 7년에 한 번 신사에 화려한 조형물을 봉납하는 형식으로 진행되어 오고 있다. 1625년에 축조 된 스와신사는 막부의 기독교 금지 정책과도 깊은 연관을 가진다. 마을 사람들이 교대로 신사에 춤을 봉납하게 된 것도 기독교와 거리를 두게 만들려고 한 나가사키 부교長崎奉行의 정치적 목적 때문이었다. 일종의 기독교 금지책으로 활용되었던 이 축제는 타자에 대한 경계와 배제를 주장하던 막부의 입장을 대변한 것이기도 했던 것이다.[19] 물론 봉납 무용 쟈오도리龍踊가 당악唐樂에 맞추어 진행되고, 데지마에 체재하던 네덜란드인을 위해 관람석이 마련되었으며(1654), 군치 봉납무용으로 네덜란드 군악대가 등장한 사실(1846) 등을 염두에 두면, 군치의 의미가 곧 막부 정책과 직결된다고는 단정할 수 없다. 그러나 나가사키 부교와 군치 사이의 간극이야 말로 '개항'을 해석하는 주체들 간의 입장 차이를 보여주는 예시라 말할 수 있을 것이다. 군치가 기독교 탄압이 거세어지던 시국과 밀접한 관련이 있었던 것에 반해, 항구 축제는 쇄국 정책 가운데서 나가사키가 유일하게 점유한 예외적인 상황을 보다 적극적으로 피력하는 데 목적을 두고 있었다. 두 축제에 내재된 의미는 모두 '개항'이라는 역사적 경험에서 찾을 수 있지만, 한쪽은 쇄국의 이데올로기를 다른 한쪽은 개국의 이데올로기를 담은 상반된 성격을 가지고 있었던 것이다. 두 축제의 본질적 의미가 상이함에도 불구하고, 양자는 모두 그 재현적 의미를 '나

---

19 下野孝文,「長崎の歷史 / 觀光. 文學―靑來有一を軸として」,『敍說Ⅱ―特集 nagasaki』, 2001, 70쪽.

가사키다움'이라는 데서 찾고 있다. 현재 나가사키 군치는 일본 3대 군치 중 하나로 꼽히며, 나가사키 군치 봉납 무용은 국가가 지정한 중요 무형 민속 문화재(1979)일 뿐 아니라, 역시 봉납 무용인 쟈오도리와 나가사키 군치 봉납 음악은 현이 지정한 무형 민속 문화재(쟈오도리 1964년, 봉납 음악 1965년)이기도 하다.[20] 항구 축제의 경우는 처음부터 오직 나가사키만이 가지는 유일, 유구한 개항의 역사를 기리고자 기획된 것이었기에 '나가사키다움'은 항구 축제의 존재 기반이라 할 수 있다. 항구 축제는 1973년에 '나가사키 항구 축제(ながさきみなとまつり, 기존 명칭 '長崎みなと祭'에서 모두 히라가나 표기로 변경)'로 이름을 바꾸고 선현 현창식, 미스 나가사키(현재의 로망 나가사키) 선발, 가장 행렬, 퍼레이드 등을 매년 실시하고 있다. 1994년부터는 개최 날짜를 7월 29일부터 31일까지로 옮겨, 그 이름이 상징하듯이 나가사키를 대표하는 축제로 자리매김하였다.

아무튼 군치와 항구 축제는 쇄국과 개국의 의미를 각각 짊어지고 있으면서도 관광으로 인한 경제적 효과를 기대한다는 측면에서는 같은 지향점을 두고 구성되고 탄생되었다고 볼 수 있다. 여기에 나가사키 상공회의소가 깊숙이 개입하여 주도적으로 조직을 구성하고 축제를 기획하였던 이유 역시 경제적 합목적성에 있었다는 것은 새삼 지적할 필요도 없을 것이다.

---

20 『長崎縣の文化財』, 長崎縣教育委員會, 1984, 50~52쪽.

3. 선현先賢 현창의 의미와 효과

앞에서 살펴본 바와 같이, 항구 축제는 나가사키 상공회의소 산하 나가사키 개항기념회가 주도적으로 기획하고 진행한 행사였다. 그러나 여기에는 나가사키 현과 시도 직간접적으로 관계하고 있었다. 개항기념회의 회장은 나가사키 상공회의소 회장 마쓰다 세이이치가 맡았으나 부회장에는 나가사키 시 공무원助役 다마오키 쇼고玉置省吾가 참여하고 있었고, 명예고문으로 나가사키 현 지사知事 이토 기하치로伊藤喜八郎와 나가사키 시장 도미나가 고富永鴻도 위촉되어 있었다. 당연히 이들은 나가사키 항구 축제에도 공식적으로 초대되어 참석하였다. 이는 민간단체가 추진한 축제에 시와 현이 적극적으로 협력한 것이라고 해석할 수 있지만, 역으로 민간단체의 축제가 관제화되어 버린 예로도 해석할 수 있을 것이다. 개항기념회 쪽이 먼저 시와 현의 협력을 구했다고 하더라도, 시와 현이 가지는 정치적, 사회적 권위와 제도화된 이미지를 차용하려는 의도가 있었다면 역시 '관제화된 축제'라는 해석에서 자유로울 수는 없을 것이다.

나가사키 개항 400주년을 맞이한 1970년의 기념행사에서는 나가사키 현과 시가 더욱 적극적으로 개입한 것을 알 수 있다. 1969년 10월, 현과 시, 상공회의소는 '나가사키 개항 400년 기념 실행위원회(長崎開港四百年記念實行委員會, 이하 실행위원회)'를 조직하였는데, 이 때 실행위원회의 총재는 나가사키 현 지사 구보 간이치久保勘一, 회장은 나가사키 시장 모로타니 요시타케諸谷義武, 그리고 부회장은 나가사키 상공회의소 회장 야마다 히로키치山田博吉가 각각 맡았다. 또한 명예 총재로서는 황족인 미카사노미야 다카히토 친왕三笠宮崇仁親王이 임명되었다.[21] 이와 같이 개항기념회는 관이 가지는 권위와 제도적 안정성을 빌렸음은 물론, 천황가의 상징성도 차용하여 축제를 정례화, 공식화시켜 나갔다.

이와 더불어 개항기념회는 개항 역사를 재조명, 재해석함에 있어서 '선현先賢'들의 업적에 기대기도 했다. 1930년에 개최된 제1회 나가사키 개항기념식에서 선현 현창이 이루어졌는지는 확인할 수 없지만, 1931년 제2회부터 나가사키 개항기념식에서는 '선현 위령제'가 정기적으로 이루어졌다고 추측된다.[22] 지금도 선현 위령제는 나가사키 공원 내의 향토선현기공비鄕土先賢紀功碑 앞에서 개항기념식 행사의 일환으로 실시되고 있다. 분명한 것은 개항기념회가 선현들의 활약과 업적 평가에 꽤 많은 무게를 두고 있었던 것이다. 이들은 1953년 4월에 『나가사키 선현 약전長崎先賢略傳』을 편찬, 간행하였으며 이후에도 유사한 책을 한 차례 더 발간하였다.

1953년에 간행된 약전에는 선현 166명이 소개되어 있다. 166명에 대한 선정 기준이 명시되어 있지 않아 약전의 의도나 목적을 파악하기는 쉽지 않다. 인물들 가운데는 '彭城東閣'(중국명 劉宣義)과 같은 소수의 중국인도 확인된다. 개항기념회는 개항 400

〈그림 1〉 선현위령제의 모습.

---

21 『開港四百年 長崎圖錄 ながさきNAGASAKI』, 長崎開港四百年記念實行委員會, 1970, 2쪽.
22 『長崎商工會議所五十年史』, 長崎商工會議所, 1943, 1010쪽.

주년을 맞이한 해인 1970년 4월에도 155인의 짧은 평전을 담은『나가사키 선현 현창록長崎先賢顯彰錄』을 발간하였다. 그 서문에는 선현 현창의 의미를 다음과 같이 밝히고 있다.

모든 향토에는 그 향토의 개척과 발전에 진력한 사람들이 있기 마련이다. 그러나 우리 나가사키만큼 모든 분야에서 이색적인 업적을 남긴 다수의 선각선현을 가진 곳은 적을 것이다.

우리 나가사키는 겐키 시대에 개항한 이래 지금까지 400년의 개항 역사를 가지고 있다. 그 역사는 포르투갈과의 무역을 시작으로 이어서 국내 유일의 대외시장으로서 네덜란드, 중국과 무역을 해 왔고, 그것은 막말까지 이어졌다. 그 가운데 선현들의 족적은 정치, 경제, 학술, 문화 등 넓은 분야에 걸쳐 남아 있고, 그것이 일본의 메이지 문명개화에 기여한 공적은 부인할 수 없는 사실이다.

이 책자는 나가사키 개항 400년에 즈음하여 메이지유신 전후의 선현 중에서 특히 주목할 만한 인물을 사망자에 한정하여 짧은 약전을 부기하여 소개한 것이다.

이 책자가 우리 나가사키의 미래 발전의 계기가 되기를 바란다.[23]

400년의 개항 역사를 되돌아보고 선현들의 업적을 기리는 이와 같은 기념 행위는 나가사키라는 로컬의 시공간을 균질적으로 만들뿐만 아니라 동일성에 기반을 둔 공동체 의식을 배양시키고 고양시킨다. 사

---

23 『長崎先賢顯彰錄』, 長崎開港四百年記念實行委員會, 1970, 서문.

실 기념 의례만큼 극명하게 과거와 현재를 이어주는 매개체는 없을 것이다. 일종의 송덕頌德 행위인 기념 의례는 죽은 이의 숭고함과 명예, 명성을 보장하고 시간적으로 제한된 작은 기억을 의도에 따라서는 시간적으로 제한되지 않는 큰 집단적 기억으로 맞바꿀 수 있다.[24] 이는 나가사키의 경우도 마찬가지다. 매년 4월 27일에 실시되는 기념식에서 선현들의 업적을 반복적으로 상기함으로써 과거와 현재, 그리고 미래는 연속적인 흐름 속에 놓이게 되고,[25] 선현의 경험은 곧 나가사키의 경험으로 확장된다.

한편, 나가사키의 선현들이 현창의 대상이 될 수 있었던 것은 '메이지 문명개화에 기여한 공적' 때문이었다. 이는 앞의 장에서 확인한 '나가사키의 개항 = 일본의 개항', '나가사키의 개항기념 축제 = 일본의 개항기념 축제'라는 등식과도 연동되는 부분이다. 나가사키의 개항 역사를 일본의 개항 역사로 치환시킨 것은 나가사키의 독점적인 개항 경험을 부각시켜 국가적 사건으로 그 층위를 끌어올리기 위해서였는데, 이는 선현 현창에 있어서도 마찬가지였던 것이다. 다시 말하면 나가사키의 선각적 인물들이 일본의 근대화를 이끌었다고 자평하고 기념함으로써 나가사키는 보다 선진적이고 보다 근대적인 토지로서의 로컬리티를 확보할 수 있으며, 결과적으로 일본의 근대화 과정과 나가사키의 근대화는 동일선상에 나란히 놓이게 되는 것이다.

---

24 알라이다 아스만, 변학수·채연숙 역, 『기억의 공간─문화적 기억의 형식과 변천』, 그린비, 2011, 54쪽.

25 나가사키 개항 400주년을 맞아 과거를 회고하면서 동시에 '나가사키 항구 500년에 대한 비전長崎港五百年へのビジョン'이 제시되기도 했다(『長崎文化』第27号, 長崎國際文化協會, 1970, 20쪽). 지나간 시간에 대한 회상은 현재를 거쳐 미래의 시간까지 상상하게 만든다.

그렇다면 개항기념회는 어떠한 선현들을 선정하고 그 업적을 현창하고자 했을까. 여기에서는 1953년에 발간된 책자와 1970년에 발간된 책자에 중복 게재된 70명을 대상으로 간략하게 그 내용을 살펴보고자 한다.[26] 두 번의 책자 제작에서 모두 선현으로 선정된 인물들은 업적이나 기여도 면에서 중복으로 검증을 받은 셈인데, 그러한 만큼 이들은 여러 선현들 가운데서도 중요도가 높다고 볼 수 있다. 먼저 각 인물들이 어떠한 분야에서 업적을 쌓았는지 아래의 표와 같이 분류해 보았다. 분류 기준은 1970년에 발간된 『나가사키 선현 현창록』에 따른 것이다.

〈표 1〉 나가사키 선현 70명의 분야별 정리표(*강조한 이름은 통역관 경력자이다.)

분야	수	이름
개항	2	大村純忠, 長崎甚左衛門
해외교섭	11	荒木宗太郎, 船本顯定, 後藤宗印, 高木作右衛門, 末次平藏, 濱田彌兵衛, 糸屋隨右衛門, 津田又左衛門, 島谷市左衛門, **鄭幹輔**, **森山多吉郎**
정치	7	村山等安, 金井俊行, 横山寅一郎, 平野富二, 松田雅典, 松田源五郎, **山田吉太郎**
경제		
종교		
의학	8	穎川入德, 栗崎道喜, **西玄甫**, **楢林鎭山**, **吉雄耕牛**, 二宮敬作, 美馬順三, 楢林宗建
양학	11	小林謙貞, 西川如見, **本木良永**, **馬場貞由**, **西善三郎**, **金村英生**, 志

---

[26] 1953년의 『나가사키 선현 약전』과 1970년의 『나가사키 선현 현창록』을 비교했을 때, 가장 두드러지는 차이는 1970년의 『나가사키 선현 현창록』에는 중국인을 비롯한 외국인들이 41명이나 포함되어 있다는 사실이다. 중국인이 16명으로 가장 많았고, 네덜란드인 9명, 포르투갈인 5명이 그 뒤를 이었다. 이탈리아인과 프랑스인, 독일인은 각각 2명이었으며, 영국, 미국, 스페인, 스웨덴 국적의 인물도 각각 1명씩 포함되어 있었다. 참고로 1953년의 『나가사키 선현 약전』에는 6명의 중국인을 제외하면 모두 일본인이었다. 양자의 이와 같은 차이는 시간을 두고 중국이나 네덜란드, 포르투갈 등과 같은 타자와의 관계를 적극적으로 평가해 나간 것을 반증한다.

분야	수	이름
		筑忠雄, 本木正榮, 吉雄權之助, 中山武德, 中村六三郎
과학·기술	3	高島秋帆, 上野俊之丞, 上野彦馬
유학·국학	7	向井元升, **林道榮**, 岡島冠山, 盧草拙, 饒田謙藏, 長崎君舒, 中島廣足
문학	3	向井去來, 松浦東溪, 池原日南
사학	2	田邊茂啓, 熊野怡齋
미술	13	喜多元規, 渡邊秀石, 河村若之, 野澤久右衛門, 神代繡江, 赤星かめ, 渡邊秀實, 若杉五十八, 川原慶賀, 荒木如元, 石崎融思, 木下逸雲, 鐵翁
예능		
홍보 (인쇄·신문)	2	**本木昌造, 福地櫻痴**
사회봉사	1	倉田次郎右衛門
합계	70	

〈표1〉에서 가장 주목되는 부분은 선정된 선현들 가운데 미술 분야의 인물들이 가장 많은 수를 차지하고 있다는 것이다.[27] 개항에 관계한 자를 표시한 항목 '개항'에는 오무라 스미타다大村純忠,[28] 나가사키 진자에몬長崎甚左衛門[29]만이 선정되어 있을 뿐이며, 무역과 외교에 관계한 자를 말하는 항목 '해외교섭'의 경우는 선정된 11명 가운데 무역에 종사한 자는 8명

---

27 미술 분야에는 17~19세기에 활약한 화가나 공예가 등이 포함되어 있다. 이들은 중국화, 서양화로부터 새로운 기법을 도입한 인물들로서, 그 가운데 기노시타 이쓰운木下逸雲과 데쓰오 소몬鐵翁祖門은 미우라 고몬(三浦梧門, 13명에 포함되지는 않음)과 함께 '나가사키 南畵의 三筆'로 불리는 인물이다(『長崎先賢顯彰錄』, 19쪽). 가와하라 게이가川原慶賀는 우키요에풍의 그림에 능하였으나 후에 네덜란드상관의 어용화가로 활동했고 시볼트의 저서 『日本』에 삽화를 그리기도 했다. 대표작으로 『出島蘭館饗宴圖』 등이 있다(『長崎先賢顯彰錄』, 18쪽). 한편, 미술가의 활약과 그 업적이 높이 평가되었던 것은 1970년에 '근대문명의 여명─나가사키개항 400년 미술전'이 개최되었던 것에서도 알 수 있다.
28 아리마 하루즈미有馬晴純의 차남으로 태어났으나 오무라 스미사키大村純前의 양자가 되어 오무라 18대 영주가 되었다. 바르톨로메오라는 세례명을 받아 일본 최초의 크리스천 다이묘가 되었으며 나가사키 항을 개항하였다(『長崎先賢顯彰錄』, 1쪽).
29 오무라 스미타다의 사위. 오무라 스미타다의 개항의 뜻을 받들어 마을 구획을 정비하는 데 힘썼다(『長崎先賢顯彰錄』, 1쪽).

이고 나머지 3명 가운데 2명은 통역관이다. 무역 종사자가 해외교섭이라는 항목에 수렴된 것은 이들이 주로 주인선朱印船[30]을 타고 해외와 교역을 하며 또한 교섭의 역할도 동시에 수행했기 때문이라 여겨진다.

통역관이 포함된 '양학洋學' 종사자 11명[31]과 철포 기술자, 사진 기술자 등이 포함된 '과학·기술' 종사자 3명, 또 '의학' 종사자 8명을 합하면 22명에 이르는 데, 이들은 넓은 범주의 '서양학'에 분류되는 인물로서 나가사키 선현 70명 가운데 다수를 차지하고 있는 것을 알 수 있다. 특히 통역관으로 활동하던 인물이 각 영역에 골고루 분포되어 있는 것에는 주목할 필요가 있다. 선현 70명 가운데 17명이 통역관으로서의 경력을 가지고 있고, 그 중 15명이 네덜란드어 통역관이며 2명은 중국어 통역관이었다. 당시 통역관의 사회적 지위가 그다지 높지 않았음에도 불구하고,[32] 이들이 선현으로 선정될 수 있었던 것은 그들이 가지고 있는 어학 능력이 정보 전달에 필수불가결했기 때문이며, 또한 통역관 자체가 정보 발신의 근원지로서 독보적인 지위를 차지하고 있었기 때문이다. 특히 네덜란드어 통역관의 경우에는 '난학蘭學'의 중요한 통로였다. 서양의 학문과 기술은 네덜란드 통역관을 거쳐 일본인 식자들에게 전해지는 경우가 많았기 때문에 이들은 난학의 도입과 발전에 원동력이 되었다. 또한 자료 불충분으로 인한 일본 학문의 정체는 이들을 통해 얼마

---

30 쇼군將軍의 주인朱印이 찍힌 해외 도항 허가장을 받아 동남아시아 각지와 통상을 하던 무역선.
31 양학자로 분류된 11명 가운데 8명은 네덜란드어 통역관 출신이다. 나머지 3명은 서양학을 읽혀 천문, 지리, 역학, 박물학 등에 정통한 인물이다. 3명 가운데 나가무라 로쿠사부로中村六三郎는 서양 포술포術을 익혀, 나가사키포대 사령, 문부성 시학, 미쓰비시상선학교 창립, 관립 도쿄상선학교 초대교장 등을 역임하였다. 스와공원에 紀功碑가 있다(『長崎先賢顯彰錄』, 12쪽).
32 姬野順一 編, 『海外情勢と九州─出島·西南雄藩』, 九州大學出版會, 1996, 52쪽.

간 해소될 수 있었다.[33] 통역관, 그 중에서도 네덜란드어 통역관에 대한 적극적인 평가는 이러한 사정을 배경으로 하고 있다.

한편, 경제와 종교, 예능에 해당하는 자는 찾을 수 없었다. 해외교섭 분야 가운데 무역에 종사한 자와 경제에 종사한 자가 서로 다른 범주로 묶이는 것은 시대적 의미를 각각 다르게 반영하고 있기 때문이다. 전자의 경우는 모두 1600년대를 중심으로 활약한 인물들이고 후자의 경우는 근대 실업가가 많았다.[34]

1970년의 『나가사키 선현 현창록』 서문에 "나가사키는 겐키 시대에 개항한 이래 지금까지 400년의 개항 역사를 가지고 있다. 그 역사는 **포르투갈과의 무역을 시작으로 이어서 국내 유일의 대외시장으로서 네덜란드, 중국과 무역을 해 왔고, 그것은 막말까지 이어졌다**(강조는 인용자)"고 밝히고 있는 바와 같이, 선현들 가운데 무역에 종사한 자는 교역이라는 영역에 국한되지 않고 교섭 수행자로서의 의미도 가지며 중요하게 다루어지고 있음을 알 수 있다.

나가사키 상공회의소가 개항기념회를 조직했을 때, 이들의 관심은 나가사키의 개항 시작'점'을 분명히 밝히는 데 있었고, 나아가 나가사키의 개항 경험을 일본 근대화의 시작점으로 위치 지워 이를 기념하는

---

33 『開港四百年 長崎圖錄』, 長崎開港400年記念實行委員會, 1970, 6~7쪽.

34 1970년의 『나가사키 선현 현창록』에 수록되어 있는 경제 관련 인물을 살펴보면 이시카와지마조선소石川島造船所를 설립한 히라노 도미지平野富二, 미쓰비시三菱 창업자 이와사키 야타로岩崎弥太郎, 다이쥬하치국립은행第十八國立銀行을 창립하고 나가사키 상법회의소(나가사키 상공회의소 전신) 초대 회장을 역임한 마쓰다 겐고로松田源五郎, 프랑스인 레옹 듀리Leon Dury로부터 통조림 제조법을 배워 마쓰다 통조림을 설립한 마쓰다 가넨松田雅典, 수산업 종사자 야마다 기치타로山田吉太郎, 마스다 모키치增田茂吉, 다카다 만키치高田万吉, 나카베 에쓰로中部悅良 등 모두 8명이 수록되어 있다(『長崎先賢顯彰錄』, 6쪽).

축제를 기획하는 데 있었다. 그리고 이 같은 축제가 지역 경기를 부양
시킬 수 있다고 판단했다. 그러나 '점'을 확정하고 부각시켜 이를 공식
기억으로 유포하고자 한 의도와는 달리 그 내용에는 개항의 '선'이나
'면'의 측면이 강조되고 있었다는 것은 부정할 수 없다. 자세히 살펴보
면 개항의 시작점 발굴과 개항 기념 내용 사이에는 일종의 비틀림이
존재한다. 개항기념회는 나가사키의 개항 시작점을 1571년 4월 27일
로 규정했지만 이는 포르투갈 선박이 입항한 날짜이다.[35] 그러나 개항
을 기념하는 대부분의 내용은 네덜란드로 점철되어 있다. 다시 말하
면, 70명의 선현들 가운데에는 네덜란드와 직간접적으로 관계를 가지
거나 네트워크를 형성한 인물들이 많았던 것이다. 앞에서 언급한 네덜
란드어 통역관은 그 대표적인 예이며, 그 외에도 네덜란드인으로부터
포술砲術이나 사진술을 배운 기술자, 그리고 네덜란드 상관 어용화가
등이 선현에 포함되어 있다. 이는 네덜란드가 나가사키에서 점한 독점
적인 위치를 추찰할 수 있게 한다.[36] 에도 막부가 예외적으로 네덜란

---

35 나가사키시청 옆에는 개항 400주년을 기념하여 1973년에 나가사키개항기념비長崎開港記
念碑가 설립되었지만 이 기념비는 거의 눈에 띄지 않는 곳에 위치하고 있다. 포르투갈과
관련된 개항 서사는 주로 '남만문화'라는 틀을 통해 구체적으로 드러나기도 하지만, 종교
에 기반을 둔 이들의 문화는 막부와의 충돌을 피하지 못하고 기독교 탄압과 같은 부정적
인 기억을 배태시키고 말았다고 볼 수 있다. 이는 네덜란드를 경유한 개항 서사와 대비
되는 점이기도 하다. 1970년에 발간된 『개항 400주년 나가사키의 역사開港四百年 長崎の歷
史』(長崎開港400年記念實行委員會, 1970)를 살펴보면 포르투갈의 개항은 '금교와 순교禁
教殉教'로 서술되는 반면 네덜란드의 경우에는 '번영'으로 서술되는 것을 알 수 있다.
36 주 26에서도 언급한 바와 같이 1970년의 『나가사키 선현 현창록』에는 외국인들이 41명
이나 수록되어 있고 그 가운데 중국인이 16명, 네덜란드인 9명, 포르투갈인 5명이 포함
되어 있다. 외국인 가운데서도 중국인이 다수를 차지하고 있는 것을 알 수 있는데, 나가
사키와 중국의 관계를 표상하는 체계는 나가사키와 네덜란드의 관계를 표상하는 체계와
그 각도나 층위가 다르다고 볼 수 있다. 예를 들면 중국인들이 거주하던 도진야시키에
대한 나가사키의 태도와 데지마의 네덜란드 상관에 대한 그것은 매우 상이한데, 이는 양
자에 대한 인식상의 층차를 대변한다.

<그림 2> 나가사키 개항 400년 기념
심벌마크.[38]

드만큼은 나가사키에서 교역할 수 있도록 허락한 것은 네덜란드가 기독교 선교와는 무관하게 무역을 행하였기 때문이며, 더불어 네덜란드도 막부의 명령과 요구에 순응하였기 때문이다.[37] 양자의 우호적인 관계는 여러 국면에서 나가사키에 흔적을 남길 수밖에 없었다. 소위 '난학'이라는 장르가 성립할 수 있는 것도 이와 같은 배경 때문이라 할 수 있다. 개항기념회는 나가사키 개항 역사 가운데서도 특정 '점'을 발굴하고 이를 나가사키의 개항사의 출발점이자 일본 개항사의 출발점으로 구체화시키려 하였지만, 개항 기원의 발굴과 개항 기념 내용은 서로 유리된 채 기념사업은 전개되어 갔다.

---

37 하네다 마사시, 이수열·구지영 역,『동인도회사와 아시아의 바다』, 선인, 2012, 128~130쪽. 특히 하네다 마사시는 네덜란드가 동남아시아에서 보인 태도와 일본에서 보인 태도의 극명한 차이를 지적하였다. 네덜란드 동인도 회사는 동남아시아에서 폭력을 사용하여 향신료 거래를 독점하려고 했지만 일본에서는 믿기 어려울 정도로 저자세로 임했다. 회사의 최대 목적은 무역을 통해 이익을 내는 일이고, 그 목적을 달성하기 위해 각 지역에서 가장 적합한 방법을 채택했던 것이다.
38 파도와 학의 조합은 미래의 도약을 상징하고, 이를 둘러싼 부채꼴 모양은 데지마를 의미한다. 또한 학의 주둥이는 개항을 나타낸다. 특히 부채꼴 모양의 데지마가 개항의 의미를 전유하고 있다는 점에는 주의가 필요하다. 나가사키의 개항의 의미가 네덜란드와의 관계에 집중되어 있음을 단적으로 알 수 있다.

4. '개항'이라는 상징성의 획득과 로컬리티

　나가사키 상공회의소가 중심이 된 '나가사키 개항 역사 바로 세우기'
가 정당성을 획득할 수 있었던 것은 '유일'과 '유구'로 관철되는 나가사
키 개항사가 지역을 넘어 국가적인 사건으로 환치될 수 있었기 때문이
었다. '나가사키의 개항 = 일본의 개항', '나가사키의 개항기념 축제 =
일본의 개항기념 축제'라는 등식이 성립할 수 있었던 것도 바로 이러한
사정을 배경으로 하고 있으며, 나가사키가 일본의 근대화를 주도했다
는 자부와 긍지가 유지될 수 있었던 것 역시 마찬가지다.

　이와 같은 로컬 아이덴티티는 의례적인 실천이 주기적으로 반복되면
서 가시화된다. 의례와 의식이 공
동체 구성원에게 심리적으로 작용
할 때, 다시 말하면 재현된 의례를
공동체 구성원이 해석하고 자신에
게 적용시킬 때 로컬의 상징적 표
상 체계는 더욱 공고해 질 수 있다.
실제로 개항기념회는 1935년에 나
가사키 개항 365주년을 맞이하여
'개항기념 마크' 도안과 나가사키
개항기념 노래 및 나가사키 항구
축제 노래를 공모하고 입선자를 선
발하기도 했다.[39] 이와 같은 현상
공모는 지역민들의 행사 참가를 독

〈그림 3〉 나가사키 개항기념회가 발간한
나가사키개항 365주년 개항기념축제 안내
책자. 책자 아래 부분에는 나가사키 개항
기념 노래가 기재되어 있다.

려하고 여론을 환기시킬 뿐만 아니라 '개항'이라는 역사적 사건을 추체험할 수 있는 분위기를 조성한다는 점에서 중요한 의미를 가진다. 물론, 이러한 전반적인 행사의 기획 이면에 지역적 경험을 경기 부양으로 연결시키려는 경제적 합목적성이 작용했던 것은 부정할 수 없는 사실이다. 나가사키 상공회의소가 축제에 깊숙이 개입한 것도 이와 무관하지 않다.

그런데 나가사키의 개항의 역사와 경험을 오래된 유산으로 해석하고 기념하기 위해서는 그것이 언제부터 시작되었는가, 하는 기원의 문제를 분명히 하지 않을 수 없었다. 과거의 한 기준점을 시작으로 시공간이 균질적으로 이어진다는 것을 전제로 한 '나가사키 개항 역사 바로 세우기'에서 '점'으로 존재하는 단편적 역사나 개인사의 편린을 모으는 것은 매우 중요한 문제였다.[40] 왜냐하면 산포되어 있는 '점'들을 연결시켜 선이나 면으로 확장시킬 때, 지금의 나가사키를 존재하게 만든 오래된 역사와 현재의 역사는 매끄럽게 이어질 수 있기 때문이다. 개항의 시작'점'과 역시 '점'으로 존재하는 선현들의 업적이 중요하게 다루어졌던 것은 바로 이와 같은 맥락 속에서 이루어졌다고 볼 수 있다.

그러나 '개항장'이라는 장소성의 획득이 아무런 긴장 없이 진행되었던 것은 아니다. 나가사키 상공회의소가 기획한 두 개의 축제, 군치와 항구 축제가 쇄국과 개국의 의미를 각각 짊어지고 있으면서도 관광으

---

39 『長崎商工會議所五十年史』, 長崎商工會議所, 1943, 1010쪽.

40 기억을 선택적으로 취하여 만들어진 과거는 현재적 관점에서 재구성된 것으로, 이는 과거가 아닌 바로 현재의 상태를 지시한다(최문규 외, 『기억과 망각 ─ 문학과 문화학의 교차점』, 책세상, 2003, 270~271쪽).

로 인한 경제적 효과를 기대한다는 측면에서는 같은 지향점을 두고 구성된 것은 좋은 예라고 할 수 있다. 또한 개항 기원의 발굴이 이후에 전개되는 개항 기념 내용을 반드시 담보하지는 않았다. 포르투갈 선박의 입항을 개항의 시작점으로 둔 것은 오히려 남만문화의 시작점을 밝히는 데 유효하고, 네덜란드를 중심으로 한 로컬의 집단 기억과는 다소 분리되는 현상을 보이기도 했다. 개항기념회에 의한 개항 기억의 문화적 기획은 그 조준점이 미묘하게 흔들리고 있었던 것이다.

개항 기억의 긴장과 균열, 비틀림에도 불구하고 나가사키 개항 서사는 '유일'과 '유구'라는 수식어로 봉합되어 관철되었다. 사실, 1854년 미일화친조약과 1858년 미일수호통상조약이 체결된 이후, 나가사키는 더 이상 '유일'한 개항장으로 존재할 수 없었다. 그러나 나가사키 개항 서사는 언제나 '도쿠가와 시대의 쇄국(정책) 가운데서도 유일하게 개항장으로 존치되어 지금에 이르기까지 360여 년간 국제적 개항장으로서 세계에 그 이름을 알린 동양의 대무역항이다'고 반복되며, 쇄국 이후의 나가사키 개항사가 현재 시점까지 아무런 굴절 없이 이어져 오도록 만들었다. '나가사키 개항 역사 바로 세우기'나 항구 축제와 같은 실천 행위는 다른 개항장과의 차이점을 극대화시키며 나가사키라는 문화적 동질 집단을 상상하는데 커다란 역할을 해 왔다.[41] 그러나 이러한

---

41 베네딕트 앤더슨의 『상상의 공동체』 논리를 차용하면 행정 단위로 형성된 지역 주민들은 대부분의 주민들을 서로 알지 못하고 만나지 못하며, 심지어 그들에 대한 이야기도 듣지 못했지만 구성원들은 서로 통하는 것이 있는 같은 집단이라고 생각하게 된다. 같은 집단이라는 의식을, 즉 지역 정체성을 강화하기 위해서는 행정적 단위에 의해 주어진 집단이 동시에 문화적 동질성을 가져 하나의 공동체임을 인식시키는 작업이 필요하다. 이러한 문화적·정신적 동질 집단의식은 서로 모르면서도 몇 가지의 상징적 문화 요소를 공유한다는 의식에서 이루어진다는 의미에서 상상적인 것이다. 즉 실질적 문화 동질 집

로컬 아이덴티티의 구상화具象化는 나가사키 개항을 위대하고 영속적인 '고전'으로 만들고자 하는 기억의 정치의 일종이지만, 이것이 복수의 나가사키 개항 서사를 구조적으로 '문화적 망각의 제물'[42]로 전락시키고 있음도 부정할 수 없다.

단이 되는 것이 아니라 상상적 문화 동질 집단이 되는 것이다(이정덕, 「지역 축제와 지역 정체성」, 정근식 편, 『축제, 민주주의, 지역 활성화』, 새길, 1999, 207쪽).
42 알라이다 아스만, 변학수 · 채연숙 역, 앞의 책, 80쪽.

참고문헌

이정덕, 「지역 축제와 지역 정체성」, 정근식 편, 『축제, 민주주의, 지역 활성화』, 새길,
    1999.
최문규 외, 『기억과 망각—문학과 문화학의 교차점』, 책세상, 2003.

알라이다 아스만, 변학수·채연숙 역, 『기억의 공간—문화적 기억의 형식과 변천』,
    그린비, 2011.
하네다 마사시, 이수열·구지영 역, 『동인도회사와 아시아의 바다』, 선인, 2012.

下野孝文, 「長崎の歷史/觀光、文學—靑來有一を軸として」, 『敍說II—特集 nagasaki』,
    2001.
瀨野精一郞 外, 『長崎縣の歷史 縣史 42』, 山川出版社, 1998.
原田博二, 「長崎と廣州」, 荒野泰典 外, 『近世的世界の成熟(日本の對外關係 6)』, 吉
    川弘文館, 2010.
姬野順一 編, 『海外情勢と九州—出島·西南雄藩』, 九州大學出版會 1996.

『開港三百六十六年 第七回長崎開港記念會記錄』, 長崎開港記念會, 1936.
『開港四百年 長崎圖錄』, 長崎開港四百年記念實行委員會, 1970.
『開港四百年 長崎圖錄 ながさきNAGASAKI』, 長崎開港400年記念實行委員會, 1970.
『開港四百年 長崎の歷史』, 長崎開港400年記念實行委員會, 1970.
『長崎縣の文化財』, 長崎縣敎育委員會, 1984.
『長崎商工會議所五十年史』, 長崎商工會議所, 1943.
『長崎先賢顯彰錄』, 長崎開港四百年記念實行委員會, 1970.
『長崎先賢略傳』, 長崎商工會議所, 1953.
『長崎文化』第27号, 長崎國際文化協會, 1970.

長崎商工會議所, http://www.nagasaki-cci.or.jp/nagasaki/
日本開港五都市觀光協議會, http://www.5city.or.jp/

그림출처

<그림 1> 선현위령제의 모습,『開港三百六十六年 第七回長崎開港記念會記錄』, 長崎
　　　　開港記念會, 1936.

<그림 2> 나가사키 개항 400년 기념 심벌마크,『開港四百年 長崎図録 ながさき
　　　　NAGASAKI』, 長崎開港400年記念實行委員會, 1970.

<그림 3> 나가사키개항 365주년 개항기념축제 안내 책자, 長崎開港三百六十五年 開
　　　　港記念祭の栞.

개항장의 소환

'라오상하이老上海' 열풍 속에 재현된 1930년대 상하이

이호현

1. 왜 '라오상하이'인가?

2002년, 상하이방송국에서는 〈時髦外婆〉라는 프로그램을 방영했다.[1] 제목에서도 알 수 있듯이 나이 좀 지긋한 프로그램 진행자 周諒量이 등장하여 마치 옛날 아름다웠던 상하이 이야기를 들어주듯, 옛 사람들의 증언과 사진, 동영상 등을 통해 자연스럽게 1930년대 '상하이'를 보여주었다. 이미 1990년대 중반부터 문학, 영화, 회화 등에서 일기 시작한 '라오상하이' 열풍이 가장 대중적인 텔레비전 프로그램을 통해 상하이 사람들에게 다가간 것이다.

사실, 1992년 鄧小平 南巡講話 이후 본격적인 상하이 개발이 시작되

---

[1] 프로그램은 책으로도 출판되었다(蔣爲民, 『時髦外婆－追尋老上海的時尙生活』, 上海三聯書店, 2003).

고 浦東지역의 개발성과가 점차 나타나면서, 묻혀있던 근대 상하이가 끊임없이 기억의 중심으로 소환되었다. 바로 그 절정이 '老上海의 열풍'으로 드러났다. '老'는 '舊'와 다르다. 중국이 근대로 접어든 이래, 지식인들 사이에서 '舊'는 버려야 할 대상이었고, 추구해야 할 것은 '新'이었다. 신중국 성립 이후 上海도 '新上海'로 명명되었다. 그러나 1990년대 소환된 상하이는 '老'상하이이다. 가치부여를 배제한, '기억'의 장치를 통해 상하이를 소환한 것이다.

문제는 기억의 요건인 '되살리기 과정'에서 집단이든 개인이든, 전적으로는 아닐지라도 주로 현재적 관심이 개입된다는 점이다. 특히 사회적 기억은 제국주의 지배나 혹은 국가의 민족 통합, 혹은 정권의 통제, 정치환경의 변화를 통해 재구성되기도 한다. 그리고 그 기억의 재구성은 당연히 현재의 정치적 목적과 의도에 맞추어 일정정도 수정된다.[2]

한편, 기억의 재현에는 기본적으로 선택의 문제가 내재되어 있다. 선택에는 수용과 배제의 가능성이 존재한다. 수용은 기억된 것에 대한 기억이자, 앞선 기억에 대한 추인이며, 반대로 배제는 기억된 것에 대한 망각이자 앞선 기억에 대한 부정을 의미한다.[3] 이런 점에서 현재, 과거의 어느 한 시점에 대한 새로운 기억 재현은 국가(권력)의 의도, 사회적 환경 변화, 아울러 그 충돌점 등을 살펴 볼 수 있는 좋은 자료를 제공해 준다고 할 수 있다.

---

[2] 이런 의미에서 '기억의 정치'란 개념을 사용하기도 한다. 제국주의 혹은 국가는 지배체제를 유지하기 위해 필요한 개념들을 설파하는데, 이 때 과거에서 특정 사건이나 사실을 선택하여 '기억'으로 구성한다. 그리고 기억학습 차원에서 다양한 제도적 장치를 활용하는데, 문화와 예술 즉 문학, 이미지(영상, 미술)와 의례(기념식), 기념물과 공간(유적지, 박물관, 기념관) 등이 그것이다. 이러한 개념을 이용하여 인천의 개항장을 분석한 글로는 오미일·배윤기, 「한국 개항장도시의 기념사업과 기억의 정치」, 『사회와 역사』 83, 2009 참조.
[3] 최호근, 「집단기억과 역사」, 『역사교육』 85, 2003, 18쪽.

지금까지 '라오상하이' 열풍과 관련해 상하이를 조망한 글들은, 특히 개혁개방과 외적환경(전지구화)의 변화에 관심을 갖고 쓰인 논문들이 많다. 물론 구체적인 설명방식과 입장은 각기 다르다. 그 중에서 박자영은 노스탤지어에 관한 중국계 미국학자 李歐梵과 張旭東의 논의를 비판적으로 분석했다.[4] 그에 의하면 '올드 상하이'[5]는 부르주아 공간을 안전하게 소비하고자 하는 욕망과 결합되어 1990년대 상하이 거주민들이 겪어보지 못했던, 존재하지 않았던 것에 대한 '상상된 노스탤지어'를 제공해 주었고, 결국 그것이 문화상품으로 소비되는 가운데 식민주의 현실이라는 당시의 역사적 맥락을 삭제해 버렸다고 비판했다. 또한 임춘성[6]과 박정희[7]는 '올드 상하이 노스탤지어'에 대한 비판적 시각을 견지하면도, 그 대항적 노력을, 彭小蓮의 영화와 王安憶의 소설 분석을 통해 보여주었다. 한편, 한지은과 김승욱은 장소기억, 도시공간 분절이라는 측면에서 이 현상을 분석했다. 한지은이 '식민지 공간과 근대적 공간이 경합하는 가운데, 후자가 소환되었음을 밝혀내고 있다면,[8] 김승욱은 외적환경보다는 상하이 자체 내적환경, 즉 도시공간에 주목해서 '올드 상하이' 열풍을 비판하고 있다.[9] 그는 조계가 야

---

4 박자영, 「상하이 노스탤지어—중국 대도시문화현상 사례와 관련 담론 분석」, 『중국 현대문학』 30, 2004.
5 본 문에서 언급하는 '라오상하이'는 기존 연구에서는 주로 '올드 상하이'로 명명되어 다루어졌다. 그러나 '올드Old'는 '라오老'와 '지우舊' 둘 다 번역 가능하다. 필자는 본문에서도 언급하였듯이, 중국어의 '舊'와 '老'의 의미를 살리기 위해 '올드'가 아닌 중국식 발음 그대로 '라오'를 사용했다.
6 임춘성, 「彭小蓮의 '상하이 삼부곡'을 통해 본 노스탤지어와 기억 그리고 '역사들'」, 『중국연구』 39, 2007.
7 박정희, 「장소와 사람—왕안이 소설에 나타난 상하이 로컬문화」, 『장소성의 형성과 재현』(부산대 한국민족문화연구소 편), 혜안, 2010.
8 한지은, 「탈식민주의 도시 상하이에서 장소기억의 경합」, 『문화역사지리』 20-2, 2008.

기한 도시공간의 분절이 결국 한 도시민으로 하여금 지역정체성을 갖는데 더 큰 어려움을 제공했고, 또한 도시공간에 따른 참여/소외 정도에 따라 인식의 차이를 야기함으로써, 1930년대 상하이의 번영은 다수 상하이인들에게 오히려 소외를 경험하게 하는 모순된 공간으로 남게 되었음을 지적하였다.

'라오상하이' 현상은 이제 좀 누그러진 듯 보인다. 그러나 이것이 단지 한때의 소비성 상품의 재료로만 작용하지 않았다는 점은 최근 중국 국영방송인 CCTV에서 제작한 '와이탄外灘시리즈' 다큐멘터리 방영에서도 찾아 볼 수 있다. 화려한 이미지로 포장된 '라오상하이'가 '와이탄 시리즈'에서는 그 시대적 인물까지 재평가함으로써 새로운 '상하이역사쓰기'가 자연스럽게 이루어지고 있다.[10] 따라서 '라오상하이'에 대한 다각적인 해석은 상하이연구, 좀 더 넓게는 중국연구에 아직도 유효성을 갖는다고 할 수 있다.

본고는 기존연구에서 다룬 비판적 시각을 전제로 하되, 로컬리티와 관련하여 '개항장 상하이'가 갖는 조계(존재)의 의미와 조계지역을 중심으로 화려한 대도시로 발전한 1930년대 상하이 공간이 갖는 의미를 다시 한번 재고해 보고자 한다. 먼저, 2장에서는 지역정체성의 일면을 살펴볼 수 있는 조계설치와 상하이인들의 대응, 이를 지방자치제도의 실시와 연결지어 설명하였다. 3장에서는 1930년대 화려한 상하이를 영

---

9   김승욱, 「근대 상하이 도시 공간과 기억의 굴절」, 『중국근현대사연구』 41, 2009.
10   김승욱도 "문화상품으로 가볍게 볼 수 없는 무게감이 존재한다. 왜냐하면 현실과의 긴장 속에서 그 도시 주체에 의해 재구성되어 온 기억은 이들이 자신들의 현실을 구성하고 미래를 기획하는 일종의 자원으로 존재하고 있다는 점에 주목할 필요"가 있음을 지적하였다(위의 글, 132쪽).

화시장이란 주제를 중심으로 고찰해 봄으로써 1930년대 상하이의 시,
공간적 의미를 재고해 보았고, 마지막으로 재현된 '라오상하이'를 비판
적으로 검토해 보았다.

2. 조계의 등장과 상하이 사회변화

1842년 五口通商 이후 廣州, 廈門, 福州, 寧波, 上海는 모두 중국의 개
항장이 되었고, 홍콩은 영국의 식민지가 되었다. 무역 규모에 있어 廈
門, 福州, 寧波는 上海, 홍콩에 훨씬 미치지 못하였고, 上海는 광주보다
도 훨씬 빠르게 발전했다.[11] 이 후 제 2차 아편전쟁을 계기로 중국은 天
津, 煙台, 牛莊, 漢口 등의 개항장을 개방했다.[12]

그 중에서도 당연, 上海가 대표적 개항장으로서, 이는 상하이의 지
리적 조건에 기인한 바 컸다.[13] 이미 개항 전, 1756년 영국 동인도회사
의 직원 피고Pigou는 上海로 진출할 것, 아울러 上海를 중국 통상의 핵
심지로 삼을 것을 영국 정부에게 건의했다. 몇 년 후 피고는 사람을 파

---

[11] 적어도 1865년이면 上海가 대외무역에서 선두적인 지위를 갖게 되었으며([美]馬士・墨
菲, 上海社會科學院歷史硏究所 編譯, 『上海─現代中國的鑰匙』, 上海 : 上海人民出版社,
1986, 138쪽) 수출입무역은 1890년 이후 급격히 증가하여 1865년 13,481만(해관량)이었
던 총액이 1902년에는 55,347만(해관량)으로 약 4배 정도가 증가하였다. 이러한 수출입
무역의 전국 비율은 1900년에는 약 53%, 1910년에는 43%를 차지하고 있었다(張仲禮 主
編, 『近代上海城市硏究』, 上海 : 上海人民出版社, 1990, 123쪽).
[12] 吳松弟 編, 『中國經濟百年拼圖─港口城市及其腹地與中國現代化』, 山東畵報出版社, 2006, 4쪽.
[13] 上海의 역사는 근대 이후부터 시작되었다고 해도 과언이 아니다. 때문에 전통시기 上海
가 상대적으로 작은 어촌에 불과하였다는 점이 부각되었으나 최근에는 점차 上海가 적
어도 원대부터는 무시할 수 없는 곳이었다라고 평가되는 경향이 강하다. 그렇지만, 상대
적으로 上海의 비약적 발전, 역사상의 위치는 근대 이후라 할 수 있다.

견해 上海로 진입시켜 중국 관방의 上海 개방에 대한 견해를 염탐하게 했다. 그러나 그들은 중국 체제와 나라사정을 잘 알지 못하였고, 지방 관헌이 대외개방에 대해 어떠한 권한도 없다는 것을 알지 못하였기 때문에 염탐은 어떠한 결과도 얻지 못했다.[14] 道光13年(1833), 영국 동인도회사의 린지Hugh Hamilton Lindsay가 통역사 거스라프Charles Gutslaff일행과 마카오에서 출발하여 廈門, 福州, 寧波 등지에서 당지 지방관원과 통상에 관한 일을 의논하자고 요구하였으나 이전과 마찬가지로 상륙하지도 못하고 쫓겨났다. 이후 린지는 上海까지 남부 연안지역을 살펴보면서 중국 사정에 대해 이해하게 되었고, 그중에서도 上海가 통상항구 중 가장 좋은 지역이라는 것 즉, 지리적으로 중국 내 남과 북을 연결하는 것 뿐만 아니라 국제무역 항구로서 上海가 유리하다고 생각했다. 결국 아편전쟁 이전부터 영국은 장강 입구인 上海를 눈여겨 보았고, 전쟁 후 바로 어느 나라보다 먼저 상하이에 입성했다.

문제는 개항 이후 어떻게 외국인 거류지를 결정할 것인가였다. 『南京條約』, 『虎門條約』 등에 租地에 대해 분명하게 기술되어 있지만, 어떠한 구체적인 규정은 없었다. 일단 개항 후 1, 2년 간 외국인 대다수는 上海 성내에서 방을 빌려 거주했다. 그러나 上海 주민과의 충돌이 잦아지면서[15] 당시 蘇松太道였던 宮慕久는 '華洋分居'를 고려하게 되었다.

---

14 清 嘉慶 11年(1806) 영국은 다시 한차례 관원을 파견하여 上海로 들어가려 했으나, 그들은 上海에 들어가기도 전에 쫓겨나고 영국 정부의 계획은 다시 실패로 돌아갔다(薛理勇, 『舊上海租界史話』, 上海社會科學院出版社, 2002, 1쪽).

15 그 중에서 두가지 사건이 중요했다. 첫째, 미국 수군이 上海 사람을 상해 입히는 사건이 발생하였다. 上海는 개항 3일째 되던 날 1843년 11월20일, 미국 "Valparaiso"호 한 수군이 규정을 어기고 上海 농촌에서 사냥하다가 부주의해서 그곳 남자아이 두명이 맞아 주민들의 분노를 사게 되었고 上海道臺와 영국영사간 긴장관계가 조성되었다. 둘째, 1844년 8월

영국 초대 영사였던 발푸어George Balfour도 上海縣 부근을 둘러본 후, 縣城 이북과 이동 黃浦江 부근의 토지를 눈여겨보고 있었다.[16] 비록 그곳이 강변 해안가지만 황포강에 근접해 있고 강 면적도 크고 수심도 깊어 거주지로 삼기에 적당했다. 해운무역을 할 때 선착장으로, 화물을 적재하기도 편리하며 안전하고 이곳에서 나가 내지로 나가면 광대한 농촌이 존재했다. 이곳에는 중국인도 적어 영국상인이 거류하면 성가신 일들을 피할 수 있고 만일 무슨 일이 있으면 무장한 군함이 몇 시간 안에 곧 도착하여 지원해 줄 수도 있고, 퇴각을 하더라도 장애물이 없었다. 발푸어의 이러한 생각은 蘇松太道 宮慕久도 큰 이견이 없었다.[17] 그러나, 거류지의 구체적 구획문제에 대해 의견을 좁히지 못하다가 결국, 1845년 11월 29일 宮慕久가 告示 형식으로 그와 영국영사 발푸어 사이에 체결된 "上海土地章程"(이하 "章程"으로 약칭)을 공포했다.

松江同知 沈炳煥과 上海知縣 藍蔚雯은 '적절하지 않은 방식으로' 영국영사에게 공문을 보냈다. 거기에 조씨 성을 가진 기독교도를 체포하면서 양측의 긴장감이 고조되었고, 이 일로 영국영사가 강압적으로 上海道臺에게 사과를 요구한 사건이 발생했다(熊月之・袁燮銘, 『上海通史－晚淸政治』3, 上海人民出版社, 1999, 19쪽).

16 이곳은 上海로 들어 온 상인들이 이미 임대를 시작한 지역이었다. 1844년 4월 대아편상 덴트Lancelot Dent를 시작으로 怡和洋行, 和記洋行, 仁記洋行, 義記洋行, 森和洋行, 禮記洋行, 李百里洋行 등 모두 황포강변의 토지를 임대했다. 그러나, 임대토지의 범위, 임대방법, 가격 등 통일된 규정이 없었다. 예를 들어, 덴트와 의기양행(Blenkin, Rawson & Co)이 임대한 토지는 모두 外灘에 있었으며 거리가 아주 가까웠지만, 전자는 임대 보증금으로 매 畝당 9천여 문, 후자는 매 畝당 7천 문을 내었다. 전자는 보증금을 크게 하고 임대료를 적게 하여 매년 임대료는 매 무당 3천여 문을 내고, 후자는 매년 임대료와 보증금으로 모두 7천 문을 지불했다. 또한 계약조건이 엄격하지 못해, 임대료 계약서(租地議單) 한부만 쓰면, 형식도 없고 地保와 圖董이 중개인으로 사인을 하면, 關防도 엄격하지 않았다. 특히 중국 주인이 가지고 있는 계약서가 정밀하지 못해, 田종종 토지문서에는 크지만 실제로는 작은 경우, 전이 계약서에는 작지만 실제로는 큰 경우, 그리고 한 토지문서에 여러 주인이 있는 경우 등 문서와 토지가 일치 않는 경우도 있었다. 그 외, 토지임대 범위, 임대토지내 주민, 주택, 도로 관리 등 문제가 끊이지 않았다(『上海通史－晚淸政治』3, 20쪽).

17 馬長林, 『上海的租界』, 天津敎育出版社, 2009, 3쪽.

上海 조계는 바로 이 "章程"에 의해 규정되었다. "章程"은 모두 24개 조로 租界 範圍, 租地方法, 永租, 退租와 轉租, 地價設定, 市政管理, 그리고 華洋分離 등을 규정하고 있다. 첫 번째 上海조계인 영국조계는 이를 통해 동으로는 黃浦江, 서로는 地界(지금의 河南中路), 남으로는 洋涇濱(지금의 延安東路), 북으로 李家廠(지금의 北京東路)까지 총면적 830畝의 조계를 형성했다. 연이어 개항 6, 7년 사이 영국뿐만 아니라 미국, 프랑스 조계까지 약 2,000무 정도의 조계에 약 100여 명의 외국인이 거주하게 되었다.[18] 그러나 얼마 되지 않아, 영국은 물론 프랑스 모두 이런저런 구실을 내걸고 적극적으로 조계를 확장해 나갔다.

먼저, 영국조계 확장의 계기는 1848년 靑浦敎案이었다.[19] 청포교안 이후, 영국 영사 루돌포드 알콕Rutherford Alcock은 이 일을 빌미로 조계 확장 요구를 하였고, 英國 租界는 830畝에서 2820畝로 증가했다.[20] 그

---

18 초기 영국, 미국, 프랑스 조계가 존재했으나 미국조계는 이후 영국조계와 병합되어 公共租界(1863)를 형성했다. 한편, 갑오전쟁 이후 일본 세력이 상하이에서 급속히 팽창, 특히 虹口 일대는 일본 교민이 비교적 집중된 지역이었다. 이 때문에 이 지역이 습관적으로 日租界라 불리기도 했으나 이는 단지 습관적 칭호일 뿐 법적으로 근거는 없다.

19 사건 과정은 이러하다. 1848년 3월 8일, 영국 선교사 머허스트(W.H.Medhurst), 록하트W.Lochhart, 그리고 머헤드W.Muirhead 3명이 새벽녘 上海를 출발하여 배를 타고 청포로 향하였다. 그곳 성으로 들어가 성황묘 앞에서 산발적으로 기독교 교의를 선전하는 전단을 나누어 주었다. 당시 많은 사람들이 모여들었는데, 그 중 산동의 조운선원이 있었다. 한 선원이 머허스트에게 책자를 요구하였는데 그가 책자를 주지 않아 둘 사이에 다툼이 일어났다. 그 와중에 록 하트의 지팡이가 앞줄에 있던 사람의 얼굴을 다치게 하여 순식간에 그 자리가 혼란스러워졌다. 머허스트 등은 사태가 심상치 않다고 여겨 그 자리를 떠나버렸다. 그러나 뒤쫓아 온 선원들에 의해 부상을 당하여 온 몸이 피범벅이 되었다. 靑浦縣令 金熔이 이 사실을 듣고, 바로 사람을 보내 저지시키고 세 사람을 구해 내서 가마를 태워 上海로 돌려보냈다.

20 미국조계가 영국조계에 합병된 이후(公共租界)에도 조계확장이 계속해서 이루어졌다. 1884년 7월 工部局은 浙江路橋 북쪽 일대에 경찰을 배치하고 중국인에게 주민세를 거두어 들여 주민의 강력한 항의를 불러 일으켰다. 그러나 공부국은 세금 저항자들을 會審公會에 넘겨 버리고 이후 계속 조계확장을 요구하였다. 결국 중국의 몇 차례 거절에도 불구하고 1899년 북경공사단의 요청에 따라 동쪽지역은 舊虹口 租界 동쪽과 황포강 북, 서

러나 靑浦教案은 사실 上海에 큰 반향을 일으킬 만 한 사안은 아니었다. 이후 조계확장은 물론 조계행정기구, 즉 工部局 설립, 아울러 '華洋雜居'의 계기가 된 '小刀會起義'가 발생했다.

小刀會起義는 본래 嘉定 농민 천여 명이 1853년 8월 17일 무장기의를 일으키면서 시작되었다. 9월7일 上海에서도 이에 호응하여 기의가 일어나, 縣城을 점령하고 上海知縣 袁祖德이 죽고 蘇松太兵備道 吳健彰도 사로 잡히는 사태로까지 확대되었다. 결국 조계 당국도 이들 진압에 나섰지만, 小刀會起義는 의화단운동과 달리 외국인이 직접적 공격대상이 아니었기 때문에 상대적으로 충돌 규모는 그리 크지 않았다.[21]

한편, 이 일로 華界地域에 있던 많은 중국인들이 혼란을 피해 조계 내로 피신했기 때문에 이전 '華洋分居'의 형태는 무너지고, 公共租界는 이를 계기로 자신들의 행정기구인 工部局을 성립시켰다. 이 때문에, 조계내의 중국인들도 租界의 직접적인 통치를 받게 되었다. 그러나 당시 중국인들은 외국인과 달리 의사결정에 중요한 '納稅人會議'에 참여할 권리가 없어 오히려 다수를 차지하는 지역 주민들이 자신들의 권리를 행사하지 못한 채 피통치자로서 의무만 행사하는 형국이었다.

영국조계 뿐만 아니라 프랑스도 도시개발을 빌미로 자신들의 조계를 확장하고자 했으며, 그 과정에서 상하이 거주민과 충돌이 발생했다. 대표적 사건이 '四明公所事件'이다. 四明公所는 寧波人들의 公所로

쪽을 포함하게 되었으며 서쪽은 泥城浜 서쪽까지 확장하여 원면적의 2배로 증가되었다 (약 33,513畝). 唐振常 主編, 『上海史』, 上海 : 上海人民出版社, 1989, 344~346쪽.

21 조계당국은 처음에는 중립적 태도를 취해 洋涇浜 일대 租界지역에 300명의 자위군을 배치하였다. 上海社會科學院歷史硏究所 編, 『上海小刀會史料匯編』, 上海 : 上海人民出版社, 1980, 326쪽.

서 1849년 프랑스조계가 생기고 난 이후 사명공소가 그들 지역에 들어가게 되었다. 초기에는 세금을 내지 않았지만 프랑스조계는 그들이 납세의무가 있으며 義冢이 있기 때문에 위생적이지 않다고 여겼다. 同治 13년(1873), 프랑스조계는 公所를 관통하는 길을 닦기 위해 公所에게 義冢의 이전을 요구하였다. 이는 寧波人을 자극하였고, 그들 반대에 부딪쳐, 프랑스 병사와 寧波人이 충돌, 7명의 사상자가 발생하였다.[22] 이를 처리하는 과정에서[23] 프랑스조계는 결과적으로 거의 두 배의 면적, 1023畝에서 2135畝로 조계를 확대하였다.

조계확장 과정에서 상하이 거주민과 충돌은 상하이인들에게 분명 자신 지역에 대한 인식을 강화하는 계기를 제공하였을 것이다. 외부자극에 의해 내부인들의 집단단결과 대항은 종종 일어나는 일이기 때문이다. 지역에 대한 관심과 개입을 지역정체성과 관련해 얘기해 본다면[24]

---

22 『上海縣續志』卷3 , 建置 下, 會館 公所.
23 관부가 몇 차례 租界 당국과 교섭을 벌였으나 해결할 수가 없었고, 光緒 4년(1878), 프랑스가 물러나는 것으로 일단 결말이 지어 졌다. 그러나 1898년 초 프랑스 駐滬 總領事 베자르Bezaure가 上海道臺 蔡均에게 조계확장문제를 정식으로 다시 제출하였다. 그러나 蔡均은 이전 사명공소사건을 들어 거절하였다. 5월 프랑스는 학교와 병원을 짓는다는 구실로 사명공소 재산에 대한 징세를 요구, 사명공소가 이를 거절하자 7월 16일 사명공소를 강제로 점령하였고 그 과정 중에 2명의 중국인이 사살되면서 많은 부상자가 발생하였다. 다음 날 30만 영파인들이 상인은 罷市를, 노동자는 罷工을 그리고 선원과 프랑스에게 고용된 고용자들은 모두 일을 그만 두었다. 그 과정 속에서 프랑스인과 중국인이 충돌, 중국인 17명이 사망하고 많은 사람들이 부상을 당하였다. 결국 蔡均은 사명공소를 구하기 위해 여러 차례 프랑스 租界와 교섭, 동년 7월 24일 타협을 보았다. 9월 2일 프랑스 租界 駐華公使 피숑S. J. M. Pichon과 중국 당국은 4개 조항에 합의를 보았는데, 그 내용은 첫째, 프랑스의 租界확장을 인정하며 둘째, 사명공소의 토지권은 유지하고 셋째, 사명공소의 묘지에는 다시 靈柩를 안치할 수 없으며 넷째, 프랑스 租界는 사명공소 땅에 교통상 중요한 도로를 만들 수 있다는 것이었다. 1899년 6월 프랑스 租界는 북으로 北長浜, 서로는 高家屯 남으로 打鐵浜, 그리고 동으로는 城河浜을 경계로 그 면적을 확장할 수 있었다(「四明公所研究」, 『上海研究資料』, 27쪽).
24 김승욱도 지역정체성의 단초를 19세기 말 자치조직(城廂內外總工程局)에서 찾고 있지

이미 전통적으로 존재했던 善堂[25]과 工程機構로부터 찾아볼 수 있다.

上海의 대표적 善堂인 同仁堂(1855년 同仁輔元堂으로 改稱)은 "병을 치료하고 약을 주며 장례를 치러주고 병든 자를 보살펴주며 겨울에는 粥廠을 열어 의복과 밥을 나누어 주는 등 여러 가지 일을 행하였다"라고 당시 사람들은 회상하였다. 또한 기부금제도를 정식으로 마련하여 재정을 확충하였다.[26] 이곳은 자선사업 이외 도로청소, 가로등 설치, 교량건설, 사묘수축 등의 활동도 하였다.[27] 이런 善堂의 조직과 함께 上海는 지역건설업무를 담당한 工程機構들이 19세기 말부터 이미 등장하였다.[28]

만, 조계와의 관련성을 언급하고 있지 않다(김승욱, 앞의 글, 132쪽).

25 善堂이라는 것은 명청부터 근대에 걸쳐 중국에 광범위하게 존재하였던 민간자선시설이다. "善會라는 것은 지방 유력자들이 자발적으로 참여하여 그들이 '善'이라고 생각하는 일을 공동으로 행하였던 결사이며 善堂은 그것을 위해 설치하였던 시설, 즉 사무국을 두었던 건물"이었다. 이를 통해 한 지방의 문제가 知縣 등 지방관아에게 전면적으로 맡겨진 것이 아닌, 지방유력자의 집합체에 의해 地方公義에 의해 처리되었음을 알 수 있다. 善堂에 대한 전문적 연구로는 夫馬進, 『中國善會善堂史研究』(同明社出版, 1997)를 참조.

26 同仁堂은 처음에는 기부금에 의존해서 운영되었으나 재정적 위기를 맞게 되자, 同仁堂 總董 朱朝坤이 그 백부와 蘇松太兵備道 李延敬이 과거 진사 동기였다는 관계를 이용, 그의 도움으로 해관에서 약간의 지원을 받게 되었다(葛元煦 外, 『滬游雜記·淞南夢影錄·滬游夢影』, 上海 : 上海古籍出版社, 1989, 11쪽).

27 『上海縣續志』卷 2, 建置 上, 善堂. 이런 善堂의 목적이 지방의 公事를 대변할 수 있는 官民合同機關 내지는 자치행정관으로서의 역할을 맡는 한편, 또한 향신을 중심으로 한 지방 유력자의 요구를 정책화하고 구체화하기 위한 기관으로서의 역할이라는 적극적인 측면이 지적되면서 지방자치로의 기점으로 보는 견해도 있다. 森田明, 「清末の上海の河工事業と地方自治」, 橫山英 編, 『中國の近代化と地方自治』, 東京 : 勁草書房, 1985, 46〜47쪽.

28 光緒 20년(1894), 南市의 浦灘을 정리하기 위해 蘇松太道 黃祖絡이 길을 닦자고 上海知縣 黃承暄에게 건의하여 청정부에게 경비를 청하였다. 1895년 12월 南市馬路工程局이 성립되어 上海 道臺 劉映祥이 사람을 파견, 일을 시작하였다. 이 후 南市馬路工程局善後局으로 이름을 바꾸고 계속해서 浦灘을 측량하여 도로를 닦고 부근 주민들이 길 양편에서 영업을 할 수 있게 하였다. 당시 工程局의 總辦은 兩江總督 劉坤一이 劉鵬祥을 파견하여 일을 진행시켰다. 그 외 1900년 閘北 紳商인 陳紹昌, 祝承桂 등이 돈을 모아, 兩江總督 劉坤一에게 허락을 받아 保山 지방인사와 함께, "閘北工程總局"을 조직하였다. 그러나 많은 비용이 드는 건설사업이 대부분을 기부금에만 의존했기 때문에 자금한계로 결국 1906년 工程總局은 官辦으로 귀속되었다(『申報』, 1906.6.14).

그러나 무엇보다 근대적 도시개발에 적극적으로 나선 기구는 1905
년에 설립된 城廂內外總工程局(이하 總工程局으로 약칭)이었다. 그 목적
은 바로 외세 확장과 관련이 있다. 당시 郭懷珠, 李鍾珏, 葉佳棠, 姚文
枬, 莫錫綸 등은 "외세가 날로 확장되고, 주권이 침탈되고 있으나, 도로
는 닦이지 않고 수로는 오물로 막히는 것을 근심하여 總工程局을 세워
지방을 정돈, 자치의 기초를 세우고자 합니다"라고 上海道臺 袁樹勛에
게 청하여 總工程局이 성립되었다.[29]

관련자료에 따르면, 1905~1908년 總工程局 議董이 제출한 의안은
50여 종으로 그 중 일부 總工程局 자체의 장정 및 선거에 대한 내용을
제외하면 대부분 稅收, 市政建設, 社會救濟, 司法裁判, 風習改良, 教育
事業과 對外交涉 등이 주였다. 특히 總工程局 시기 도시건설 방면의 성
과를 보면, 도로건설 보수가 56건, 교량건축은 46건, 성문의 신축 개조
가 3건, 수로 준설이 9곳, 방파제 건설이 7곳, 부두개조가 4곳이었다.

---

[29] 1905년 8월 12일, 李鍾珏 등은 學宮明倫堂에 모여 3차례 회의를 거쳐 먼저 28명의 후보자
를 내었다. 초기 자치기구 성립 때에는 지역선거를 실시하지 않았다. 그들도 각 國의 지
방자치사정을 알고 있었으나 "아직 시기상조이니, 먼저 일을 맡은 紳商 중에서 위원을
뽑고 관의 비준을 받아, 자치조직의 기초로 삼자"라고 의견을 모아 모두 76명을 선출하
였다. 결국 袁樹勛은 여러 紳商들과 의논하여 李鍾珏를 領袖總董으로, 莫錫綸, 郁懷智,
曾鑄, 朱佩珍 4人을 辦事總董으로 삼았다. 總工程局은 의결기관으로서 議事會, 집행기관
으로서 參事會를 조직하고, 각 지역 지역장도 결성하였다. 청조의 자치장정 반포 후
(1909) 總工程局은 城自治公所로 개편되었으나, 일부 규정상의 변화외에는 기존 구성원
과 기본적인 활동내역에 큰 변화는 없었다. 예를 들면, 總工程局 議事會의원 33명 중, 2
명이 諮議局으로 들어갔고 5명이 낙선하였다. 參事會 의원 16명 중에는 2명이 병 때문에,
그리고 2명이 낙선한 것 외에는 모두 그대로 城自治公所에 재임되었다. 이들 중에는 功名
을 가진 사람들도 있지만, 특히 지도부를 형성한 사람들은 대부분 商界 지도자들이 대부
분이었다. 예를 들어, 總工程局 第一次 參事會의 領袖總董 李鐘珏(字平書)는 通商銀行總
董, 辦董總董 朱佩珍(字保三)는 愼余五金雜貨 号主이며 四明公所 商董, 上海總商會協董,
曾鑄(字少卿)는 中國紙烟公司 經理, 上海總商會 董事, 郁怀智(字屛翰)는 英國老公茂紡織
公司 經理, 莫錫綸(字子經)는 春發祥客棧 号主였다.

또한 城自治公所시기(1909~1911)에는 도로건축 수리가 39건, 교량 수리가 11건, 성문건설 및 개조가 3건, 수로준설이 1건, 방파제수리건설이 3건, 부두수선이 2건 등이었다.[30] 자치조직이 도시건설사업에 이렇게 적극적이었던 이유는 주로 도시개발을 빌미로 조계확장이 이루어졌기 때문이다.

이러한 조계의 영향력은 상하이 지역이 타지역에 비해 강력했다. 예를 들어 조계의 존재 면에서 항상 상하이와 비견되는 톈진天津의 경우, 8개국의 조계가 존재함으로서 운영체제가 상하이보다 안정적이지 못했다. 또한 도시개발에 참여하는 적극적인 톈진민들의 활동도 상하이에 비해 미약했다.[31] 즉, 톈진보다 상하이는 조계의 안정적 행정운영, 조계세력과 충돌, 그리고 이에 적극적으로 대응하는 상하이인들의 활동이 두드러졌고, 이는 곧 '상하이', '상하이인'이라는 지역정체성을 강화시키는 한 계기로 작용했다.

3. 1930년대 화려한 대도시, 상하이 – 상하이영화를 중심으로

조계의 영향은 대도시 상하이의 출현과 밀접한 관계가 있다. 상하이는 제1차 세계대전 이후 1920년대부터 중일전쟁이 시작되기 전까지 자본주의 대도시로서 어느 지역보다 빠르게 성장했고, 그 절정은 1930

---

30 『上海市自治志工程成績表』.
31 이와 관련해서 졸고, 「地方自治的主張與實踐 – 晚淸上海和天津的比較研究」, 復旦大學校 歷史科 博士論文, 2004 참조.

년대였다. '라오상하이' 열풍 속에서도 1930년대 상하이를 배경으로
한 문학작품과 영화들이 속속 출간, 제작되었다. 이러한 문학작품이나
영화 속 상하이는 대부분 '화려한', '소비성' 상하이의 모습으로 1930년
대를 보여주었다.[32] 사실, 1930년대 상하이 사회는 문학, 영화 면에서
그 어느 시기보다 상하이 도시에 집중한 작품들이 많이 출품되었고,
많은 사람들이 도시문화로서 이들 작품을 향유했다. 그렇다면, 1930년
대 상하이 실제 사회, 영화시장의 모습은 어떠했는가?

초기 유럽영화 중심의 외국영화는 제1차 세계대전 이후부터 할리우
드 영화가 다른 외국 영화들을 압도하면서 20년대 중반부터 30년대까
지 절대적인 지위를 차지하였다.[33] 당시 영화 속 서구의 풍경과 그들
의 생활모습은 上海人들의 호기심을 자극하였다. 그들을 따라 하고자
하는 上海人들의 열망은 영화 속 인물의 의상, 헤어스타일의 유행을
낳기도 했다. '어떤 관객들은 영화 속에 등장하는 최신 패션을 그대로
따라하기 위해 자신의 재단사를 영화관에 데리고 들어 올' 정도로 上海
관중들은 유행을 쫓기 위해 할리우드 영화에 매료되었다.[34] 화려한 서

32　예를 들어, 영화작품으론 〈玩玲玉〉(1991), 〈紅玫瑰, 白玫瑰〉(1994), 〈搖阿, 搖阿, 搖到外
　　婆橋〉(1995), 〈風月〉(1996), 〈半生緣〉(1997), 〈紫胡蝶〉(2003), 〈長恨歌〉(2005), 〈上海倫
　　巴〉(2006) 등이 있다. 특히 장아이링張愛玲의 작품은 기존 작품과는 다른 1930,40년대 상
　　하이 분위기를 그려냄으로써, 이 시기 재평가된 대표적 작가로 자주 거론되곤 한다.
33　당시 중국시장, 上海 영화시장에서 차지하는 할리우드 영화의 점유율은 대단한 것이었
　　다. 중국 상무부 통계에 의하면 중국은 1929년 상영한 영화가 모두 450편으로 그 중 90%
　　이상이 할리우드 영화였다. 1933년을 예로 든다면 중국에서 만든 영화가 89편이고 중국
　　에 수입된 영화가 421편인데 그 중 할리우드 영화가 309편, 전체 수입영화 중 73%를 차지
　　했다. 1934년에는 중국영화가 84편으로 줄었지만, 수입외국영화는 407편, 그 중 할리우
　　드 영화는 345편으로 증가하여 전체 수입영화중 84.8%를 차지하고 있었다.
34　Hansen, Miriam Bratu, "Fallen Women, Rising stars, New horizons-Shanghai Silent Film As
　　Vernacular Modernism", *Film Quarterly* no. 54 issue no. 1; 김정구, 「1930년대 상하이 영화의 근대
　　성 연구—여성의 재현 양식을 중심으로」, 한국예술종합학교 석사논문, 2004, 89쪽에서 재인용.

구문물이 풍미하던 上海에서 비싼 영화관 표값을 내고 개봉영화관에서 영화를 보는 것, 이는 '도시인'이라는, '上海人'이라는 것을 드러내고자 하는 사람들의 욕망을 충족시켜주기에 충분하였다. 바로 이 시점이 '라오상하이'에서 시각적 효과를 극대화하여 '노스텔지어'로서 상하이 사람들에게 다가간 것이었다.

할리우드 영화 못지않게 중국영화도 1930년대 최고 전성기를 구가하고 있었다. 당시 胡蝶, 阮玲玉, 金焰 등과 같은 영화배우들에 관한 가십기사들이 신문, 잡지에 넘쳐났다. 그렇다면 어떤 영화들이 관중들의 관심을 끌었는가? 1930년대 흥행했던 할리우드 영화는 대부분 뮤지컬이나 야수영화와 같이 줄거리는 단순하지만 화려한 볼거리가 특징이었다. 초기 중국영화 또한 무협영화나 원앙호접파와 같이 단순한 줄거리의 영화가 제작되었으나 1930년대 중국영화의 특징 중 하나는 사회 비판적 영화가 사람들에게 환영을 받았다는 사실이다.[35] 1933년 영화를 정리 평한 洪深은 "1933년도 영화는 수량상 66편이다. 제작에 참여하는 사람들과 자본이 적어 편수가 많은 편은 아니다.[36] 우리는 66편

---

[35] 통상 중국영화사에서 이 시기를 '중국영화 제1의 황금기'라고 부른다. 『申報』의 자료에 따르면, "1921년부터 1930년 사이 164개의 영화사가 세워졌고, 그 중 53개 영화사가 영화를 출품하였고, 1929년 일년에 만 50여 편의 영화가 상영"되었다. 중국 영화가 가장 절정에 이르렀던 1933년에는 66편이 상영되었다. 그러나 상영작은 검열에 의해 상영금지처분을 받은 영화들이 포함되어 있지 않기 때문에 제작편수는 상영작보다 훨씬 많은 수를 차지했을 것이다. 불완전한 자료이지만 『國片年譜』에 따르면, 1924년 16편, 1925년에는 59편, 1926년에는 86편, 1929년에는 111편에 달하여, 1921년부터 1931년 10년 간 上海 각 영화사가 찍은 극영화는 총 650여 편에 이르렀다(上海電影志編纂委員會 編, 『上海電影志』, 上海社會科學院出版社, 1999, 146쪽).

[36] 그 중 명성영화사가 18편, 연화영화사가 10편, 천일영화사가 7편, 작은 영화사에서 제작한 31편이 상영되었다. 중국자본과 영화인력이 적었기 때문에 편수가 많지 않지만, 궁극적 원인은 전세계 경제 공황과 불가분의 관계에 있었다(『文學』 제2권-1기, 1934).

의 영화 속에서 몇 가지 분명한 주류를 볼 수가 있다. 첫째, 우리 민족 생존에 대한 제국주의의 위협과 광범위한 민족의 제국주의에 대한 반항이 영화 속에서 분명하게 반영되고 있으며 여러 제약 속에서도(예를 들어 上海조계의 이중검열 및 홍콩 및 국외의 트집 등등) 올해는 10편 이상의 反帝소재의 작품, 예를 들어 기록물로서, 〈東北義勇軍血戰史〉, 제국주의 경제침략을 폭로한 〈小玩意〉, 〈香草美人〉, 〈春蠶〉, 〈天明〉, 〈爭奪〉 등이 상영되었다. 둘째, 봉건체제를 반대하는 작품이다. 올해 이들 작품들도 아주 성공적이었다.[37] (…중략…) 폭로성 작품, 이런 경향의 작품이 일년 동안 상당수를 차지하였으며 별로 작품성이 없는 작품들도, 의식적 무의식적으로 폭로성을 삽입할 정도였다"라고 지적하였다. 아직 대부분의 관객들이 할리우드 영화에 매료되어 있었지만, 한편으론 만주사변(1931), 상해사변(1932)과 같은 사회변화에 민감하게 대응하는 상하이인들에게 사회비판적 영화가 사람들의 관심을 끌고 있었다.

사실, 이들 좌파영화들은 정치적으로 공산주의를 강조하기보다는 상하이 사회를 비판적으로 그려내는 '사회주의 리얼리즘' 형식을 빌려 영화를 제작하는 경향이 강하였다. 예를 들어 차이추성蔡楚生은 〈漁光曲〉(1934)으로 해외영화제인 모스크바영화제에서 최초로 상을 수상한 이 시기 대표적 감독이었다. 완령위玩玲玉의 마지막 작품인 〈新女性〉의 감독이기도 한 그였으나, 좌파영화인들과 교류를 하며 진보적 영화관을 갖고 있었을 뿐, 그는 좌파영화인으로 분류되진 않는다.[38] 또한 당시

---

37 〈琵琶春怨〉, 〈三個摩登女性〉, 〈女性的呐喊〉, 〈脂粉市場〉, 〈前程〉, 〈母性之光〉, 〈生機〉 등등.
38 김지석은 그의 영화관을 '공리주의'로 표현하고 있다. 김지석, 『아시아영화를 다시 읽는다』, 한울, 1996, 173쪽.

대부분의 영화인들 인식에는, 영화를 '교육', '계몽'의 도구로 활용하고자 하는 성향이 영화계에는 강하였다.

이들이 곧 교육영화에 관심을 갖고 교육영화조직을 만들었다. 바로 1932년 7월 8일 조직된 "中國教育電影協會"였다. 蔡元培 주최로 거행된 창립대회에서 그는 "영화가 비록 오락이지만 교육적 측면에서 실로 막대한 영향을 끼친다. 나쁜 영화는, 예를 들어 음란하고 황당한 영화는 상영을 금지시켜야 하는데, 이것이 영화를 다시 심사해야 하는 이유이다"라며, 좋은 영화제작, 장려를 독려하였다. 이러한 과정에서 매 해 좋은 영화를 선출하는 중국영화대회를 개최하였다.

그런데, 바로 이 중국영화대회는 국민당의 대표적 우파인 陳立夫의 건의로 개최된 대회였다. 그는 제1차 교육영화협회 집행위원회가 열릴 때, '중국 영화대회'를 건의, 전국 각 영화제작사가 자신들의 좋은 영화 2편씩을 협회에 추천을 하면, 위원회에서 영화상영과 함께 공개 투표를 통해 가장 많은 득표를 한 영화에 대해 장려를 해 주겠다는 내용이었다. 결국 각 영화제작사에 서류를 보내 영화를 추천해 보내달라고 요청하였다.

그리고 그 대회를 통해 대표적 좌익영화들이 우수영화로서 선정되었다. 예를 들어 1차 중국영화대회 심사는 1933년 5월 5일 중국 교육영화협회 2차 연회 때 협회가 주관하였다. 심사 결과 공산당 내 조직인 電影小組의 夏衍이 극본을 쓰고 程步高가 감독한 『狂流』가 2등을 하였다. 두 번째 대회는 1934년 5월 중국 교육영화협회 제3차 연회가 주관한 "제2차 국산영화대회"였다. 심사 결과, 鄭正秋가 극본을 쓴 『姉妹花』라는 유성영화가 1등을 하였다. 그리고 중국 영화 3차대회 심사 평가는 1936년 5월 3일 영화협회의 제5차 연회에서 5월 18일 1차선거와 6월 2, 3일 양일간 "중앙"

7개 기관의 대표(중국 교육영화협회의 주요 인사)의 2차 선거를 통해 공산당원인 田漢이 극본을 쓰고 卜萬蒼이 감독한 "좌익영화" 〈凱歌〉가 1등을 차지하였다. 또한 1933년 10월 중국 교육영화협회 제2기 제4차 상무위원회 회의에서, 채원배의 의견으로 작성된 강령성 문헌 『電影事業之出路』에서는 〈都市的早晨〉을 중국 교육영화의 표본이라고 지적하였다.[39]

물론, 1927년 이후 上海에서 좌익의 활동은 매우 힘든 상황이었다. 남경국민정부성립 후, 정부는 바로 대규모 "청당淸黨"에 착수했다. 4월 26일 남경국민당중앙상무위원회는 "청당" 실시를 결의하고, 중앙 "청당위원회" 성립시킨 후 "청당"조례를 통과시켰다. 소위 "청당"이란 "간단하게 말해서, 곧 중국공산당을 소멸하는 것"이었다. 또한, 1931년 淞滬警備司令部는 市政府, 市黨部, 江蘇高等法院과 함께 上海臨時軍法會審委員會를 조직하여 軍備司令部參議 陳漢佐를 審判長에 임명, 전적으로 공산당 안건에 대한 비밀심사를 진행하도록 했다. 특히 陳立夫가 上海로 와서 上海 조계 工部局과 비밀협정을 맺은 후, 국민당은 조계 내에 체포해야 할 사람을 공부국에게 알려주면 공부국은 국민당과 함께 그 사람을 체포할 수 있었고 심지어 좌익인사가 납치를 당하는 경우도 있었다.[40]

그러나 한편으론, 9·18사변을 전후로 상하이 사회는 국민당 정부의 대일본정책을 반대하는 조직의 목소리도 적지 않았다. 이들은 적극적으로 항일, 구국단체 등을 결성, "抗日救國委員會" 성립을 비롯해서 1931년 9월 18일부터 12월 30일까지 항일구국단체는 이미 151개 이상

---

39 孫建三, 「關于中國教育電影協會的部分史料」, 『電影藝術』, 2004.4, 109쪽.
40 林緞·李子雲 編選, 『夏衍談電影』, 中國電影出版社, 1993, 49쪽.

이었다. 또한,『申報』의 통계에 의하면 1931년 9월부터 12월 30일까지 상해 각 단체가 발표한 宣言, 通電 등은 557개 항목에 달하였고, 크고 작은 항일집회는 138회에 이르렀다.[41]

　이렇듯 국민당의 적극적인 공산당 공세도 존재했지만, 이에 반하는 사회여론, 조직도 상하이에는 동시에 공존하고 있었다. 이러한 상황을 반증하는 사실은 영화평론분야에서도 찾아볼 수 있다. 예를 들어 국민당 우파 'CC계열'의『晨報』(副刊『每日電影』)는 좌익 평론가들의 대표적인 평론장이었다. 그 사정은 당시 대표적 좌익영화가였던 夏衍의 자서전에서 그 이유의 일면을 찾아볼 수가 있다. 夏衍은 "우리들이 명성영화사에 들어가 이름이나 성을 바꾸었지만 좌익의 역할이 두드러졌기 때문에 국민당 특무가 모를 리 없었다. 당시 國民黨 文敎책임자였던 潘公展이 이 사실을 안 후 명성영화사에 압력을 가하였다. 먼저 은행의 대출을 막고서 위협하길, 만약 좌파를 내쫓지 않으면 다시 대출을 해 주지 않을 것이라고 하였다. 후에 명성영화사의 周劍雲이 潘公展과 협상하여 대신 국민당 사람이 영화사의 시나리오 고문을 맡도록 하였다. 그가 姚蘇鳳이였다. 우리들은 당연히 "그가 오면 우리 모두 나가버리겠다"고 동의하지 않았다. 그러나 당시 (공산당 내) 조직이었던 "電影小組"의 王塵無와 唐納 모두 姚蘇鳳을 잘 알고 있으며 그와 일을 같이 해도 무방할 것이라는 의견에 따라 우리들은 周劍雲의 요구에 동의하였다. 그런데 뜻밖에도 姚蘇鳳이 첫 번째 시나리오 회의에 참가했을 때, 그는 우리에게 우리가 쓴 시나리오에 절대 간섭을 하지 않을 것이며 우리와 친구가 되길

41　熊月之・楊國强・張培德,『上海通史-民國政治』7, 上海人民出版社, 1999, 268쪽.

원한다고 말하였다. 또한 우리를 믿게 하기 위해『晨報』의 "每日電影"의 편집 활동을 王塵無가 주관해도 좋다고 하였다. 이것은 빈말이 아니었다. 이 후 姚蘇鳳과 우리는 협력관계를 유지하였으며, '每日電影'은 계속해서 王塵無가 편집을 책임지었다. 나와 鄭伯奇는 소련인이 저술한 "영화감독론" 등도 번역하여『晨報』에 게재할 수 있었다."[42]

이처럼 다양한 관계망과 권력들이 1930년대 상하이에서는 서로 교차하며 존재하고 있었다. 어떠한 이념이나 계급, 민족 등의 기준을 갖고 이분법적으로 나눌 수 없는 상하이의 사회성격은 바로 중국 중앙의 국민당 권력과 함께 조계로 대변되는 서구세력이 동시에 공존함으로써 가능한 것이었다.

4. 재현된 1930년대 상하이와 로컬리티

사회주의 중국이 성립되자마자 공산당 정권은 식민시기 만들어진 도시의 상징적 장소들에 대한 기억을 재구성하는 방식을 통해 지배의 정당성을 확보하고자 했다. 다시 그려진 上海는 서구 제국주의 영향에 종속된 중국인 사회에 대한 모욕의 기억과 부정적 인식을 강조하는 경향을 갖고 있었다. 또한 사회주의 계급관념에 따라 上海의 역사 속 조계는 '암흑가, 파티와 술집, 네온사인 등이 가득 찬 탐욕스럽고 부도덕한 공간'으로 재현되었다.

---

42 "이 일은 좌익내에서도 몇몇 사람만 아는 사실이었다"라고 회고하고 있다(林縵・李子雲 編選, 위의 책, 65쪽).

그러나 1990년대 '라오상하이'는 동일 장소가 '노스텔지어'로서 아련한 추억으로 소환되었다. 비난받아 마땅한 공간이 향수의 대상으로 아무런 거리낌없이 변신한 것이다. 더구나 이런 '옛 上海이야기'는 도시 모습까지 변화시켰다. 그 대표적인 모습이 2000년 새롭게 상하이 중심가로 형성된 '新天地'이다. 이곳은 예전 주민 거주지였던 농탕弄堂의 스쿠먼石庫門 주택을 개조한 건물들을 중심으로, '노스텔지어' 속 상하이를 연상시키는 외면을 갖추고 있다. 그러나 그 내부는 현대도시 생활 방식과 리듬에 맞추어 갤러리, 고급음식점, 카페 등 시민들의 휴식장소로 제공되고 있다. 즉 신천지의 외부는 1930년대 농탕의 모습이지만, 한발만 들어서면 내부는 21세기의 현대적인 모습으로 시공간을 초월한 공간이라 할 수 있다.[43]

이러한 재현의 변화는 당연, 1990년대 들어 중국 개혁개방의 과정 속에서 나타난 새로운 해석들에 영향을 받은 바가 크다. 상하이 연구자들 사이에는 조계지역 일상생활의 '탈영토성'을 주장하며 상하이의 조계를 중국과 서양 엘리트가 서로 공존하는 곳으로, 더 나아가 외국인의 존재로 인해 중국 사회 내부의 동력만으로는 나타날 수 없는 '독립적 공공공간의 발전을 위한 우호적 조건이 창조될 수 있었다'라는 주장이 제기되기도 했다.[44]

---

43 '신천지 스쿠먼 공간에는 그 문화적 의미가 텅 비어 있다'라는 비평가의 지적은 중시할 만하다(陳惠芬, 「文學上海與城市文化身分建構」, 『文學批評』3, 2003, 38쪽. 박정희, 앞의 글, 131쪽에서 재인용).
44 당시 서구의 영향과 중국의 근대화 발전 사이의 긍정적 연계성, 그리고 상하이의 경제적 성장을 중심으로 한 연구가 최근 중국 상하이 연구자들 사이에서 점차 증가하고 있다'라는 점은 많은 연구들에서 지적되고 있는 바이다.

이러한 상하이에 대한 새로운 해석은 사회주의 중국 성립 후 현재 어느 시기보다 '부유해진' 중국이 적극적으로 자신들의 과거를 다큐멘터리로 제작하여 자신들의 국가정책과 맞는 새로운 역사쓰기에 힘을 기울이는 연장선상에서도 얘기해 볼 수 있다. 대표적인 다큐멘터리는 〈대국굴기大國崛起〉, 〈부흥지로復興之路〉, 그리고 최근 방영된 '外灘시리즈'이다. 〈大國崛起〉는 근대 이후 세계 '대국'으로 등장한 국가들을 추적하는 내용으로, 경제적 부흥으로 어떻게 '대국'이 되었는지를 분석하고, 특히 그 원인으로 국가적 지원하에 상인, 기업인들의 육성 등을 중요하게 다루고 있다.[45] '外灘시리즈'는 '外灘'[46]을 주로 인물중심으로 풀어내고 있다. 특히 〈外灘佚事〉[47]에서는 전작 '外灘'에서 중점적으로 다루었던 上海 總稅務士 하트(Robert Hart, 중국명 赫德)부터 시작하여 상인 葉澄衷과 가수 겸 배우였던 周璇, 그리고 청방의 주요 인물이었던 杜月笙 등을 집중적으로 조명했다. 당연 上海史 전문가들이 다큐멘터리의 주요 코멘트 담당했고, 그들의 기본적인 입장은 치욕적인 조계의 설치였지만, 그들의 긍정적인 역할 또한 부정할 수 없다는 태도이다. 여기서 하트는 중국에 애정을 갖고 있는 중국인의 '친구'로, 외국 상인들과 어깨를 나란히 한 거상으로서 매판 葉澄衷가 다루어지는가 하면, 심지어 암흑가의 杜月笙조차 마치 영화 속 '통 큰 큰형'으로서 풍운아 이미지로 다큐멘터리에서 등장하고 있다.

---

45 연이어 방영된 〈復興之路〉에서는 중국의 '경제적 부강'을 중점적으로 다루었다.
46 〈外灘〉: 〈第1集 泥, 灘〉(2011.4.5), 〈第2集 遠東華爾街〉(2011.4.6), 〈第3集 城市之光〉(2011.4.7), 〈第4集 海上沉孚〉(2011.4.8), 〈第5集 天際線〉(2011.4.9)으로 총5부작으로 CCTV에서 방영되었다.
47 〈外灘佚事〉: 〈第1集 大淸海關 赫德〉(2012.6.25), 〈第2集 一代大商 葉澄衷〉(2012.6.26), 〈第3集 過客雲煙 法諾 李春蘭〉(2012.6.27), 〈第4集 亂世大亨 杜月笙〉(2012.6.28), 〈第5集 馬路天使 周璇〉(2012.6.29) 마찬가지로 총5부작, CCTV에서 방영되었다.

이러한 인물평가는 서구학자들의 견해와 맞물려 있다. 이미 페어뱅크가 말한 '중외이해공동체Sino-foreign community of interest'에 의해, 상하이 자본주의를 외국인과 중국인의 '합작'결과라는 결론에 동의하고 있는 것이다. 이들은 해외자본과 중국자본의 합작에 더하여, 중국인 동업조합들과 외국인 길드들이 국내외 상업망을 공유하고 있었고, 중국인들의 기업가정신과 학습능력은 서양인들이 가져다 준 기술과 경영방식을 접목함으로써, 즉 상하이 자본주의는 한마디로 중외자본주의 Sino-foreign capitalism였다고 주장한다. 그리고 이 중외합작의 주역이 포르투갈어로 무역중개상을 뜻하는 근대중국의 새로운 비즈니스 계층인 꽁프라도르compradore, 買辦이다.[48] 바로 상하이 '海派'문화는 부를 쥔 상인-매판의 문화로 권력을 쥔 관료-만다린의 문화인 '京派'문화와 대비를 이룬다고 할 수 있다.[49]

이러한 논의는 매판의 지위를 외국상인과 동등하게 올려 놓음으로써, 그리고 당시 조계의 권력행사 방식이 중국과 대등하다는 전제하에 가능한 논리이다. 물론, 앞서 언급하였듯이 조계의 존재가 일정정도 다양성의 공존 가능성을 열어 놓은 것은 사실이다. 그러나 1930년대 상하이는 엄연히 '반식민지' 공간이었다. 더구나 경제적 측면만을 부각하여 가치판단을 부여한다는 것은 이미지만으로, 자신들의 논리와 맞지 않는 것은 배제한, '라오상하이' 현상에서만 가능한 논리이다. 게다가 마치 '라오상하이'가 상하이만의 특수한 로컬을 보여 주는 듯 제시하고 있

---

48 이철호, 「상하이의 역사-서평」, 『CHINA 연구』 5, 2008, 225쪽.
49 박정희, 앞의 글, 127쪽.

지만, 그 열풍 속을 가만히 들여다보면 오히려 '부정한' 의도를 내포한, 왜곡된 의미를 부여해주는 측면이 강하게 존재하고 있다. 만약 '로컬리티' 자체가 글로벌 자본주의, 국가중심 논리에 대한 대항적 의미에서 나온 개념이라면 '라오상하이'가 아닌 '새로운' 상하이 모습, 개념을 다시 도출해 내야만 할 것이다.[50]

탈식민주의 도시에 관한 Yeoh의 분석에 따르면 식민주의 국가에서 보통 기억은 조작된 영역이며, 기억과 망각, 포섭과 배제의 정치학을 따라 경합하는 대상이다. 또한 오늘날 아시아의 여러 탈식민주의 도시들에서 새로운 정체성을 만들기 위한 노력은 식민주의 과거를 완전하게 없애고자 하는 것이 아니라, 탈식민주의적 현재를 재현하기에 적합한 형태를 생산하기 위해 토착문화와 식민지 문화의 선택적 복구와 전유로 나타나고 있다.[51]

'라오상하이' 현상도 이러한 맥락에서 크게 벗어나지 않고 있다. 기존의 사회주의적 관점에서 식민주의 도시가 제국주의의 모순이 드러나는 문제적 장소였다면, 근대성을 문화의 문제로 파악하는 새로운 관점에 따르면 식민도시는 모더니티가 도입되고 활발하게 작동한 장소라고 할 수 있다.

---

50 1990년대 '라오상하이' 열풍이 일기 전, 몇몇 작가들에 의해 문학텍스트에서 '상하이 지역성' 발굴이 시작되었다. 발굴 대상은 이전 상하이 문학 속에서 결핍되었던 것들이었다. 예를 들어, 몇몇 학자들은 王安憶의 소설 중 『長恨歌』와 『富萍』은 자본주의 황금기의 화려한 상하이가 아닌 사회주의시대, 그리고 중심지가 아닌 주변 상하이 생활을 깊이 있게 조명하였다고 높이 평가하기도 한다(박정희, 앞의 글 참조).

51 Yeoh, B.S.A, 2001, "Postcolonical cities", *Progress in Human Geography* 25(3), pp.456~468. 한지은, 앞의 글, 58쪽에서 재인용. 여기서 저자는 탈식민주의postcolonial 도시를 '식민지를 경험한 도시' 개념으로 사용했다.

이러한 '문화'중심으로 식민지 도시를 재해석하는 논의는 해석의 다양성이라는 측면에서는 확실히 의미 있는 작업이라 할 수 있다. 그러나 의도하지 않았을지라도 이러한 논리는 자칫 소비성 문화상품으로 전락할 위험이 있으며, 심지어 그것을 이용하려는 의도적 시도도 존재할 수 있다. 바로 '라오상하이' 열풍은 후자의 혐의를 벗어나기 힘들 것 같다.

더구나 이러한 논리의 배경에는 '경제우선주의' 정책을 내세우는 국가의 암묵적 지원도 한 몫을 담당했을 것이다. 그러나 단기적으로는 이러한 전략이 효과를 얻을지는 모르지만, 거시적으로는 경제발전에도 다양한 원인이 작용하기 때문에 그 효력을 장담하기 어려울 것 같다. 그런 점에서 프랑스 상해사연구자 베르제르의 지적은 의미심장하다.[52] 1999년 '세계포럼연회'에 참석한 그녀는 참여한 중국기업가들 중, 독립적 자본가나 홍콩, 타이완 경제의 비상을 이끌었던 중소기업가 대표들을 볼 수 없었다고 한다. 결국 기업가 정신이 결여된 기업과 '한자녀 낳기'를 통해 점차 관계망에 의존하는 구조의 약화, 특히 '노령화'사회로 진입한 상하이가 점차 연해지역에서 차지하는 비중이 삭감될 것으로 전망했다. 즉, 상품의 개발만이 상하이의 지속적인 경제발전을 가져다주는 것이 아니라는 사실이다. 이제, 진정한 '상하이 로컬리티' 생성은 비록 제한적이었을지라도, 1930년대 다양성이 공존할 수 있었던 개항장 상하이, 그 공간에 어떠한 다양한 하위서사들이 존재하였는지, 그것을 찾아내고 분석하는 작업에서부터 출발을 해야만 할 것이다.

---

52 [法]白吉爾 著, 王菊·趙念國 譯, 『上海史−走向現代之路』, 上海社會科學院出版社, 2005
    (원제목은 Marie-Claire BERGERE, *HISTOIRE DE SHANGHI*, 2002).

참고문헌

김승욱, 「근대 상하이 도시 공간과 기억의 굴절」, 『중국근현대사연구』 41, 2009.

김정구, 「1930년대 상하이 영화의 근대성 연구―여성의 재현 양식을 중심으로」, 한국 예술종합학교 석사논문, 2004.

김지석, 『아시아영화를 다시 읽는다』, 한울, 1996.

박자영, 「상하이 노스탤지어―중국 대도시문화현상 사례와 관련 담론 분석」, 『중국 현대문학』 30, 2004.

박정희, 「장소와 사람―왕안이 소설에 나타난 상하이 로컬문화」, 『장소성의 형성과 재현』(부산대 한국민족문화연구소 편), 혜안, 2010.

오미일·배윤기, 「한국 개항장도시의 기념사업과 기억의 정치」, 『사회와 역사』 83, 2009.

이철호, 「상하이의 역사―서평」, 『CHINA 연구』 5, 2008.

이호현, 「근대 속 상해영화―1930년대 좌익영화를 중심으로」, 『사총』 66, 2008.

_____, 「1930년대 상해와 헐리우드 영화」, 『중국사연구』 76, 2012.

임춘성, 「彭小蓮의 '상하이 삼부곡'을 통해 본 노스탤지어와 기억 그리고 '역사들'」, 『중국연구』 39, 2007.

최호근, 「집단기억과 역사」, 『역사교육』 85, 2003.

한지은, 「탈식민주의 도시 상하이에서 장소기억의 경합」, 『문화역사지리』 20-2, 2008.

『申報』.

張仲禮 主編, 『近代上海城市硏究』, 上海人民出版社, 1990.

唐振常 主編, 『上海史』, 上海 : 上海人民出版社, 1989.

熊月之·袁燮銘, 『上海通史―晚淸政治』 3, 上海人民出版社, 1999.

熊月之·楊國强·張培德, 『上海通史―民國政治』 7, 上海人民出版社, 1999.

吳松弟 編, 『中國經濟百年拼圖 : 港口城市及其腹地與中國現代化』, 山東書報出版社, 2006.

薛理勇, 『舊上海租界史話』, 上海社會科學院出版社, 2002

[美]馬士·墨菲, 上海社會科學院歷史硏究所 編譯, 『上海―現代中國的鑰匙』, 上海人民出版社, 1986.

[法]白吉爾, 王菊 趙念國 譯, 『上海史 : 走向現代之路』, 上海社會科學院出版社, 2005.

馬長林,『上海的租界』, 天津敎育出版社, 2009.

上海社會科學院歷史研究所 編,『上海小刀會史料滙編』, 上海人民出版社, 1980.

葛元煦 等,『滬游雜記・淞南夢影錄・滬游夢影』, 上海古籍出版社, 1989.

上海電影志編纂委員會 編,『上海電影志』, 上海社會科學院出版社, 1999.

林縵・李子雲 編選,『夏衍談電影』, 中國電影出版社, 1993.

森田明, 橫山英 編,「淸末の上海の河工事業と地方自治」,『中國の近代化と地方自治』,
　　　東京 : 勁草書房, 1985.

孫建三,「關于中國敎育電影協會的部分史料」『電影藝術』, 2004-4.

李浩賢,「地方自治的主張與實踐－晩淸上海和天津的比較硏究」, 復旦大學校 歷史科
　　　博士論文, 2004.

편재遍在된 기억이
로컬리티가 되기까지
일본 하코다테의 경우

조정민

1. 개항의 기호, 페리

일본의 개항 서사는 항상 페리와 함께 시작된다. 1853년 6월 미국의 동인도 함대 사령관 페리가 이끄는 4척의 군함이 에도江戶만 우라가浦賀항에 나타났고, 소위 '흑선黑船, 구로후네'이라 불리는 이 증기선의 등장으로 일본의 개항의 역사는 시작되었다고 보는 것이다. 이때 페리는 밀러드 필모어 미국 대통령의 국서를 제시하며 강경한 태도로 개항을 요구하였고, 1854년 1월 함선 7척을 이끌고 재차 에도만에 나타나 동년 3월에 도쿠가와 막부와 '미일화친조약'을 맺어 오랫동안 닫혀있던 일본의 문을 마침내 열게 만들고 만다. 200년 이상 유지되어오던 쇄국 체제가 페리의 내항으로 인하여 크게 흔들리고, 이것이 막부 체제의 종언과 근대 일본의 시작을 이끄는 계기가 되었던 것은 부정할 수 없

는 사실이다. 어쨌든 흑선과 페리는 일본의 개항을 이야기하는데 필수
불가결한 키워드로서 오랫동안 사용되어 왔다.

그러나 일본의 개항에는 페리의 교섭뿐만 아니라 영국, 러시아, 네
덜란드 등, 열강들의 이해관계와 복잡한 정세도 개입되어 있었다. 이
글에서 다룰 하코다테의 경우만 하더라도, 연료와 식량 보급을 위해
미국보다 먼저 개항한 것은 영국이었으며, 최초로 무역항으로 개항한
것은 네덜란드였다.[1] 그리고 페리의 내항 이후 약 4개월 뒤에 일본과
화친조약을 맺은 러시아는 문화, 기술, 종교, 의료, 학교 등 여러 방면
에 있어서 하코다테 로컬리티 형성에 지대한 영향을 미치게 된다. 앞
으로 자세하게 서술하겠지만 하코다테를 둘러싼 각국의 움직임과 로
컬과의 긴밀한 관계는 상징적으로 종교 시설이나 경관에 잘 드러나 있
고, 이는 '페리'를 매개로 하지 않은 하코다테 특유의 개항 서사를 대변
하기도 한다.

페리를 경유한 개항의 기억이든 그렇지 않든, 하코다테 개항에 관한
복수의 기억들은 하코다테의 지정학적인 위치와 경험을 토대로 만들
어진 것이며, 각각의 편재된 기억이 로컬의 집합적 기억[2]으로 구성되

---

1   1854.3 미일화친조약 체결, 1855.3 개항. 1854.8 영일화친조약 체결, 1854.10 개항. 1855.12 란(네
    덜란드)일화친조약 체결. 1857.8 란일추가조약 체결, 나가사키 및 하코다테에서 통상을 허용.
2   여기에서 말하는 '집합적 기억'이란 알박스의 'collective memory'를 원용한 것이다. 알박스
    는 개인적, 혹은 자전적 기억 속에 내재된 공동체적 집합기억과 기억의 사회적 틀에 대해
    다룬 바 있다. 특히 집합적 기억과 역사를 대비시켜 양자의 차이점을 분명히 한 점은 매우
    시사적이다. 그의 지적에 따르면, 국가사는 개인의 자전적 기억과 지극히 제한적으로 접합
    점을 가지는 데 반하여 집합적 기억은 시간적으로도 공간적으로도 한정되어 있는 집합에
    의해 지지되고 있어 개인의 기억과 매우 밀접한 관련이 있음은 물론, 이러한 기억이 집단
    의 정체성을 구성하고 유지하는 상징적 기초가 된다고 하였다. M. アルヴァックスM.
    Halbwachs, 小關藤一郎 譯, 『集合的記憶』, 行道社, 1989, 93~99쪽.

어 지금의 하코다테의 로컬리티를 대변하는 것으로 이어지고 있는 것은 부정할 수 없는 사실이다.

2. 작은 개항과 큰 개항

일반적으로 일본의 개항은 막부 체제의 종언과 근대 일본의 시작을 알리는 변화의 시발점으로 이해되어 왔다. 그러나 최근에는 나가사키長崎의 데지마出島와 같이 닫힌 공간 가운데서도 열린 틈새가 존재하고 있었음을 강조하며, 개항을 기점으로 쇄국과 개국을 분명하게 나누는 이분법적 사고를 경계하는 의견도 제시되고 있다. 생각해 보면 '개항', 혹은 '개국'이라는 말은 결국 '쇄국'이라는 상황을 전제한 것으로, '개항'이라는 용어 자체에 이미 단절적인 해석이 내재되어 있음을 알 수 있다. 이와 같은 논의를 참고해 볼 때, 하코다테의 개항을 미일화친조약의 결과물로만 인식하는 것 역시 적절치 못하다고 볼 수 있다. 즉, 캄차카 반도와 쿠릴 열도(일본명 치시마 열도) 사이에서 고래잡이를 하던 미국이 포경선의 정박지로서 하코다테를 선택하고 개항을 요구한 것은 일반적으로 잘 알려진 사실이지만, 그 이전인 1778년부터 러시아는 마쓰마에번松前藩에 통상을 요구하였고, 또 당시에 귀속이 불분명하던 사할린이나 쿠릴 열도에 자주 나타나 크고 작은 충돌을 일으키기도 하였다. 그리고 1792년, 예카테리나 2세의 명을 받은 사절 아담 러스크만 일행은 네무로根室로 입항하여 일본인 표류민 다이고쿠야 고다유大黒屋光太夫를 송환시키며 재차 통상을 요구한다. 러스크만 일행은 회견을 위해 마쓰마에로 향하였고, 그들을 선도하던 막부의 배를 놓치는 바람에 우연히 하코다테항에 입항하게 되는데(1793.6.8), 러스크만 일행을 실은 러시아 배, 예카테리나호야말로 하코다테항에 입항한 최초의 외국선이라 할 수 있다. 말하자면 페리의 흑선이 하코다테에 내항하기 61년 전에 러시아의 흑선이 이미 하코다테에 내항한 것이다. 물론 여기에서 문제 삼고 있는 것은 어느 국적의 배가 어느 나라보다 먼저 하코다테에 내항하였는가하는 순서의 문제나, '최초'라는 수식어를 어느 나라에 붙일 것인가 하는 사실을 명확히 하는 것에 있지 않다. 오히려 중요한 것은 하코다테 개항을 페리의 내항의 결과라고 보는 관점 때문에 지금까지 비교적 주목받지 못했던 사실들, 다시 말하면 하코다테의 지정학적 위치성과 특수성, 그리고 복수의 타자들의 개입으로 인하여 형성된 관계망들을 재조명하는 일일 것이다.

또한 하코다테는 1854년 3월 미일화친조약 체결 이후, 막부가 영국과 네덜란드, 러시아와도 화친조약을 조인함에 따라 시모다下田와 함께 1차적으로 개항하였고, 1858년 6월 미일수호통상조약 체결에 의해 다음 해 6월에 요코하마, 나가사키와 함께 재차 개항한다.[3] 막부는 미국에 이어 영국, 네덜란드, 러시아, 프랑스와도 수호통상조약을 맺었고, 이로써 하코다테는 상품 교역에 중심을 둔 자유무역항으로 자리매김하게 된다. 일본 내의 다른 개항장과 달리 두 차례에 걸쳐 개항을 경험한 하코다테는 화친조약으로 인하여 개항한 것을 '작은 개항'이라 부르고, 수호통상조약의 결과로 개항한 것을 '큰 개항'이라 부른다.

---

3   니가타新潟와 고베神戸는 1868년에 개항했다.

〈그림 1〉 개항 77주년 기념축제

　이러한 두 차례의 개항과정은 개항을 기념하는 방식과 기준에도 영
향을 미쳤다. 예를 들면 개항 50주년 기념 축제는 1903년에 실시되었
는데, 이 축제는 1854년 3월의 미일화친조약 체결을 기준으로 삼고 있
었다. 즉 개항 50주년 행사는 하코다테의 '작은 개항'을 기준점으로 하
고 있었던 것이다.[4] 하코다테에서는 1935년에 개항 77주년 기념 축제
(제1회 하코다테 항구 축제)[5]도 개최되었는데, 이때에는 '큰 개항'이 기준이

4　개항 50주년 기념 축제를 실시할 당시, 개항의 기준을 두고 의견이 분분했다고 한다. 축
　제에 관한 안건은 세이유카이政友會 하코다테 지부에서 제출되었는데, 체제측이 큰 개항
　을 기준으로 하고 있었던 것에 반하여 저널리스트들은 작은 개항을 기준으로 삼고자 했
　다. 須藤隆仙,『箱館開港物語』, 北海道新聞社, 2009, 115~116쪽.
5　하코다테 항구 축제는 1934년에 발생한 대화재로 실의에 빠진 시민들을 격려하기 위해
　기획되었다. 마침 1935년은 개항 77주년을 맞이하는 해였고, 이는 희수喜壽를 의미하기
　도 했기 때문에 항구 축제가 가지는 상징성은 더욱 컸다. 이후 하코다테 항구 축제는 연
　례행사가 되었다.

되었다. 이후 개항 100주년 기념 축제(1958) 및 개항 150주년 기념 축제(2009)는 모두 '큰 개항'을 기준으로 하고 있다. 말하자면 개항 50주년 행사를 제외한 나머지 공식 기념행사는 모두 큰 개항을 기준으로 삼고 있는 셈인데, 이는 개항의 의미를 '화친'에 두기보다 '무역'에 두고 있는 것을 반증하며, 또한 요코하마와 나가사키 등 일본 내의 다른 개항장의 움직임과 연동시켜 사고한 결과라 여겨진다.

사실, '작은 개항' 당시 하코다테에는 복수의 국가들의 선적이 빈번하게 기항하고 있었다. '작은 개항' 이후 약 1년 사이에 미국선 23척, 영국선 13척, 프랑스선 3척, 러시아선 2척, 네덜란드선 2척, 독일선 1척이 하코다테에 입항하는데,[6] 이와 같은 사실은 하코다테가 낯선 타자와의 조우와 충돌, 혹은 교섭이 예견되는 장이었다는 것을 의미하기도 한다. 실제로 하코다테에서는 외국선 기항에 대한 대책으로 흑선 구경 금지, 바닷가 배회 금지, 신불 참배 금지, 어린 아이와 노인, 부녀자들의 통행금지 등이 제시되었으며, 다른 한편에서는 외국인 선원들을 위한 바자나 시장이 열리기도 했다.[7]

미국의 흑선이 아닌 러시아 흑선과의 조우, 그리고 두 번에 걸친 개항 등, 하코다테가 경험한 개항의 층위는 다양하지만, 이러한 로컬의 경험과 기억은 의식적으로 혹은 무의식적으로 획일화되어 일괄적으로 '개항'으로 통칭되어 왔다. 말하자면 '집합적 기억'으로서의 하코다테 개항이 '국가사적 기억'으로서의 개항에 포섭되어 버린 것이다. 그

6　函館市史編纂室, 『函館市史 通説編』 第2卷, 1990, 52쪽.
7　위의 책, 22~42쪽.

러나 다른 한편에서는 복잡하고 중층적인 개항 기억의 켜들이 재현되고 있는 것이 사실이다. 그 최근의 예로 개항 150주년 기념사업을 들수 있는데, 이 같은 개항 기억의 발굴과 전시는 하코다테의 로컬리티구성 방식과 그 실천에 관한 논의와 연동되는 것이라 볼 수 있다.

3. 편재된 개항의 기억들―기념해야 하는 것과 각인되어 있는 것

여기에서는 개항을 매개로 하코다테의 집합적 기억이 재구성되는과정을 살펴보고자 한다. 간단히 말하면 그 양상은 '기억하고 싶은 것'과 '각인되어 있는 것'으로 크게 나눌 수 있는데, 전자에서는 다분히 국가사적 기억에 기댄 페리의 재현에 대해, 후자에서는 각인된 개항 기억의 발굴과 전유 과정에 대해 논하고자 한다.

1) 기념해야 할 '페리'

2009년, 일본의 다섯 곳의 개항 도시(하코다테, 니가타, 요코하마, 고베, 나가사키)는 개항 150주년을 맞아 다양한 기념행사를 기획하였다. 특히이들 도시는 서구 문명을 도입한 창구로서 일본의 근대를 앞당겼다는점을 공통적으로 부각시키고, 또 개항으로 인한 문화유산과 경관, 국제 친선적인 도시 분위기 등을 적극 활용하여 일본을 대표하는 국제관광도시로 도약할 것을 다짐하였다. '일본 개항 5도시 관광 협의회'의 취지문에도 잘 나타나듯이, 항구 도시라는 지리적 위치와 개항을 경험한 지역의 기억은 '개항도시로서의 자부심'으로 이어졌고, 또 물리적으로 남아있는 개항의 산물들은 일본의 관광산업을 선도할 수 있는 좋은 자원으로 평가되었다.[8]

사실, 역사 공간의 관광화는 더 이상 낯설지 않은데, 이는 하코다테의 경우에도 해당된다고 볼 수 있다. 하코다테시는 지역 브랜드 전략으로서 '역사와 관광의 도시' 만들기에 역점을 두고 다각적인 정책을 실시해 왔다. 그리고 이러한 전략은 어느 정도 성공을 거두었다고 평가할 수 있다. 예를 들면 민간 기업이 매년 실시하고 있는 '지역 브랜드 조사'에서 하코다테는 매력지수(관광 의욕 지수, 식품구매 의욕 지수 등) 순위 가운데 상위를 차지하고 있으며(2009년 1위, 2010 · 2011년 2위, 2012년 3위),[9] 하코다테 시민을 대상으로 실시한 '하코다테의 지역 이미지 조사(복수선택 가능, 2002년 조사)'에서도 '관광 지역'이 74.5%라는 높은 비율로 1위를 차지하였고, '역사 지역'도 33%의 응답률을 기록하며 3위를 차지하였다. 말하자면 하코다테는 스스로를 규정하는 시선과 타자가 규정하는 시선이 비교적 넓은 범위에 중첩되어 '역사와 관광의 도시'라는 합일점을 도출해 내고 있다고 할 수 있다.

하코다테시 가운데서도 역사와 관광이 절묘한 조화를 이루고 있는 곳은 서부 지구西部地區이다. '홋카이도 유산'[10] 중 하나인 하코다테 서

---

8 日本開港五都市觀光協議會, http://www.5city.or.jp/

9 Brand Research Institute, Inc., http://tiiki.jp/

10 '홋카이도 유산 구상 추진 협의회'가 홋카이도의 자연, 문화, 산업 가운데에서 다음 세대에게 계승하고 싶은 것을 선정한 유형 · 무형의 재산군. 2012년 6월까지 52건이 선정되었다.

부 지구는 '근대 일본을 여는 현관' 역할을 하였던 항구와 항만시설, 부두 창고군 및 교회군 등이 이국적인 정취를 느끼게 하며, 또 이들 건축물 가운데 상당수는 '중요전통건축물'로 지정되어 있어 많은 볼거리를 제공하고 있다. 말하자면 서부 지구는 하코다테를 대표하는 주요 관광지인 것이다.[11]

서부 지구의 형성 과정과 건축물의 유래는 '하코다테 개항'과 직간접적으로 관련 있는 만큼, 개항 150주년 기념사업과 밀접한 연관을 가졌을 것 같지만 그것은 예상과 다르다. 하코다테 개항 150주년 기념사업의 당시 콘셉트는 "재・개항 하코다테 2009 — Re : start HAKODATE 미래로 —"였고, 주요 사업은 음식, 음악, 스포츠로 나뉘어 진행되었다. 사업 내용은 시민들의 아이디어를 수합하여 반영한 것으로, '음식'은 하코다테의 풍부한 수산자원을 재인식하고 그 매력을 발신하기 위해, '음악'은 다양한 음악단체가 하코다테에 존재하고 그 가운데서도 청소년들의 활동이 뚜렷하기 때문에, '스포츠'는 하코다테시가 '스포츠 건강 도시'를 선언하는 등, 시민들의 스포츠에 대한 인식이 높기 때문에 채택된 것이었다. 그리고 대부분의 행사도 서부지구 근처에 위치한 인공 섬인 '녹색 섬綠の島'에서 실시되었다.[12]

---

11 서부 지구에 해당하는 모토마치元町, 스에히로쵸末廣町는 전통적 건축물 보존지구로 지정되어 있다. 이 지구는 대략적으로 두 개의 존zone으로 나뉜다. 산 중턱과 아래에 위치한 교회군(하코다테 하리스토스 정교회, 가톨릭 모토마치 교회)과 공공시설(구 하코다테 공회당, 모토마치 공원) 등은 개항 당시의 외국 문화의 영향을 알 수 있게 하고, 또 하코다테 항구를 중심으로 형성된 가나모리 창고군과 호상의 저택 등은 항구도시로서의 성황을 알 수 있게 한다.

12 函館開港150周年記念事業實行委員會,『函館開港150周年記念事業實施報告書』, 函館市, 2010, 4쪽.

하코다테시의 개항 150주년 기념사업에는 78개의 기업과 단체가 참가하였고, 약 170명으로 구성된 시민 워킹 그룹도 적극적으로 참여하였다. 말하자면 기념사업은 내용이나 운영의 측면에서 보아 시민 참가형 행사였다고 볼 수 있다. 그런데, 이 같은 행사의 구체적인 내용은 하코다테가 겪은 두 번의 개항 경험과 기억과는 거리가 먼 것이었다. 오히려 그것은 '하코다테를 활기차게 만들기 위한 이벤트'적 성격이 짙었다. 특히 이 행사가 시민 참가형이었다는 점을 참고로 한다면, 하코다테 시민들의 인식 속에 '개항'이라는 경험은 이미 탈역사화되어 독립된 도시 이미지, 즉 '역사와 관광의 도시'로 소비되고 있다는 것을 알 수 있다.

일부 행사의 경우, 예를 들면 하코다테의 개항 과정을 소개한 판넬 전시와 하코다테 개항 150주년 기념 심포지엄,[13] 하코다테 페리 내항 회고 보트 경주대회, 하코다테 개항 150주년 기념 시민 다도 대회 등은 '개항'을 회고하고 재조명하는 형식을 띠고 있지만, 역시 제한적인 범위 내에서 '개항'을 기념하고 있는 것이 사실이다. 말하자면 '개항'이라는 역사적 경험을 기념하기 위해 조직된 세리머니에서 역사적 맥락을 찾아보기란 쉽지 않음을 알 수 있는데, 흥미로운 것은 이러한 탈역사화된 축제, 즉 '음식', '음악', '스포츠'로 구성된 사업 내용을 전체적으로 포괄하고 대변하는 이미지가 '페리'였다는 점이다.[14] 이는 하코다테 개항 150주

---

13 이 심포지엄은 메이지明治대학 비즈니스 이노베이션 연구소에서 주최한 것으로, 주제는 '하코다테의 발전과 혁신적 경영자 군상'이었다. 하코다테에서 활동하는 경영자 세 사람이 패널로 참가하여 하코다테시 발전에 공헌한 혁신적인 경영자에 대해 소개하고 앞으로의 하코다테의 경제적 발전 향방에 대해 논의하였다. 말하자면 이 심포지엄은 하코다테 개항에 대해 역사적 접근이라기보다, 하코다테시의 경제적 발전과 성장의 가능성에 대해 이야기 하는 자리였다고 볼 수 있다.

14 기념사업의 주제는 'DREAM BOX 150ドリームボックス イチ・ゴー・マル'로, 음식, 음악, 스포

<그림 2> DREAM BOX 150 홍보 포스터

년 기념사업 홍보 포스터에 단적으로 잘 드러난다. 이 포스터에는 "페리님을 초대합니다"라는 문구와 함께 행사 초대장을 손에 들고 하코다테를 방문하는 페리의 뒷모습이 그려져 있다. 페리는 1854년 3월 막부와 미일화친조약을 체결한 이후, 같은 해 4월에 예비 조사를 위해 처음으로 하코다테를 방문하는데(작은 개항), 이 포스터에 따르면 페리는 155년 만에 하코다테를 찾은 셈이 된다. 체재 중에 페리는 하코다테 만 측량을 비롯하여 은판 사진술 공개, 서양 음악 연주 등을 선보이며 새로운 문명을 피로하는 한편, 선원들을 위해 열린 시장에서 물건을 구입하였다고 전해진다. 단언할 수는 없지만 페리가 상정한 개항 기념의 내용과 '음식', '음악', '스포츠'로 구성된 하코다테시의 개항 기념의 내용 사이에는 커다란 간극이 있었을 것으로 보인다.

페리의 등장은 포스터에 그치지 않았다. 하코다테 개항 150주년 기념 연계사업 중 하나로 만들어진 '하코다테 막말·개항 지도'는 실제 내용

츠라는 세 개의 키워드 아래, 하코다테 항을 조망할 수 있는 녹색섬에서 여러 가지 이벤트를 실시하였다. 회장인 녹색섬을 꿈으로 가득한 박스(箱, 하코)로 만들자는 마음과, '꿈'이 있는 '하코(상자)'다테를 만들자는 염원이 담겨 있다. 函館開港150周年記念事業實行委員會, 앞의 책, 9쪽.

상으로는 '하코다테 개항 페리 로드'를 가리
키는 것이었다. 말하자면 '페리 로드'가 곧
'개항지도'를 대표하는 셈인데, 이 페리 로드
를 대략적으로 설명하면 다음과 같다. 페리
가 상륙한 오키노구치 반쇼沖之口番所에서 출
발하여 마쓰마에번松前藩 가로家老 마츠마에
간가이유松前勘解由와 회견한 장소 야마다야
주헤山田屋壽兵衛 저택을 지나, 페리가 담배
를 피우며 휴식을 취하던 곳을 거쳐, 체재 중

〈그림 3〉 하코다테
막말·개항 지도

에 숨을 거둔 두 명의 미국인 선원 묘지(외국인 묘지)에서 끝이 난다. 이
페리 로드는 실제로 페리가 방문한 몇 개의 지점을 토대로 한 것이지만
페리가 지나갔을 것으로 추정되는 장소도 포함되어 있다. 이러한 페리
로드의 허구적 성격 때문인지 해석의 주체에 따라 서로 다른 페리 로드
가 각각 만들어지기도 하였다.[15] 당연한 지적이지만 이 페리 로드는 하
코다테에 거주하는 사람들은 물론 관광객에게 제공되어 페리가 걸었을
것으로 예상되는 길을 추체험하게 만들고 또 '페리 되기ペリリ氣分で函館
散策'를 유도하는데, 거의 허구적 장소로 메워진 페리 로드에서 페리를

---

15 세 개의 기관이 만든 페리 로드를 소개하면 다음과 같다.
　　하코다테외국인거류지연구회函館外國人居留地研究會 : 沖之口番所-山田屋壽兵衛宅-內
　　潤の町-內潤の浜田屋兵四郎宅-大三坂-大工町-八幡祉-基坂-寺町-山の上の遊女屋街
　　-山背泊の御台場.
　　쓰가루해협연구회津輕海峽研究會 : 立待岬-市立函館博物館-沖之口番所-函館丸-ペ
　　リ―會見跡-弁天台場跡-外國人墓地-函館奉行所跡-舊イギリス領事館ペリー象.
　　하코다테시관광컨벤션부 관광진흥과 : 沖之口番所-ペリー會見跡-ペリー大三坂-教會群
　　-八幡坂-ペリー提督來航記念碑-舊寺町界限-寺社群-高龍寺-外國人墓地.

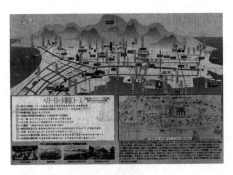

〈그림 4〉 페리 로드

연상하고 공감하기란 쉽지 않다. 심지어 실제로 페리가 상륙하고 회견한 장소에조차 푯말만이 남아 있을 뿐이다. 페리에 대한 기억의 발굴과 전시, 그리고 공유의 강요는 개항의 기억을 구체화시킬 수 있다는 점에서 긍정적으로 평가할 수 있을지 모르지만, 오로지 페리만이 개항의 상징 자원으로 평가되고 있다는 측면에서는 주의가 필요하다.

그런데 페리의 하코다테 내항을 기념하기 위한 대대적인 행사는 이미 2002년에 실시된 바 있었다. 1854년의 작은 개항을 기준으로 페리 내항 150주년을 기념하기 위해 2년 일찍 페리 동상 및 기념비가 건립된 것이다. 이 동상은 페리의 출생지인 로드아일랜드주 뉴포트시에 있는 페리 전신상을 모델로 한 것으로, 하코다테 출신의 로마 거주 조각가 고데라 마치코小寺眞知子가 제작하였다. 하코다테 시제시행市制施行 80주년 기념사업의 일환이었던 페리 동상 및 기념비 건립은 시민들의 모금과 지역 단체(하코다테로터리클럽, 하코다테미일협회, JOA일본마주馬主협회연합회 등)의 지원으로 완성되었다. 페리 동상과 기념비를 건립함에 있어 하코다테시는 "개항장을 통해 구미문화의 영향을 받아, 우리 시는 국제관광도시로 발전하는 기초를 마련할 수 있었다"고 기념의 이유를 밝혔다. 또한 민간인으로 구성된 페리제독 내항기념비 건립협의회는 "흑선 내항 150주년(2004)을 앞두고, 미일친선의 뜻을 후세에 전하고 페리 제독을 영원히 현창하기 위해 여기 하코다테의 유서 깊은 곳에 '페리제독내항

기념비'를 건립한다"고 그 의의를 높
이 평가했다. 결과적으로 작은 개항
을 기념하게 된 이 사업은 국가사적
관점이 아닌 지역사적 접근과 해석을
바탕으로 하고 있다는 점에서 주목할
만하다. 하지만 동상과 기념비 건립
이 하코다테 시제시행 80주년 기념사
업의 일환이자 하코다테 로터리클럽
창립 67주년 기념사업이기도 했다는
점, 그리고 2009년에 하코다테 로터
리클럽이 창립 75주년 기념사업으로

〈그림 5〉 페리 동상과 광장

'페리 제독 내항 당시의 족적에 관한 그림(석판)'을 제작하여 전시한 점
등을 참고해 보면, 이 사업은 단순한 지역사에 대한 주목, 발굴이 아니
라 복수의 타자들에 의한 정치 행위였다는 것을 알 수 있다.

　이러한 과정을 거쳐 완성된 페리 동상은 매우 인상적이다. 높은 곳
에서 바다를 내려다보고 있는 페리 동상의 위치와 크기(4.5m)는 개항이
라는 역사적 사건은 물론, 페리라는 인물의 위엄과 영속성을 연상시킨
다. 즉 지난 150년을 기념함과 동시에 앞으로도 기념될 페리 동상은 하
코다테가 다름 아닌 '개항장'이었다는 사실을 상기시키고, 나아가 그것
을 하코다테 로컬리티의 기표로 읽게 만든다. 특히 동상 건립이 상징
적인 정치 행위라는 점을 염두에 두고 생각하면, 페리 동상의 건립은
개항장 하코다테의 장소성을 페리에게 위임하고 있는 것처럼 보이기
도 한다. 개항의 기억을 유지시키고 공유하게 만드는 이러한 페리의

재현은 결국 문화적 기억 구성으로 이어진다.[16] 현재 페리 동상과 기념비가 있는 곳은 '페리 광장ペリー廣場'이라고 불리고 있으며 여러 가이드북과 책자에 소개가 되어 관광객들을 부르고 있다.

하코다테가 개항의 기억을 페리에게 의탁한 것은 '개항＝페리·흑선'이라는 스테레오 타입의 역사 인식에서 비롯된 것으로, 이는 페리와 연관 있는 지역들의 장소성 구현에서도 찾아 볼 수 있다. 예를 들면 페리가 처음으로 내항한 요코스카시橫須賀市의 우라가浦賀에는 페리 공원과 공원 내 페리 기념관이 마련되어 있을 뿐 아니라, 매년 7월 중순, 페리 상륙을 기념하는 '구리하마久里浜 페리 축제'가 개최되어 퍼레이드, 바자, 불꽃놀이 등이 펼쳐진다. 그리고 1854년에 미일화친조약 체결로 인하여 하코다테와 함께 개항한 시모다에도 역시 페리함대 내항 기념비는 물론 페리 로드가 만들어져 관광코스로 활용되고 있다. 다시 말하면, 이들 지역들은 페리를 경쟁적으로 기념하고 점유하고자 하며, 강박적으로 개항 기억을 확대 해석하여 로컬 아이덴티티로 부각시키고 있는 것이다. 실제로 하코다테에 페리 동상이 건립될 당시, 시민들 가운데는 '페리와 연관 있는 지역에 기념물이 없다는 것은 납득할 수 없다'는 의견을 제시한 사람도 있었다고 하는데,[17] 이러한 의견은 페리를 반드시 기억해야한다는 의무감과 기억하고 싶다는 욕망이 서로 교차한 데서 비롯된 것이라 할 수 있다.[18] 그러나 페리에 기댄 로컬 아이

---

16 스터켄은 개인의 기억은 '사건' 그 자체가 아니라고 전제하며, 기억이란 일단 영상, 기념물, 오브제 등과 같은 광의의 미디어에 회수되어 통과한 뒤 '문화적 기억'으로 재표상된다고 지적하였다. マリタ・スターケンMarita Sturken, 岩崎稔・杉山茂 譯, 『アメリカという記憶ーベトナム戦争、エイズ、記念碑的表象』, 未來社, 2004, 19~25쪽.

17 『函館新聞』, 2002.5.17.

덴티티 조형은 역으로 로컬이 가지는 정체성을 불분명하게 만들 뿐이다. 하코다테시의 페리 동상은 요코스카나 시모다에서도 볼 수 있는 복수의 페리 동상 가운데 하나에 불과하며, 또 각각의 장소가 그 내러티브를 모두 페리에게 위임한다면 장소의 고유성은 발견되지 못하고 오히려 동일한 내러티브에 수렴되고 만다. 그럼에도 불구하고 여전히 페리는 개항장을 대표하는 기호로 소비되고 있다. 앞에서 언급한 하코다테 150주년 개항 기념사업의 내용(음식, 음악, 스포츠)과 외피(홍보 포스터 : 페리님을 초대합니다)의 불균형은 페리를 기념하고 싶은 욕망, 혹은 기념해야만 한다는 의무감에서 비롯된 것이라 할 수 있다.

2) 각인되어 있는 개항의 편린들 - 모토마치 교회군

하코다테 관광에서 '반드시'라고 해도 좋을 정도로 빠지지 않는 지역이 있다. 수학여행 학생들이나 단체 여행객들의 발길이 끊이지 않는

---

18 페리 내항 이후, 외국인이 차례로 찾아 왔고 하코다테에는 많은 외국인이 살게 되었습니다. 외국인, 각국 영사관, 기독교를 통해 구미 문화가 유입되었고, 그것이 하코다테에 준 영향은 상상 이상일 것입니다. 그러나 유감스럽게도 하코다테에는 페리의 족적이 남아 있는 물건이 하나도 없습니다. 겨우 벤텐쵸弁天町에 '페리 회견 장소'라는 안내판이 있을 뿐입니다. 2002년에 이르러서 야요이쵸弥生町 시립하코다테병원 부지에 '페리 제독 내항 기념비'와 동상이 세워졌습니다. 시모다의 개항은 겨우 3년에 그쳤지만 시모다에는 페리상륙기념비와 페로 로드, 개국기념관 등이 개설되어 있을 뿐 아니라, 매년 5월에는 개국 시대를 재현하는 '흑선 축제'가 실시되는 등, 개국의 땅이라는 이미지를 강렬하게 어필하고 있습니다. 그러한 시모다의 노력과 비교하면 하코다테의 현실을 반성할 수밖에 없는데, 그렇다 하더라도 당시의 하코다테가 근대 일본의 여명기에 있어서 미국이나 러시아, 영국과 같은 외국에 열린 현관이었고 또 외국과의 교류, 교역의 중요 거점이었다는 것은 사실이며, 그 흔적은 분명히 하코다테의 거리나 사람들의 기질에 남아있습니다. 中尾仁彦, 『箱館はじめて物語』(改訂版), 新函館ライブラリ, 2012, 21~22쪽.

서부 지구이다. 이곳은 "북방의 개항 도시로서 메이지, 다이쇼 시기의 서양식 건축물인 창고, 영사관, 교회 등이 언덕길과 함께 이국정취를 자아내고 있다"는 이유로, 2007년 1월에 '아름다운 일본의 역사적 풍토 100선'[19]에도 선정된 바 있다. 특히 흥미로운 것은 모토마치에 위치한 교회군이다. 여기에는 하코다테 하리스토스(그리스도) 정교회函館ハリストス正敎會를 비롯하여 가톨릭 모토마치 교회カトリック元町敎會, 하코다테 성 요한 교회函館聖ヨハネ敎會, 일본기독교단 하코다테 교회日本基督敎團函館敎會 등, 서로 다른 기독교 종파의 시설이 한곳에 집중되어 있다. 각 교회의 연혁을 간단하게 설명하면 다음과 같다.

• 하코다테 하리스토스 정교회 : 일본 최초의 러시아 정교회 교회이자 하코다테에 처음으로 유입된 기독교. 1859년 초대 러시아 영사관의 부속 시설로 건립. 1907년의 대화재로 소실되었으나, 1916년에 러시아 풍의 비잔틴 양식으로 재건. 국정중요문화재.

• 가톨릭 모토마치 교회 : 1859년 프랑스 선교사가 임시 성당을 세웠던 것에서 유래. 1877년 처음으로 성당이 완성되었지만 세 차례의 화재로 소실. 현재의 성당은 1924년에 고딕 양식으로 지은 것. 로마 교황 베네딕트 15세가 기증한 중앙 제단과 교회 내부의 상像이 유명.

• 하코다테 성 요한 교회 : 홋카이도 최초의 성공회 교회. 1874년 영국의 선교사가 민가를 빌려 활동을 시작하여 1878년에 교회를 건립. 여러 번의 화재로 소실된 바 있으며, 현재의 교회는 1979년에 완성된 것.

---

19 고도古都의 역사적 풍토 보존에 관한 특별조치법 시행 40주년 기념사업의 일환.

〈그림 6〉 하코다테   〈그림 7〉 가톨릭   〈그림 8〉 하코다테   〈그림 9〉 일본기독교단
하리스토스 정교회   모토마치 교회   성 요한 교회   하코다테 교회

〈그림 10〉 히가시혼간지 하코다테 베쓰인   〈그림 11〉 여러 종교 시설이 한곳에 모여 있는 모토마치 풍경

상공에서 바라보면 교회 건물 모양이 십자가의 형상을 하고 있다.

• 일본기독교단 하코다테 교회 : 1874년 미국의 감리교회 선교사 하리스가 전도를 시작. 1877년에 교회를 건립하였으나, 세 차례의 화재로 소실. 1931년에 고딕양식으로 재건.

• 히가시혼간지 하코다테 베쓰인東本願寺函館別院 : 1641년 정토진종淨土眞宗 사원으로 건립, 죠겐지淨玄寺라고 부르기도 했다. 세 차례에 걸친 화재로 건물이 소실된 뒤, 1907년에 콘크리트, 철근으로 재건.

모토마치에는 에도 시대부터 하코다테 부교쇼函館奉行所가 설치되어 있었다. 말하자면 모토마치는 일종의 행정의 중심지였던 셈인데, 바로 이곳에 개항의 결과로서 각국의 영사관이나 서양 문화의 상징이라 할 수 있는 교회 등이 늘어서게 되었다. 이들 종교 시설은 개항 이후 하코다테에 들어온 외국인의 국적이 얼마나 다양했는지를 단적으로 보여주는 상징물이기도 하다.

시각적으로 포착되는 모토마치 교회군의 풍경은 충분히 이국의 정취를 느끼게 한다. 이국 문화의 혼재 공간으로 표상되어 온 모토마치 교회군은 하코다테의 로컬리티를 대변하는 곳으로 적극 홍보되어 왔다. 일례로 2011년 하코다테시가 발간한 『시세요람』을 펼쳐 보면, 첫 페이지에 '하코다테 스타일'이라는 제목하에 다음과 같이 시의 이미지를 설명하고 있음을 확인할 수 있다.

하코다테의 매력은 결코 한 마디로 표현될 수 없습니다. 여러 종파의 교회와 사원들이 당연하다는 듯이 서로 이웃하고 있고 관광지와 생활권이 중첩된 특이한 거리의 모습은 프리즘과 같이 다면적인 매력에 넘칩니다. 이국의 문화를 수용하여 자신들의 삶과 잘 조화시켜 온 하코다테 사람들의 라이프 스타일. 그 정신은 21세기의 지금에도 여전히 살아 숨 쉬고 있습니다.[20]

여러 종파의 교회와 사원이 서로 이웃하고 있는 거리란 앞에서 언급한 모토마치를 가리키는 것으로, 이곳은 하코다테만의 차별적인 기호를 전유하

---

20 函館市企畵部廣報課, 『函館市勢要覽』, 2011, 2쪽.

〈그림 12〉 하코다테 홍보용 포스터

고 있는 공간으로 전경화되고 있다. 일본 안에서 '유럽 취향ヨーロッパテイス
ト'을 느낄 수 있다는 하코다테의 자기 정의는 일본national의 일부이면서 바
다로는 열려 있어 유럽 취향을 수입할 수 있었다는 지역local의 위치성을
기반으로 한 것이다. 이러한 자기 정의가 특히 강조되는 것은 관광적 측
면에서이다. 관광이 "일상에서 벗어나 이질적인 경치와 풍경, 거리 등에
대한 주시, 혹은 시선을 던지는 것"[21]임에 유의한다면, 하코다테 관광의
경로에서 결코 빠지지 않는 이 모토마치 교회군은 말 그대로 일상과 거리
가 먼 '이국정취'의 풍경을 관광객이 보아주기를 기다리는 장소라 할 수
있는 것이다. 하코다테의 또 다른 관광 포인트인 야경 역시 몽환적인 분
위기를 앞세워 도시 이미지를 이국의 정취와 낭만으로 수렴시킨다.

　하코다테 홍보 이미지에도 자주 등장하는 이 교회군은 관광 이전에
이미 시각적으로 전시되고, 이러한 '이미지'는 '실물'을 추체험하는 과
정에서(관광 중은 물론 관광 이후에도) 반복적으로 상기되면서 하코다테스
러움(하코다테 스타일)를 규정하고 또 확대 재생산한다.[22]

---

21 ジョン・アーリJohn Urry, 加太宏邦 譯, 『觀光のまなざし―現代社會におけるレジャーと
　　旅行』, 法政大學出版局, 1995, 2쪽.

사실, 여러 종파의 교회와 사원이 서로 이웃하게 되고 또 이국의 문화를 수용하게 된 근본적인 이유는 개항이라는 역사적 경험에서 찾을 수 있다. 1858년에 체결한 각국과의 수호통상조약, 소위 '안세이 5개국 조약安政五力國條約'의 결과로 각국의 영사관 및 부수 기관이 개항장에 자리 잡게 된 것이다. 하코다테에서 삶을 영위한 타자들이 남긴 유형, 무형의 흔적들이 도처에 각인되어 있어 그것이 '이국정취'라는 로컬 이미지로 수렴되는 것은 당연한 결과일지도 모르지만, '이국정취'의 역사적 배경인 '개항'이 회자되는 경우는 찾아보기 힘들다. '일본 속의 작은 유럽'이 어떠한 과정을 통해 만들어진 것인지에 대해 조명하기보다 오로지 특이한 외관의 건축물들을 구경하게 하고 그 속에서 '낭만'을 구가하기만을 강요하는 것이다. 이러한 장소성의 강조는 일관된 하코다테의 정체성을 구성하기도 하지만, 한편으로는 하코다테의 지역성의 의미를 관광의 시선으로 제한하고 고정시키기도 한다. 말하자면 본래의 종교적 의미나[23] 개항의 역사성은 왜소화되어 경제적인 효과와 그 기대에 부응하기 위해 철저하게 '전시'의 수단으로 재맥락화된다는 것이다.[24] 그러한 의미에서 본다면, 앞에서 언급한 개항 기념사업에서

---

22 이러한 측면에서 부어스틴이 일찍이 지적한 여행 경험의 불가능성은 매우 시사적이다. 관광객은 여행에 앞서 가이드북을 읽고, 그 안내에 따라 일정한 장소를 방문하며 가이드북에 실린 사진과 동일한 사진을 찍고 돌아온다. 이러한 여행은 실제적 경험이라기보다 '의사擬似 이벤트'에 가깝다. ダニエル・ブーアスティンDaniel Joseph Boorstin, 星野郁美・後藤和彦 譯, 『幻影の時代−マスコミが製造する事實』, 法政大學出版局, 1964, 89~128쪽.

23 실제로 하코다테 하리스토스 정교회는 국정중요문화재로 지정되어 있어 관광객들이 끊임없이 찾는데, 이 교회 관계자는 관광객들의 방문이 신자들의 종교 활동에 부정적인 영향을 끼치는 부분이 없지 않다고 고백하기도 했으며(하코다테 하리스토스 정교회 사제 부인 인터뷰, 2012.05.24), 가톨릭 모토마치 교회는 관광객들의 관람 시간을 오후 4시까지로 정해두기도 한다.

24 이러한 관점에서 본다면 벤야민이 『기술복제시대의 예술작품』에서 지적한 '예배적 가치

탈맥락적으로 페리를 호출하는 방식과 모토마치 교회군의 유통, 소비 방식은 흡사하다고 지적할 수 있다.

그러나 여기에서 한 가지 유의하고 싶은 점은 '여러 종파의 교회와 사원들이 당연하다는 듯이 서로 이웃하고' 있는 거리가 관광객을 유인하는 일종의 디스플레이기도 하지만, 한편으로는 편재되어 있는 개항의 기억들을 소환하고 집합시켜 로컬 이미지를 재구성하기도 한다는 점이다. 예를 들면 하코다테 개항 150주년을 맞이한 2009년, 홋카이도 국제 교류 센터는 "지역과 연결된 지구 시민 세미나"(2009.2.26)를 개최하면서 그 주제를 '지역에서 본 국제 평화―하코다테 발 종교의 공생에 대하여'로 정하였다. 하코다테 서부지구에 위치한 교회(가톨릭 모토마치 교회, 하코다테 성 요한 교회)와 사원(텐유지天祐寺)의 관계자가 발제자로 나서고 일반 시민들이 참가한 이 세미나에서는 하코다테에 여러 종교가 공존하는 점에 주목하며 하코다테에서 국제 평화에 대한 메시지를 세계적으로 발신할 수 있다고 강조하였다. 각 종교 기관의 연혁과 지역 사회와의 연관 등에 대해 정보를 공유하는 것도 물론 중요하였지만, 논의의 중심은 서로 다른 종교와 문화의 공생, 국제 교류와 시민 활동, 국제 평화와 종교 등에 있었다. 말하자면 '여러 종파의 교회와 사원들이 당연하다는 듯이 서로 이웃하고' 있는 장소가 국제 친선 내지는 국제 교류의 의미로 전화轉化되고 있었던 것이다. 이 세미나와 유사한 콘셉트의 행사는 2010년에도 실시되었다. 시민 유지들로 구성된 '개항이 준 선물 실행위원회'

에서 전시적 가치로'의 전환의 전형을 여기에서도 찾을 수 있다고 생각한다. ヴァルターベンヤミンWalter Benjamin, 淺井 健二郎 編譯, 『ベンヤミン・コレクション(1) 近代の意味』, ちくま學藝文庫, 1995, 583~640쪽.

는 포럼 '수용하는 일본의 마음'(2010.2.6)에서 개항으로 여러 나라의 종교를 받아들이게 된 과정을 '선물'로 재조명하고, 세계 평화라는 메시지의 발신처로서 하코다테를 위치지우고자 했다.

모토마치 교회군에 공생과 평화라는 표상을 덧씌움으로써 또 다른 로컬리티의 생산을 적극적으로 시도하는 이와 같은 움직임은 모토마치 구역이 관광의 대상에 그치지 않고 새로운 로컬리티 담론을 창조하는 장소로 존재한다는 것을 의미한다. 그리고 이 때 각인되어 있던 개항의 기억, 혹은 사장되어 있던 개항의 경험은 다시 바깥으로 불려나오는 것이다. 물론 이 때 언급되는 개항 기억의 범위는 제한적이고 또 소극적인 취급에 그치는 경우가 대부분이며, 국제 친선과 세계 평화를 내세운 아젠다가 다소 이데올로기적으로 비춰지는 것은 사실이다. 그럼에도 불구하고 각인되어 있는 개항 기억의 재발견과 전유가 주목받는 이유는 이를 계기로 중층적인 개항 기억의 켜들이 재현될 수 있기 때문일 것이다. 그 대표적인 예로서 사찰 지쓰교지實行寺와 러시아 하리스토스 정교회에 관한 사실史實의 재현을 들 수 있다.

하코다테에 처음으로 유입된 기독교 종파는 러시아 하리스토스 정교회였다. 1858년 9월 30일 러시아의 초대 영사인 고스케비치는 그의 가족들은 물론이고 서기관, 해군사관, 의사 부부 그리고 선교사와 함께 하코다테로 이주해 왔다. 이들은 지쓰교지 및 고류지高龍寺 내에 임시로 마련된 거처에서 지내다가, 다음 해에 지금의 하리스토스 정교회가 자리한 곳에 영사관을 짓고 부속 성당도 함께 만들었다. 영사관과 부속 성당이 마련되기 전까지 교회 의례는 절 경내에서 이루어지게 된 셈인데, 이러한 점 때문에 일본에서 최초로 혼성4부 합창(성가)이 이루어진 곳이 바로 지쓰교지이며, 일본에서 최초로 크리스마스트리를 장식한 곳 역시 지쓰교지라는 지적이 설득력을 얻고 있다.[25]

이와 같은 사실을 바탕으로 발간된 그림책이 바로『지쓰교지의 애기 중, 돗친상은 너무 바빠─에도시대 일본에서 처음으로 하리스토스 정교회의 성가가 흘러나온 하코다테의 절 이야기』이다.[26] 2006년 '전하고 싶은 홋카이도 이야기' 콘테스트에서 우수상을 수상하기도 한 이 작품은 지쓰교지의 애기 중이 파란 눈의 외국인과 조우하는 장면들을 담고 있다. 그 가운데는 러시아 영사 일행이 만들어 내는 하모니에 심취하여 황홀하게 감상하는 애기 중의 모습도 그려져 있다. 절 경내에 자리 잡은 러시아 교회의 예배당과 성가 합창은 문화적인 충격을 연상시킴과 동

〈그림 13〉 동화책『지쓰교지의 애기 중, 돗친상은 너무 바빠』

---

25 『箱館開港物語』, 60~61쪽; 函館メサイア教育コンサート實行委員會,『函館開港と音樂』, 2010, 20쪽.

26 간략하게 책의 내용을 소개하면 다음과 같다.
애기 중 돗친상이 불경을 외던 어느 날, 파란 눈을 한 외국인 일행이 지쓰교지에 들어왔다. 이들이 기거함에 따라 돗친상은 차를 나르고 청소를 하는 등, 매우 분주하게 움직여야 했다. 어느 날도 돗친상은 불경을 외우고 있었는데, 아름다운 여성의 목소리와 낮은 남성의 목소리가 어우러진 아름다운 노래 소리에 이끌려 따라 나가 목격한 것이 바로 혼성합창이다. 파란 눈의 외국인이 절을 떠난 뒤에도 돗친상은 때때로 몰래 절을 빠져 나와 합창소리를 들으러 가는 것이었다.

〈그림 14〉
하코다테 관광
심벌마크

시에 타자와의 평화로운 공존을 상징하기도 한다. 이 그림책이 교훈적으로 읽히는 이유도 여기에 있겠지만, 이러한 개항 당시의 묘사가 이후에 펼쳐진 하코다테와 러시아와의 관계를 연상시키는 기제가 되었던 것은 부정할 수 없다.[27] 현재 하리스토스 정교회는 하코다테시 관광컨벤션부 브랜드추진과가 지정한 하코다테 관광 심벌마크로서 이 지역의 이미지를 대표하고 있다.

한편, 모토마치 교회군에 속한 4개의 교회는 2011년 10월 1일과 2012년 9월 29일에 시민들을 대상으로 '교회의 루트와 기도 음악教會のルーツと祈りの音樂'이라는 행사를 마련한 바 있다. 각 교회를 순례하며 교회의 유래와 역사 등에 대해 듣고, 평소에 접할 수 없었던 교회 시설을 가까이에서 확인하며, 또 기도 음악 콘서트에 참여하는 형식이었다. 각 교회가 뜻을 모아 행사를 준비하게 된 것은 지역 주민들로부터 교회에 대한 관심을 끌어내는 것은 물론이고 이들을 위해 어떠한 일을 할 수 있을 것인가, 하는 기독교적 소명의식이 작용했기 때문이다.[28] 그리고 이러한 행사를 통해 교회의 유래에 대해 재조명하는 것은 "안세이安政시대의 하

---

27 1858년 러일수호통상조약 조인 이후, 러시아는 종교, 의료(러시아 병원 개설), 교육(러시아어학교, 여학교 개교) 등의 사업을 실시하면서 지역과의 관계망을 다각적으로 구축해 갔다. 특히 1800년대 후반부터 하코다테가 북양어업의 기지로 부상하면서 러시아와의 관계는 더욱 중요해 졌다. 러시아 혁명이후에는 다수의 러시아인이 하코다테에 망명하여 하리스토스 정교회 주변(모토마치)이나 유노가와湯の川를 중심으로 거주하기도 했다. 현재 하코다테에는 러시아극동대학 분교, 하코다테러일교류사연구회, 하코다테러일친선협회, 일본유라시아협회 하코다테 지방지부 등, 러시아와 연관된 단체들이 복수로 존재하고 있다. 하코다테와 러시아와의 교류 및 러시아 망명인의 일상에 관해서는 淸水惠, 『函館・ロシア その交流と軌跡』, 函館日ロ交流史硏究會, 2005 참조.

28 하코다테 성 요한 교회 사제 후지이 하치로藤井八朗 인터뷰(2012.05.24).

코다테 개항이 불러온 각 종파가 지금까지도 복음 전도를 이어오고 있다는 사실"[29]을 재인식하는 계기로 이어지기도 했다. 어쨌든 현재 다양한 형식과 방법에 의해 하코다테 개항 기억이 주목받고 있는 것은 사실이며, 이같은 움직임은 하코다테의 로컬리티 구성 방식과 그 실천에 관한 논의와도 연동되는 부분이라고 볼 수 있다.

4. '화친'이라는 문법으로 만들어진 하코다테 로컬리티

지쓰교지 외에도 절 경내에 외국의 영사관과 종교시설이 마련된 또 다른 예는 쇼묘지称名寺에서도 찾을 수 있다. 쇼묘지는 처음에는 영국의 영사관으로 이용되었는데, 영국 영사가 프랑스 영사도 겸했기 때문에 절 밖에는 영국 국기와 프랑스 국기가 나란히 걸리기도 했다. 그리고 1859년 쇼묘지에 프랑스 선교사 커션이 오면서 절의 건물 일부는 개조되어 작은 성당으로 이용된 바 있다.[30] 한자 '寺'는 원래 '관청役所'을 뜻하기도 하는데, 개항 당시의 하코다테의 사찰들은 이와 같이 여러 외국의 '관청'을 수용하고 또 외국인의 거주를 허용한 장소이기도 했던 것이다.

그 밖에도 절이 외국인에게 공개되어 사용된 경우는 종종 찾을 수 있

---

29 『函館ハリストス正教會會報』第20号(2011.10・11), 4쪽.
30 1854년 3월 미일화친조약을 체결한 페리는 같은 해 4월에 예비 조사를 위해 처음으로 하코다테를 방문하는데, 이 때 죠겐지淨玄寺는 경비의 본진으로 사용되었고, 지쓰교지는 페리 일행의 숙소로 사용되었다. 1857년 하코다테로 건너 온 미국의 무역사무관 라이스 역시 죠겐지에서 임시로 거처했다. 이들이 거주하는 동안 참배객은 전무에 가까울 정도로 줄어들었고 불경도 욀 수 없었다. 岡田弘子 編, 『箱館開港史話』, 是空會, 1946, 7~8쪽.

다. 페리가 내항한 다음 해인 1855년, 프랑스 군함 세 척이 하코다테에 입항하여 괴혈병 부상자들이 지쓰교지에서 치료를 받은 바 있다. 당시 일본과 프랑스는 국교가 체결되지 않았던 상황이었지만 당시의 하코다테 부교는 막부의 허락을 받지 않고 인도적인 차원에서 상륙을 허가하고 지쓰교지에서의 환자 치료를 허락한 것이었다. 약 100명의 환자 중 대부분은 회복하여 무사히 귀환하였지만, 그 가운데 사망한 6명에 대해서는 지쓰교지의 주지와 프랑스 함대 소속 사제가 공동으로 장례를 치러 외국인 묘지에 안장시켰다. 이러한 사실을 기념하기 위해 지쓰교지 경내에는 '일불친선하코다테 발상의 비'가 2001년에 설치되었다. 두 손이 악수하는 형상을 담은 이 비는 "일불친선 발상의 땅이자, 불교와 기독교 양 종교자의 우애를 영원히 기념"한다는 뜻을 분명히 하고 있다.[31]

이 '친선'이라는 단어가 낯설지 않은 것은 현재의 하코다테가 개항 경험을 '친선'이라는 구호 아래 재정립시키고 있기 때문일 것이다. 개항에 관한한 '기억하고 싶은 것'이든 '각인되어 있는 것'이든, 양자가 결론적으로 수렴되는 방향은 타자와의 평화로운 공존과 화친이다. 페리 동상의 건립도, 다양한 종교의 공존도 결국은 바람직한 '화친'의 일부분으로 소화되는 것이다. 그리고 이 하코다테 발 평화 담론 형성을 적극적으로 수행하고 있는 장소가 바로 모토마치 교회군이다. 개항 150주년을 전후로 제시되고 있는 하코다테의 개항 이미지는 작은 개항, 즉 화친조약의 의미를 구체화시키고 있으며(물론 화친조약 의미의 재현을

---

31 2008년 5월에는 친선과 휴양을 위해 프랑스의 군함이 하코다테에 기항한 바 있는데, 이 때 프랑스 군함의 선장 앙리 다그랑은 약 150년 전의 괴혈병 발생과 하코다테 부교의 인도적 지원을 언급하며 감사의 뜻을 전한 바 있다. 自衛隊ニュース, 2008.7.15. http://www.boueinews.com

〈그림 15〉 箱館圖・アイヌ及異人風俗圖

왼쪽 그림의 중앙 확대 부분

〈그림 16〉 지쓰교지 경내의 일불친선 하코다테
발상의 비

왼쪽 사진 상단 확대 부분. 과거와 현재의 타자 표상은
같은 듯이 보이지만 내용은 상이하다.

의식하고 있지는 않지만), 이는 하코다테 로컬리티 구축에 크게 기능하고 있다고 할 수 있다.

잘 알려져 있는 바와 같이 일본에서 기독교가 합법적으로 용인된 것은 1873년 2월 24일 '禁制高札의 철거'가 이루어지면서 부터이다. 현재 하코다테에 남아있는 각 기독교 종파들은 일본의 기독교 해금 이전에 유입된 것으로, '禁制高札의 철거' 전까지 크고 작은 반발과 탄압을 겪어야 했다. 실제로 1872년 3월 하코다테에서는 '양교사건洋教事件'[32]이라 불리는 러시아 정교도 박해 사건이 일어난 바 있다. 또 1859년 하코다테에 도착한 프랑스의 선교사 메르메는 유창한 일본어를 구사했던 인물로서, 불영일사전과 아이누어 소사전 등을 집필하며 현지인과의 소통에 힘썼음에도 불구하고, 1863년에 귀국할 때까지 단 한 사람의 일본인에게도 세례를 주지 못했다. 당연한 일이지만 '화친'이라는 문법으로 하코다테의 집합적 기억을 재구성할 때, 이와 같은 마찰은 의도적으로 배제되며 또 조작되기도 한다. 이와 같이 편재遍在되어 있던 개항의 기억은 '화친'이라는 교류와 공생이라는 담론 질서 속에서 편재偏在되고 있다.

개항 당시의 풍경을 그려 놓은 몇 장의 그림을 보면, 하코다테 만과 항구에 외국 선박이 정박하고 있고 사찰 앞에는 이국의 국기가 펄럭이고 있는 것을 확인할 수 있다. 이러한 타자 표상이 반드시 '화친'과 '공생'을 의미하지는 않았을 것이다. 개항 당시의 타자 표상(하코다테 사찰

---

32 당시의 개척사 차관으로 있으며 행정적으로 실권을 장악하고 있던 구로다 기요타카黑田淸隆가 하리스토스 정교회에서 부활절을 성대하게 기념하는 것에 분노를 느끼고 신자들과 전교자들을 감옥에 가두었던 사건. 각국의 공사들이 일본 정부에 항의하자, 정부는 신자들을 석방하도록 했다. 『函館ハリストス正教會史』, 2011, 41쪽.

앞의 외국 국기)과 현재의 그것(친선 기념비 및 동상)은 '병존'이라는 측면에서 기호 표현으로는 동일해 보이지만, 기호 내용상으로는 확연하게 구분된다. 현재 하코다테에 전시되고 구체화되고 있는 개항의 집합기억은 '편재遍在'에서 '편재偏在'로 재구성되어 가고 있다.

지난 2012년 5월과 6월, 하코다테 현지 조사를 실시함에 있어서 하코다테공업고등전문학교函館工業高等專門學校의 나카무라 가즈유키中村和之선생님을 비롯하여, 하코다테외국인거류지연구회はこだて外國人居留地研究會의 기시 모토카즈岸甫一선생님, 시미즈 겐사쿠淸水憲朔선생님, 구라타 유카倉田有佳선생님께 많은 도움을 받았습니다. 지면을 빌려 감사의 말씀을 전합니다.

참고문헌

あまかかゆう文佐藤國男繪, 『實行寺の小坊主 とっ珍さんはおおいそがし-江戸時代日本で初めてハリストス正教會の聖歌が流れた函館のお寺でのおはなし』, 函館メサイア教育コンサート實行委員會, 2008.

岡田弘子 編, 『箱館開港史話』, 是空會, 1946.

須藤隆仙, 『箱館開港物語』, 北海道新聞社, 2009.

中尾仁彦, 『箱館はじめて物語』(改訂版), 新函館ライブラリ, 2012.

函館開港150周年記念事業實行委員會, 『函館開港150周年記念事業實施報告書』, 函館市, 2010.

函館市企畫部廣報課, 『函館市勢要覽』, 2011.

函館市史編纂室, 『函館市史 通說編』第2卷, 1990.

函館メサイア教育コンサート實行委員會, 『函館開港と音樂』, 2010.

清水惠, 『函館・ロシア その交流と軌跡』, 函館日ロ交流史研究會, 2005.

『函館新聞』, 2002.5.17.

『函館ハリストス正教會會報』第20号, 2011.

函館ハリストス正教會史編集委員會, 『函館ハリストス正教會史』, 2011.

Daniel Joseph Boorstin, 星野郁美・後藤和彦 譯, 『幻影の時代-マスコミが製造する事實』, 法政大學出版局, 1964.

John Urry, 加太宏邦 譯, 『觀光のまなざし-現代社會におけるレジャーと旅行』, 法政大學出版局, 1995.

Marita Sturken, 岩崎稔・杉山茂 譯, 『アメリカという記憶-ベトナム戰爭、エイズ、記念碑的表象』, 未來社, 2004.

Maurice Halbwachs, 小關藤一郎 譯, 『集合的記憶』, 行道社, 1989.

Walter Benjamin, 淺井 健二郎編 譯, 『ベンヤミン・コレクション (1) 近代の意味』, ちくま學藝文庫, 1995.

日本開港五都市觀光協議會, http://www.5city.or.jp/

自衛隊ニュース, 2008.7.15, http://www.boueinews.com

Brand Research Institute, Inc., http://tiiki.jp/

그림 출처

〈그림 1〉 개항 77주년 기념축제, 須藤隆仙, 『箱館開港物語』, 北海道新聞社, 2009.

〈그림 2〉 DREAM BOX 150, 函館開港150周年記念事業實行委員會, 『函館開港150周年記念事業實施報告書』, 函館市, 2010.

〈그림 3〉 하코다테 막말・개항 지도, 函館開港150周年記念連携事業 はこだて幕末・開港マップ 브로슈어.

〈그림 4〉 페리 로드, 函館開港150周年記念連携事業 はこだて幕末・開港マップ 브로슈어.

〈그림 5〉 페리 동상과 광장, 필자 촬영.

〈그림 6〉 하코다테 하리스토스 정교회, 필자 촬영.

〈그림 7〉 가톨릭 모토마치 교회, 필자 촬영.

〈그림 8〉 하코다테 성 요한 교회, 필자 촬영.

〈그림 9〉 일본기독교단 하코다테 교회, 필자 촬영.

〈그림 10〉 히가시혼간지 하코다테 베쓰인, 필자 촬영.

〈그림 11〉 여러 종교 시설이 한곳에 모여 있는 모토마치 풍경, 函館ハリストス正教會史編集委員會, 『函館ハリストス正教會史』, 2011.

〈그림 12〉 하코다테 홍보용 포스터, 하코다테시 제작 홍보 브로슈어.

〈그림 13〉 『지쓰교지의 애기 중, 돗친상은 너무 바빠』, あまかかゆう文 / 佐藤國男繪, 『實行寺の小坊主 とっ珍さんはおおいそがし』, 函館メサイア教育コンサート實行委員會, 2008.

〈그림 14〉 하코다테 관광 심벌마크, 하코다테시 제작 홍보 브로슈어.

〈그림 15〉 箱館図・アイヌ及異人風俗図, あまかかゆう文 / 佐藤國男繪, 『實行寺の小坊主 とっ珍さんはおおいそがし』, 函館メサイア教育コンサート實行委員會, 2008.

〈그림 16〉 지쓰교지 경내의 일불친선 하코다테 발상의 비, 필자 촬영.

필자 소개

양흥숙梁興淑 Yang, Heung-sook은 부산대학교 한국민족문화연구소 HK교수이다. 한일교류사, 한국 지역사 전공이며 부산대학교 문학박사학위를 받았다. 지역 사람들의 경험과 누적된 시간이 로컬리티 형성에 어떻게 관여하는지에 대해 관심이 많다.

강경락姜京洛 Kang, Kyeng-lak은 강남대학교 교양교수부 교수이다. 중국 근현대 화북 농촌사회 경제를 전공하였으며, 고려대학교 문학박사학위를 받았다. 현재는 톈진을 중심으로 한 근대 무역과 경제에 관심을 가지고 연구하고 있다.

차철욱車喆旭 Cha, Chul-wook은 부산대학교 한국민족문화연구소 HK교수이다. 한국 현대사 전공이며, 부산대학교 문학박사학위를 받았다. 현장연구를 통해 피란민, 이주민 등 자신의 삶터를 떠나와 새로운 장소에서 정착해 가는 사람들이 만들어 가는 로컬리티에 관심을 가지고 있다.

이시카와 료타石川亮太 Ishikawa, Ryota는 일본 리쓰메이칸대학교 경영학부 준교수이다. 근대 한국 사회경제사 전공이며, 오사카대학교 문학박사학위를 받았다. 개항 이후의 한국 경제 변동을 근대 동아시아 시장의 속에서 재해석하는 것에 관심을 두고 있으며, 특히 상인의 초국가적 네트워크에 관해 연구해 왔다.

김동철金東哲 Kim, Dong-chul은 부산대학교 사학과 교수이자 한국민족문화연구소 HK로컬리티의인문학 연구단장이다. 조선후기 및 한일교류사 전공이며, 부산대학교 문학박사학위를 받았다. 한국의 지역사를 되돌아보고, 또한 한일교류사를 재조명하며 로컬의 독자성과 역동성을 구명하는데 노력하고 있다.

이치카와 토모오市川智生 Ichikawa, Tomoo는 중국 상하이자오퉁대학교 문학부 사학과 강사이다. 일본 근대사전공이며 일본 요코하마국립대학교 학술박사학위를 받았다. 막말부터 메이지 시기에 이르기까지 일본의 공중위생문제에 관심이 많으며 요코하마, 나가사키, 고베 등 개항장의 외국인 거류지를 중심으로 연구를 이어왔다.

이상봉李尙峰 Lee, Sang-bong은 부산대학교 한국민족문화연구소 HK교수이다. 지역정치 전공이며, 부산대학교 정치학박사학위를 받았다. 문화정치, 공공성 등의 키워드를 중심으로 로컬리티의 의미와 가능성에 대해서 연구하고 있다.

이호현李浩賢 Lee, Ho-hyeon은 성균관대학교 현대중국연구소 선임연구원이다. 중국 근현대사 전공이며 중국 상하이푸단대학교 역사학박사학위를 받았다. 1930년대 중국 상하이 문화에 관심을 가지고 있으며, 영화 속에 재현된 상하이의 근대에 관해 다수의 글을 발표해 왔다.

조정민趙正民 Cho, Jung-min은 부산대학교 한국민족문화연구소 HK교수이다. 일본 근현대문학, 일본학 전공이며 일본 규슈대학교 비교사회문화학박사학위를 받았다. 국민국가 '일본'에 국한되지 않고 동아시아 전체를 연구의 대상으로 삼기위해, '방법'으로서 규슈, 오키나와 그리고 홋카이도 지역에 관심을 기울이고 있다.